Autorenbücher 34

Herausgegeben von
Heinz Ludwig Arnold und Ernst-Peter Wieckenberg

Über den Verfasser

Hans Wagener, geb. 1940, Professor of German an der University of California, Los Angeles. Buchveröffentlichungen u. a.: Erich Kästner. Berlin 1973. – Stefan Andres. Berlin 1974. – Zeitkritische Romane des 20. Jahrhunderts (Hrsg.). Stuttgart 1975. – Siegfried Lenz. München [1]1976; [3]1979 (= Autorenbücher 2). – Gegenwartsliteratur und Drittes Reich (Hrsg.). Stuttgart 1977. – Frank Wedekind. Berlin 1979. – Deutsche Liebeslyrik (Hrsg.) Stuttgart 1982.

Hans Wagener

Carl Zuckmayer

Verlag C. H. Beck
Verlag edition text + kritik

Die ‚Autorenbücher' sind eine Gemeinschaftsproduktion
der Verlage C. H. Beck und edition text + kritik

CIP-Kurztitelaufnahme der Deutschen Bibliothek

Wagener, Hans:
Carl Zuckmayer / Hans Wagener. München: Beck; [Mün-
chen]: Verlag Edition Text u. Kritik, 1983.
    (Autorenbücher; 34)
    ISBN 3 406 08695 0
NE: GT

ISBN 3 406 08695 0

Umschlagentwurf von Dieter Vollendorf, München
Foto: Isolde Ohlbaum, München
© C. H. Beck'sche Verlagsbuchhandlung (Oscar Beck), München 1983
Gesamtherstellung: C. H. Beck'sche Buchdruckerei, Nördlingen
Printed in Germany

Inhalt

I. „Elegie von Abschied und Wiederkehr": Das Leben Carl Zuckmayers

> „Dies unser einziges Leben, das kleinste und schwächste Ding der Welt, ist eine Macht, solang es teilnimmt am Ganzen. Das schöpferische Leben umfließt uns unermessen, mit tausend Fasern hält es in uns ein, mit tausend Strahlen und Wellen sind wir von ihm durchwirkt. Es ist ein Geschenk, eine Gnade, ein Wunder, ein Sinnbild des Vollkommenen, Ganzen."[1]

„Es war Sonntagabend, drei Tage nach Weihnachten [am 27. Dezember 1896], als ich in dem rheinhessischen Dörfchen Nackenheim zur Welt kam, in dem mein Vater eine kleine Fabrik für Weinflaschenkapseln betrieb", berichtet Zuckmayer in seiner Autobiographie ‚Als wär's ein Stück von mir' (I, 132).[2] Eine wichtige Aussage zu Person und Werk ist schon in diesem einen Satz enthalten: der pointierte Hinweis auf die rheinhessische Heimat, der er sich sein Leben lang verbunden fühlen und die in seinem Werk eine bedeutende, prägende Rolle einnehmen sollte. „Geburtsheimat ist keine Gefühlsfiktion, kein Gedankenschema. Sie ist Gesetz", verkündet Zuckmayer denn auch an anderer Stelle in seiner Autobiographie mit unverhohlenem Pathos, und er fährt fort: „Sie bedeutet Bestimmung und Vorbestimmung, sie prägt Wachstum und Sprache, Blick und Gehör, sie beseelt die Sinne und öffnet sie dem Wehen des Geistes wie einem heimträchtigen Wind." (I, 129) So unleugbar, wie Zuckmayer hier mit Gleichungen von heute fragwürdiger Überzeugungskraft operiert, wird doch gleichzeitig deutlich, wie sehr er sich sein ganzes Leben lang von seiner Heimat geprägt sieht, wie sehr er sich immer wieder zu den Wurzeln seiner Existenz hingezogen fühlen sollte, wobei für die rheinhessische Landschaft und die Menschen der Gegend um Mainz später Deutschland und das deutsche Volk eintreten sollten.

Daß sich das Leben für den Knaben in der Gegend von Nakkenheim und Mainz, wohin die Familie schon im Jahre 1900 umzog, in der Retrospektive als Idylle darstellte, wundert nicht angesichts des politischen Optimismus' der Wilhelminischen Ära mit dem zunehmenden Wohlstand eines Bürgertums, das sich voll und ganz mit dem Kaiserreich identifizierte. Auch wenn man einen gehörigen Teil Nostalgie und Vergessenwollen in der Rückschau des Alternden in Anrechnung bringt, wird man Zuckmayer darin recht geben müssen, daß er in einer biedermeierlichen Atmosphäre aufwuchs: ,,Das ruhige, geordnete Haus mit den Dienstmädchen. Das Geläut der Bonifaziuskirche und, an Fronleichnam, die feierliche Prozession. Die Militärmusik, die häufig durch die Straßen schmetterte oder die man – mit leisem Grauen, weil man ja auch einmal dazu müsse – trommelnd und pfeifend von den Übungsplätzen hörte. Die Schulängste, die Familienfeste. Alles kommt mir von heute betrachtet wie Biedermeier vor. Aber es war auch Vormärz. Und der Sturm fuhr uns schon durch die Haare.'' (I, 145)

Carl Zuckmayer war der zweite Sohn seiner Eltern. Er hatte einen sechseinhalb Jahre älteren Bruder Eduard, der später einmal in der Türkei eine Musikhochschule aufbauen sollte. Der Vater hatte die Kapselfabrik in den achtziger Jahren für wenig Geld erworben und mit Fleiß und Geschick in wenigen Jahren modernisiert und enorm vergrößert – das Musterbeispiel eines jungen Unternehmers der Gründerzeit. Die Mutter hatte ihm in den schwierigen Anfangsjahren zur Seite gestanden und matriarchalisch-fürsorgliche Beziehungen zu den Arbeitern und Arbeiterinnen entwickelt.

Auch Zuckmayers Großeltern gehörten dem gehobenen Bürgertum an. Der Großvater väterlicherseits war Justizrat, der mütterlicherseits Mitbesitzer und Leiter einer Fachzeitschrift für Wein und Weinhandel. Er war jüdischer Abstam-

mung und hatte nach einer schweren Jugend den Übertritt zum
Christentum vollzogen, als Manifestation seiner Identifizierung
mit der herrschenden Kultur, dem Volk und dem Staat, in dem
er lebte.

War der Großvater Goldschmidt evangelischer Kirchenrat,
so waren die Großeltern Zuckmayer katholisch, und auch Carl
Zuckmayer wuchs in diesem Glauben auf und sollte ihn in aller
Selbstverständlichkeit durch alle inneren Krisen und Zweifel
hindurch beibehalten, Zweifel, die ihn später besonders angesichts der Greuel des Grabenkriegs im Ersten Weltkrieg erfaß-
ten. Aber schon im Alter von vierzehn Jahren „schwor [ich]
auf Darwins Evolutionstheorie, die ich der biblischen Schöpfung entgegenstellte, und hielt Ernst Haeckels Monismus für
eine ‚neue Religion‘ [...]. [...] mit fünfzehn entdeckte ich die
‚Fröhliche Wissenschaft‘ [...] und verfiel dem ‚Zarathustra‘,
verfiel dem verführerischsten und genialsten ‚Antichristen‘ unserer Zeitläufte mit Leib und Seele, so wie einer im Volksbuch
dem Teufel verfällt – mir schien er der große Luzifer.“ (I, 154)
– Der Religionslehrer machte ihm klar, daß ihn an Nietzsche
das Poetische stärker berauscht hatte als die philosophische
Konsequenz. Philosophisch inspirierte Glaubenszweifel also,
die konsequent aus den geistigen Strömungen der Jahrhundert-
wende, sprich: aus dem typischen Bücherschrank interessierter
Bürger hervorgingen, um unter dem Einfluß der bergenden
konservativen Umgebung zunächst wieder überwunden zu
werden. Die selbstverständliche katholische Glaubensumge-
bung, integrer Teil der „glücklichen Kindheit“ war durchaus
imstande, mit der normalen pubertären Rebellion der jungen
Bürgersöhne fertigzuwerden. Zuckmayers Bericht von seinem
Jugendglauben wird denn auch zu einer Apologie des religiösen
Glaubens schlechthin, wobei es ihm ohne Schwierigkeiten gelingt, das Traditionelle mit dem Progressiven, Glaube und Er-
kenntnisstreben zu einer für den späteren Dichter typischen
Synthese zu versöhnen: „Gelebter Glaube hemmt nicht, sondern erregt und stimuliert den Drang zum Wissen, zur Erkenntnis – diese Synthese ist so alt wie die Urfragen der

9

Menschheit, wie Philosophie und Theismus, aber sie ist so neu und so unerschöpflich wie keine andere, den Menschen von heute angebotene Erfahrung oder Doktrin." (I, 154) Nirgendwo kommt der konservative, harmonisierende Grundzug von Zuckmayers Denken deutlicher zum Ausdruck.

Ähnlich harmonisch vollzog sich für Zuckmayer auch das pubertäre Hauptproblem: sexuelle Aufklärung und erste sexuelle Erfahrungen. Schwärmerische Bezogenheit zur Natur ließ ihn Sexuelles als natürlich erfahren, als menschliche Parallele zum Tierreich. Eine erste sexuelle Erfahrung vermittelte während der Schülerjahre eine um wenige Jahre ältere Frau, die kein Gefühl der Trauer oder Enttäuschung hinterließ. Da ließ sich die erste große Liebe mit einem Bürgermädchen schon schwieriger an, zumal der Verbindung durch die Eltern des Mädchens ein jähes Ende gesetzt wurde, als das Pärchen beim Liebesspiel „wie Daphnis und Chloe" auf der „Ingelheimer Au" erwischt wurde. Die „blonde, blauäugige, berückend hübsche, kluge und gebildete Annemarie" (I, 188) war damit jedoch nicht für immer aufgegeben, sondern sollte Zuckmayers erste Frau werden.

Mindestens ebenso wichtig für den zukünftigen Dramatiker war die Begegnung mit dem Theater, die sich schnell zur Leidenschaft entwickelte. Es begann damit, daß die Jungen unter dem Vorwand, am Sonntagnachmittag in die Christenlehre zu gehen, sich in Wirklichkeit Steh- oder Galerieplätze fürs Theater kauften, um die junge Käthe Dorsch als Soubrette in einer populären Operette wie dem ‚Walzertraum', der ‚Lustigen Witwe' oder der ‚Dollarprinzessin' zu bewundern; es setzte sich fort in durch den älteren Bruder Eduard angeregten eigenen „Kartoffelkomödien", mit denen sich die Kinder jahrelang unterhielten. Aus entsprechend geformten Kartoffeln des elterlichen Kellers wurden mit Stoffetzen, Glasstücken, kleinen Kieselsteinen und Kohlestücken alle möglichen Puppen – Kartoffelhelden – gebastelt und über den Rand einer Kiste Märchenstoffe und erfundene Geschichten, die dem vorhandenen Personal angepaßt waren, aufgeführt.

Wie in vielen bürgerlichen Familien der Zeit wurde auch im Hause Zuckmayer musiziert: die Mutter spielte Klavier, der Vater sang zu ihrer Begleitung Lieder, der Bruder Eduard entwickelte sich immer mehr zum hervorragenden Pianisten, während es Carl zumindest zum passablen Cellospieler brachte. Konzertbesuche in Wiesbaden, wöchentliche Symphoniekonzerte im Mainzer Stadttheater sowie Choralmusik der Mainzer Liedertafel vermittelten klassische und moderne Musik.

Mindestens ebenso wichtig waren sicherlich die Eindrücke der Lektüre moderner Autoren, die er – die Eltern bildeten in ihrem literarischen Geschmack eine Ausnahme – im elterlichen Bücherschrank vorfand. In der Schule blieb man bei Schillers ‚Glocke' und der ‚Braut von Messina' hängen, verbrachte angeblich ein ganzes Jahr mit dem Kapitel über die Frankfurter Kaiserkrönung in Goethes ‚Dichtung und Wahrheit', und der rebellische Zuckmayer wäre fast aus der Klasse gewiesen worden, als er einmal lauthals verlangte, daß Dramen von Hebbel gelesen werden sollten. So war die unter der Bettdecke beim Schein der Taschenlampe genossene Lektüre elterlicher Bücher vergleichsweise Avantgarde aus dem Giftschrank. Dort fand er nicht nur Nietzsches ‚Geburt der Tragödie aus dem Geiste der Musik', sondern auch Thomas Manns frühe Erzählbände, Rilkes ‚Cornett' und ‚Frühe Gedichte', Hofmannsthals ‚Gedichte und kleine Dramen', Dramen von Ibsen, Gerhart Hauptmann, Schnitzler und Wedekind sowie eine Reihe populärer zeitgenössischer Romane.

In die Jahre vor dem Beginn des Ersten Weltkriegs fällt auch die Begegnung mit den Frühwerken des literarischen und malerischen Expressionismus. In den Mainzer Buchhandlungen lagen die frühen Werke von Werfel, Hasenclever, Kafka, Stadler, Heym und Trakl aus. In Frankfurt hatte der junge Zuckmayer Gelegenheit, die erste Ausstellung der ‚Brücke' und des ‚Blauen Reiters' mit Bildern von Franz Marc, August Macke, Kandinsky und Chagall zu sehen. Van Gogh faszinierte ihn auf einer Sommerreise in Amsterdam. Eine Kunstbegeisterung ergriff ihn, die von der Erkenntnis geschürt wurde, hier das Lebensgefühl seiner eigenen Generation manifestiert zu sehen.

Der Drang nach Freiheit, der Wille, aus der trotz aller Liberalität als eng empfundenen Welt der älteren Generation auszubrechen, fand im alten ‚Wandervogel‘ einen auf die Natur gerichteten Ausdruck: „Es war ein primitiver Drang nach Freiheit und Selbständigkeit, der die Jugend auf ihre Wanderungen mit Landkarte, Kochtopf und Zupfgeige trieb. Ich gehörte zu den ersten, die da mitmachten – niemals in einem größeren Gruppenverband, nur mit wenigen Freunden –, und obwohl meine Eltern selbst die Natur und das Wandern in unberührter Landschaft liebten, erschloß mir doch erst dieses Hinausziehen mit Gleichaltrigen, dem der Reiz des Abenteuers anhaftete, die seltener besuchten Waldgebirge der Heimat.“ (I, 174) Zuckmayer sollte sein Leben lang ein begeisterter Wanderer bleiben; ja, Gedanken, Dialoge zu seinen Dramen formulierte er später am liebsten auf seinen täglichen ausgedehnten Spaziergängen.

Die Erwartung, der Drang nach Befreiung von Konventionen, die Hoffnung auf den Untergang der alten Welt und den Beginn von etwas Neuem, neuer Freiheit und Gerechtigkeit war in dieser jungen Generation die bestimmende Grundlage ihres Lebensgefühls, und so ist es zu erklären, daß so viele junge Männer, und Zuckmayer mit ihnen, den Ausbruch des Ersten Weltkriegs als Befreiung, als Anfang einer neuen, freieren Welt empfinden und als Freiwillige zu den Waffen eilen konnten.

Dabei waren Jugendliche wie der junge Carl Zuckmayer durchaus nicht von vornherein kriegsbegeistert, sondern zunächst eher pazifistisch eingestellt, wie gerade sein Beispiel beweist. Mit völlig anderen als politischen Sorgen behaftet, hatte er mit den Eltern noch nach den fatalen Schüssen von Sarajewo eine Sommerreise nach Holland angetreten, persönlich voller Sorgen, einmal weil er wegen wiederholter Aufsässigkeit als Oberprimaner – er hatte seinen wenn auch kränklichen Klassenlehrer während des Unterrichts in mehrere Ohnmachtsanfälle getrieben – in den letzten Wochen vor Beginn der Sommerferien zunächst von der Schule relegiert werden sollte, eine Drohung, die nur mit großer Mühe in eine mehrstündige Karzerstrafe verwandelt werden konnte und ihn so vor dem Ausschluß von einem Universitätsstudium und einer, wie es ihm schien, trostlosen Zukunft in der väterlichen Fabrik bewahrte; die zweite Sorge galt der Liebe zu der schon erwähnten schönen Annemarie, der durch elterliche Intervention ein Ziel gesetzt worden war, ein Akt, der Zuckmayer mit Groll, Weltschmerz und Verbitterung gegen die Gesellschaft erfüllte. In dieser Stimmung fuhr er mit den Eltern nach Holland in den Badeort Domburg auf der Insel Walcheren, wo man in den Zeitungen vorläufig voller Friedensoptimismus die politische Entwicklung verfolgte.

Der innere und äußere Stimmungsumschlag wird auf eklatanteste Weise in dem Schicksal eines Zyklus pazifistischer Gedichte deutlich, die Zuckmayer an einem dieser letzten Vorkriegstage verfaßte. Das kurze letzte Gedicht lautete:

Einmal

Einmal, wenn alles vorüber ist,
Werden Mütter weinen und Bräute klagen
Und man wird unterm Bild des Herrn Jesus Christ
Wieder die frommen Kreuze schlagen
Und man wird sagen: es ist doch vorbei!
Laßt die Toten ihre Toten beklagen!
Uns aber, uns brach es das Herz entzwei
Und wir müssen unser Lebtag die Scherben tragen. (I, 191)

Zuckmayer steckte die Gedichte in ein Kuvert und schickte sie per Expreß an die Redaktion der ‚Frankfurter Zeitung'. Am 31. Juli, nachdem alle Deutschen im Ausland aufgefordert worden waren, nach Deutschland zurückzukehren, reiste auch die Familie Zuckmayer ab. Während der Eisenbahnfahrt änderte sich von Kilometer zu Kilometer Zuckmayers Stimmung. Er wurde von einem Gefühl überheller Euphorie ergriffen, dem Gefühl mit allen ein- und aussteigenden Soldaten verbunden zu sein, mit ihnen stellvertretend den Platz tauschen zu können, ja zu wollen. – Als er mit den Eltern zu Hause ankam, lag im Briefkasten ein Schreiben der ‚Frankfurter Zeitung‘, das ihm die Annahme seiner ,,hochbegabten Verse" mitteilte, ,,deren Haltung ganz im Sinne der Redaktion" (I, 194) sei. Die Annahme eigener Gedichte, die ihn früher in Hochstimmung versetzt hätte, ließ ihn jetzt ,,merkwürdig kalt, es enttäuschte mich eher, machte mich weder stolz noch froh. Ich konnte, nach weniger als vierundzwanzig Stunden, meine Gedichte nicht mehr verstehen, sie waren mir über Nacht fremd geworden, ich fand sie falsch, ahnungslos, beschämend, ich hatte den Wahrsinn verloren, der ihnen innewohnte. Außerdem war der vierzig Stunden alte Brief von einem Expreßschreiben eingeholt worden, in dem die Redaktion ihre Annahme, oder vielmehr die Zusage des Abdrucks zurücknahm, da die Zeitereignisse darüber, auch über ihre, der Redaktion bisherige Auffassungen, hinweggebraust seien. Man habe jetzt der Idee eines künftigen Weltfriedens mit dem Säbel in der Faust zu dienen – was mich in diesem Augenblick auch restlos überzeugte." (I, 194 f.) Am folgenden Tage, Sonntag, den 2. August, ordnete der Kaiser die Mobilmachung von Heer und Flotte an, und von da an bestimmten die militärischen Zwänge den Ablauf des Desasters.

Wie seine Klassenkameraden meldete sich auch Zuckmayer als Freiwilliger und kam nach Ablegen des Notabiturs, bei dem den zukünftigen Helden nur die leichtesten Fragen vorgelegt wurden, zu einem Feldartillerie-Regiment. Wie seine Freunde glaubte er, mit dieser Tat mit einem Schlag ein ,,Mann" geworden zu sein. Er stand unter einer Art Hypnose, wie sie auch in Frankreich, England und später sogar in Amerika die Menschen in Bann hielt. ,,In dieser inneren Befreiung der ganzen Nation von ihren abgelebten Konventionen, in diesem ‚Aufbruch‘ ins Ungewisse, ins ungeheure Wagnis, ganz gleich wen es verschlinge, sahen wir den Sinn des Kriegs, den Quell unserer Begeisterung. Eroberungsziele, Machtansprüche waren für uns kein Thema. Wenn wir ‚Freiheit‘ riefen, meinten wir es gewiß im primitiven, im nationalen Sinn: unser Volk sollte befreit werden von der Bedrohung seiner Existenz (an die wir, wie alle kriegführenden Völker, bedingungslos glaubten), auch vom Druck einer Welt-Gegnerschaft, die ihm die freie Entfaltung seiner Kräfte versagen wollte. Aber wir meinten mehr. Es war keineswegs ‚militärischer‘, es war revolutionärer Geist, der in den Barackenlagern und Zeltstädten der Kriegsfreiwilligen, in den Rekrutendepots von 1914 lebte.“ (I, 199f.) Als der Kaiser am 4. August verkündete: „Ich kenne keine Parteien mehr, ich kenne nur noch Deutsche!“, sah man darin das Versprechen, nach siegreicher Beendigung des Krieges das Deutsche Reich zu reformieren, es in eine demokratische, konstitutionelle Monarchie umwandeln zu wollen.

Die Ausbildung erfolgte mit den üblichen Schikanen, denen vor allem die zukünftigen Leutnants von subalternen Berufsunteroffizieren ausgesetzt waren. Erich Maria Remarque und Erich Kästner wissen Ähnliches zu berichten. Als eines Tages im Herbst bei einem hessischen Feldartillerie-Regiment eine neue bespannte und berittene Batterie zum unmittelbaren Fronteinsatz zusammengestellt werden sollte, meldete sich Zuckmayer und wurde angenommen. Nach ein paar Wochen weiteren Übungsdienstes in Darmstadt ging es dann per Eisenbahn in Richtung Westen an die Front.

Zuckmayers Fronterlebnisse unterscheiden sich nicht wesentlich von denen anderer. Er mußte erleben, daß es mit der Hochstimmung der Freiwilligen vorbei war, ja daß die jungen Freiwilligen von den älteren Soldaten, vor allem von den Arbeitern mit Unverständnis und Spott bedacht wurden. Sein Glaube an die große nationale Verbrüderung kam zuerst ins Wanken, als ihm gleich beim Anmarsch zur Front von einem „Kameraden“ der Wintermantel gestohlen wurde.

Das Besondere bei seinem autobiographischen Bericht über diese Zeit ist jedoch einmal, daß er beim Wacheschieben eine intensive Naturerfahrung hat, ja sich mit der Natur „verschwistert": „Aber dann strich einem die kühle Nachtluft um die Nüstern, und man ergab sich, seine kleine Strecke abpatrouillierend, der Träumerei, verschwisterte sich mit der niemals schlafenden Natur, deren Stille durch das ungewisse Gerumpel von den vorderen Linien nur vertieft wurde." (I, 218) Zuckmayer zitiert in diesem Zusammenhang seinen Freund Peter Bamm, der in einem seiner Bücher geschrieben habe: „Niemand weiß etwas von der Natur, der nicht in ihr Wache geschoben hat." Auch wird man dadurch an Ernst Jünger erinnert, der immer wieder berichtet, wie er in den Kampfpausen auf „subtile Jagd" (d. h. auf Insektenjagd) gegangen sei. In allen drei Fällen läßt sich der Verdacht einer Flucht in die Natur nicht ganz von der Hand weisen. Bei Zuckmayer steigerte sich die Naturerfahrung gar bis zu peinlichen Formulierungen, so wenn er seine Beziehung zum Boden als sexuellen Akt beschreibt: „Zwischen den Strünken begannen schon im Winter Grashalme und Schneeglöckchen zu knospen. Ich preßte während der kurzen Mittagspause mein Gesicht hinein, in einer unaussprechlichen Sehnsucht, und schlief mit der Erde." (I, 224)[3]

Zweitens bildete die Fronterfahrung für den zukünftigen Autor eine Schule und Lernzeit insofern, als er, der behütet im bürgerlichen Hause aufgewachsen war, nun Angehörige aller deutschen „Volksstämme" und Berufsgruppen kennenlernte, was ihm unter normalen Umständen – und das hätte geheißen: als Student an der Universität – nie möglich gewesen wäre. Er lernte sie kennen „aus der intimsten Nähe, mit ihren Sonderheiten, Dialekten, Charaktereigenschaften, und im wörtlichen Sinn: wie sie leben und sterben: Handlungsreisende, Artisten, Kattunfabrikanten, Pharmazeuten, Holzhändler, Zuhälter, Familienväter, Transvestiten, Bergmänner, Landwirte jeden Besitzstandes, vom Katenbewohner bis zum Großagrarier, Ingenieure, Eisendreher, Glasermeister, Theologiedozenten, Postbeamte, Gastwirte, Hochseefischer, Schweinezüchter, Streckenwärter, Zeitungsverleger, -drucker, -verkäufer, Bierbrauer, Feinmechaniker, Musiklehrer, Staatsanwälte, Irrenwächter, Schornsteinfeger, Eintänzer, Mediziner, Kanarienzüchter, Studienräte." (I, 229). Diese Erfahrung, die sich in den späteren Berliner Jahren vor dem Erfolg des ‚Fröhlichen Weinberg' fortsetzte, gab ihm die Möglichkeit, dem Volk „aufs Maul zu schauen" und so später die verschiedensten Charaktere und Typen in seinen Dramen mit größtmöglicher Genauigkeit und Lebendigkeit nachzugestalten.

Damit einher ging der gleichzeitige Erwerb theoretischen Wissens durch ununterbrochene Lektüre aller möglichen Bücher, die er sich, vor allem von dem Freund Ludwig Berger in Mainz beraten, an die Front nachschicken ließ, um der geistigen Abstumpfung, dem Leerlauf und dem Geschwätz der anderen, skatspielenden Offiziere einen hektischen Wissenserwerb entgegenzusetzen. Ob all das erworbene Wissen, wie vielfach seine Bücher, eines Tages mit ihm untergehen, verschüttet werden sollte, war ihm dabei gleichgültig: „Aber es war, bei aller Gier, kein blindes, regelloses Stopfen. Ich betrieb meine Lektüre systematisch. Ich wollte die Verblödung, die Zurückgebliebenheit durch den Krieg, wirklich überlisten. Ich machte mir einen Abriß, einen strategischen Plan für das ohne Dozenten und Seminar Erlernbare. Ich begann mit Kunstgeschichte, wofür mir die Etappenstädte in Belgien und Nordfrankreich den Anschauungsunterricht boten [...]. Jetzt studierte ich Friedländers ‚Von Van Eyck bis Brueghel', Wölfflins ‚Grundbegriffe', Jacob Burckhardt, Justis ‚Michelangelo', aber auch Carl Einsteins geistreiche Lehrsätze über die umstürzlerischen Modernen. Ich nahm die Volkswirtschaft vor, die klassischen Liberalen, Adam Smith, Ricardo, kam über Louis Blanc zu Lassalle, bald über Hegel und Feuerbach zu Proudhon, Marx und Engels, schließlich sogar zu Max Weber. Gundolfs ‚Shakespeare und der Deutsche Geist' war damals erschienen. Die ‚Hohenstauffen' von Raumer, die ‚Legenda Aurea' des Jacobus de Voragine hätte ich am liebsten gleich dramatisiert. Französisch las ich, was ich in Buchhandlungen oder auf Bücherkarren auftreiben konnte, ich entdeckte – für mich – den bei uns noch kaum bekannten Rimbaud, auch Charles Louis Philippe, las Verlaine, Montaigne und die großen Romane, vor allem Flaubert. Dazu Strindberg, Swift, Dickens, Tolstoj, Dostojevskij, Hamsun. Es trieb mich zur Eschatologie und zu den theologisch-philosophischen Antipoden, Augustinus, Thomas von Aquin, Descartes, Franziskus, zu den Mystikern, Ekkehart und Suso, Tauler und Mechthild, aber auch zu den schlesischen Pietisten, und dann zu den Trutzgestalten des Humanismus und der Reformation, Hutten, Erasmus, Luther und seinen Widersachern, den Schwarmgeistern, den Streitrufern der Bauernkriege, aus deren Welt mein erstes Drama schöpfte." (I, 244) Kein Wunder, daß Zuckmayer, der selbst zu Pferde, wenn die Truppe beim Stellungswechsel auf den verstopften Straßen nicht oder nur langsam vorwärtskam, noch las, bald den Spitznamen „der lesende Leutnant" – er war mehrfach ausgezeichnet und schließlich Offizier geworden – bekam oder, wegen seiner Begeisterung für den Organisator der Roten Armee, „Leutnant Trotzkij".

Zu der passiven Absorbierung durch das aktuelle Bildungsgut der Zeit kam bald auch die aktive Teilnahme am literarischen Leben. Noch im Jahre 1917 hatte Zuckmayer an Franz Pfemfert, den Herausgeber und alleinigen Redakteur der avantgardistischen Wochenzeitschrift ‚Die Aktion‘, die er abonniert hatte, einen zustimmenden Brief mit zwei Proben seiner eigenen Gedichte gerichtet. Pfemfert veröffentlichte sie in der nächsten Ausgabe, ohne vorher brieflich zu reagieren, ermutigte aber bald darauf den neuen Mitarbeiter, mehr zu schicken, da Zuckmayers jetzt wieder pazifistische Stimmung und sein auf Völkerverständigung gerichteter geistiger Ausblick mit Pfemferts Anliegen identisch waren. Wie viele andere Mitarbeiter der ‚Aktion‘ hing Zuckmayer damit auf idealistische, romantische Weise dem Glauben und der Hoffnung auf eine Revolution an, auf eine neue Gesellschaftsordnung, die er sich aber konkret keinesfalls vorstellen konnte und für die das neue kommunistische Rußland ein idealisiertes, in Wirklichkeit nicht verstandenes Vorbild abgeben mußte.

Von seinen „Kameraden" fühlte er sich in seinem Fühlen und Denken nicht verstanden. Seine Ansichten teilen konnte er brieflich nur mit einem Freund, dem Hamburger Kurt Grell, den er im ersten Kriegssommer 1915 zufällig in einem Etappenort kennengelernt hatte. Sie trafen sich in jeder freien Stunde und schrieben sich nach der Trennung lange Briefe. Diese Briefe Zuckmayers, die erst 1981 veröffentlicht wurden,[4] vermitteln wohl das unmittelbarste Bild von seinen Kriegserfahrungen und von seiner inneren Entwicklung. Die Diktion steigert sich vom lyrischen Bericht zum expressionistischen Schrei und Glaubensbekenntnis, obwohl sich die Freunde im Laufe weniger Jahre innerlich immer fremder wurden.

Ende Juli 1918 wurde Zuckmayer bei Lens von einem zwölf Meter hohen Förderturm, der als Beobachtungsstand benutzt wurde, abgeschossen und für tot liegen gelassen. Man fand ihn bewußtlos, mit einem Granatsplitterriß überm linken Auge und einer Gehirnerschütterung. Nach acht Tagen wurde er von einem Stabsarzt an die Front zurückgeschickt: ,,Sie haben Kopfschmerzen? Schwindelanfälle? Erbrechen? Kein Grund zum Schlappmachen. Zum Fallen sind Sie gesund genug, und dazu brauchen wir jetzt die jungen Offiziere." (I, 255) Der Batteriechef erkannte den wahren Zustand und schickte ihn auf vierzehn Tage Urlaub nach Hause, wo er zusammenbrach. Im Sankt-Franziskus-Hospiz in Mainz konnte er sich, von katholischen Nonnen gepflegt, erholen. Anfang November ging es über Straßburg, dem Standort von Zuckmayers Ersatzregiment, zurück zu der in die Vogesen verlegten Batterie, der er zugeteilt war. Dort war man bereits dabei, einen Soldatenrat zu bilden. Die führenden Offiziere, die mit Erschießen drohten, wurden ausgelacht; sie setzten sich infolgedessen bald von der ,,meuternden Truppe" ab. Zuckmayer wurde in den Soldatenrat gewählt, der einen führungsgewohnten Offizier haben wollte. ,,Man beließ mir die Achselstücke und Orden, band mir eine rote Binde um den Arm, übertrug mir die Befehlsgewalt. So führte ich, auf einem müden Klepper, für den ich nachts in den Dörfern zwischen Kolmar und Straßburg Hafer stahl, den Rest unserer Truppe über die Rheinbrücke bei Kehl. Die Elsässer schauten feindlich. Wir schauten nicht rechts noch links. Keiner dieser Soldaten hatte die Idee, daß wir durch einen ‚Dolchstoß in den Rücken' den Krieg verloren hätten. Das wurde den Menschen erst später eingeredet. Wir wußten, daß wir besiegt waren. Aber wir bildeten uns auch nicht ein, daß die Regierungen der Sieger ‚besser' seien. Ausgehungert, geschlagen, aber mit unseren Waffen, marschierten wir nach Hause." (I, 257) Das sind Worte, die Zuckmayer zweifellos für die Leser seiner eigenen Generation schreibt in der Absicht, der Dolchstoßlegende zu widersprechen.

Zuckmayer kehrte nach Mainz zurück, wurde offiziell vom Militär entlassen und ließ sich an der Universität Frankfurt immatrikulieren. Weil der Vater darauf bestand, wurde er pro forma Jurastudent, während er in Wirklichkeit die ihm als unsagbar langweilig erscheinenden Kollegs über römisches Recht und klassische Volkswirtschaft schwänzte und statt dessen in seiner kleinen Bude in Sachsenhausen an dramatischen Versuchen arbeitete. Er wollte ein „Neues Welt-Theater" schreiben, einen Komödien- und Tragödienzyklus, der mit Prometheus begann und mit Lenin endete. Ein ‚Prometheus' in Versen, sprachlich von Schiller und Kleist, in der Form und in der Aussage aber vom zeitgenössischen Expressionismus beeinflußt, wurde auch tatsächlich fertig.[5] Von einem Mainzer Jugendfreund, dem späteren Historiker Arnold Bernay, wurde das Manuskript an den Schauspieler Carl Ebert geschickt, der das Talent Zuckmayers lobte. Eine durch ihn vermittelte Unterhaltung mit dem im Sterben liegenden Dramaturgen des Schauspielhauses, Dr. Plotke, führte jedoch zu nichts, da er Zuckmayer aufforderte, statt dessen ein Spartakus-Drama im modernen Gewande – das Fabrikproletariat ergreift die Macht – zu schreiben. Schon damals war sich Zuckmayer jedoch darüber im klaren, daß das politisch-deklamatorische Drama nicht seinem Wesen entsprach.[6]

Dennoch interessierte er sich zeitbedingt weiterhin aktiv für Politik. Er arbeitete immer noch an der ‚Aktion' mit, obwohl Franz Pfemfert inzwischen einen radikalen Ruck nach links vollzogen hatte, und er hatte inzwischen auch begonnen, an dem Darmstädter, aus einer Schülerzeitung hervorgegangenen Blatt ‚Das Tribunal' mitzuarbeiten, das von Carlo Mierendorff herausgegeben wurde und für das die späteren Freunde Theodor Haubach und Hans Schiebelhuth, aber auch Kasimir Edschmid, Max Krell und Fritz Usinger Beiträge lieferten, ja zum Teil schon aus dem Felde geschickt hatten. Ein erstes Treffen mit Carlo Mierendorff, der Zuckmayers Arbeiten in der ‚Aktion' gelesen hatte, fand, wie Zuckmayer anekdotenhaft berichtet, in einer Frankfurter Massenversammlung statt und bildete den Anfang einer bis zu Mierendorffs Tod – er starb nach jahrelangen KZ-Aufenthalten in einer Bombennacht in Dresden – andauernden engen Freundschaft. Zuckmayer sollte den Sozialisten, der sich, wie auch Theodor Haubach, später der SPD angeschlossen hatte und von dort aus vergeblich gegen den Nationalsozialismus kämpfte, Anfang März 1944 in einer Gedächtnisrede in New York würdigen. Mierendorff hatte während der Zeit des ‚Tribunals' einen mäßigenden Einfluß auf den sich noch viel radikaler gebärdenden Zuckmayer, der im ‚Tribunal', wie die meisten seiner Freunde, seine Beiträge fast immer unter einem Pseudonym veröffentlichte. 1922 waren die Gründer des Blattes weise genug, es aufzulösen, bevor der revolutionäre Elan der ersten Jahre zu einer Opposition aus Prinzip verfallen konnte.

Inzwischen war Zuckmayer zusammen mit Haubach und Mierendorff zum weiteren Studium nach Heidelberg gegangen, wo die Freunde – andere, wie z. B. Henry Goverts und Hans Schiebelhuth kamen hinzu – unter reger Beteiligung des jungen Kunsthistorikers Wilhelm Fraenger einen Kreis bildeten, in dem nicht nur soziale, politische und kunsttheoretische Fragen diskutiert wurden, sondern der in einer Art Genietreiben alle möglichen Veranstaltungen, Dichterlesungen, Lichtbildvorträge sowie Aufführungen alter und neuer Stücke in Szene setzte, die an Sommerabenden unter erheblichem Alkoholkonsum im ,,Wolfsbrunnen", einem alten Wirtshaus auf der linken Neckarseite, stattfanden. Dabei kam u. a. auch ein Bellman-Abend zustande, zu dem Zuckmayer gemeinsam mit Fraenger eine lose Szenenfolge verfaßt hatte.

Auch Dichter kamen auf Einladung von Fraenger, die ohne Honorar, nur gegen Kost und Übernachtung vortrugen oder aus ihren neuesten literarischen Produkten vorlasen: Klabund, Theodor Däubler, Hans Schiebelhuth, Otto Flake, Hermann Graf Keyserling usw.

Heidelberg hatte damals akademisch viel zu bieten, aber Zuckmayer hatte nicht die Geduld und die nötige Beharrlichkeit für ein systematisches Studium. Daran änderte sich auch nichts, als er bald auf Biologie umsattelte und in den Anfängerseminaren in Botanik und Zoologie durchs Mikroskop schaute. Schon bald fand er heraus, daß die Naturwissenschaften für ihn nur ein Interessengebiet unter vielen waren. Nachdem er während des zweiten Heidelberger Jahres durch die Annahme seines Dramas ‚Kreuzweg' nach Berlin gerufen wurde, nahm er sein Studium nicht wieder auf.

Berlin sollte Zuckmayer in den nächsten Jahren in seinen Bann schlagen. Es war während der zwanziger Jahre *die* kulturelle Metropole Deutschlands, die Stadt, wo Literatur, Film und Theater gemacht wurden. Es war die Stadt pulsierenden Lebens, des echten und des ,,halbseidenen'', die Stadt der Neureichen genauso wie die der kleinen Schieber, Kriegsgewinnler und Bankrotteure, der reichen Villenbewohner von Dahlem genauso wie der Kriegsversehrten, Bettler und Rauschgiftsüchtigen. Hier wurden nicht nur die politischen, sondern auch die kulturellen und finanziellen Schlachten geschlagen in einem brodelnden Hexenkessel, wie ihn so anschaulich Erich Kästner in seinem Roman ‚Fabian' und Alfred Döblin in ‚Berlin Alexanderplatz' beschrieben haben. Die ganze Unsicherheit, die der Erste Weltkrieg hinterlassen hatte, war in Berlin in einer Hektik sondergleichen zum Ausbruch gekommen, die sich nach der Festigung der Währung 1923 bis zum Beginn der Weltwirtschaftskrise 1929 in einer kurzen kulturellen Blüte sublimierte.

In Berlin mußte ein junger Dramatiker sich durchsetzen. Gelang es ihm nicht, mußte und konnte er es in einem zweiten und eventuell in einem dritten Anlauf versuchen, vorausgesetzt, daß er Energie, Ausdauer und Glück hatte. Hatte er diese nicht, dann hatte er die Prüfung nicht bestanden und lief Gefahr, für immer ins Elend abzurutschen. Auch Zuckmayer fiel durch: einmal, zweimal. Auch er geriet aufs Glatteis der Großstadt, rutschte auf ihm aus, aber stand wieder auf, bis er schließlich festen Boden unter die Füße bekam. Die zwanziger Jahre seines Lebens waren für ihn wie für viele Menschen eine Zeit von Fehlern, eine Zeit der falschen Richtungen, die er aber immer wieder durch Kurskorrekturen änderte, bis er den ihm gemäßen Weg gefunden hatte. Dies trifft nicht nur auf den schriftstellerischen, sondern auch auf den privaten Bereich zu. Schon während seiner Heidelberger Studentenzeit, im Januar 1920, hatte er seine Jugendliebe geheiratet. Im Sommer jenes Jahres vollendete er sein erstes zur Aufführung gelangtes Drama ‚Kreuzweg‘, das er an den Mainzer Jugendfreund Ludwig Berger schickte, der damals an der Berliner Freien Volksbühne und bei Max Reinhardt am Deutschen Theater mit seinen Shakespeare- und Strindberg-Inszenierungen Erfolg hatte. Berger las die Hauptszenen dem Intendanten des Berliner Staatstheaters, Leopold Jessner, und seinen Dramaturgen Eckart von Naso und Ernst Legal vor und überredete sie zur Annahme des Stückes. Gleichzeitig erklärte sich Kurt Wolff, der damals maßgebende Verleger der jungen Generation, bereit, das Stück als Buch herauszubringen. Das war im Oktober 1920, und Zuckmayer glaubte, die Welt läge ihm zu Füßen, zumal die Annahme des literarischen Erstlings für einen jungen Dramatiker ein Glücksfall sondergleichen war. Während seine junge Frau die Heidelberger Studentenwohnung auflöste, reiste Zuckmayer nach Berlin, um auf Einladung des Intendanten an den Proben teilzunehmen, wobei er die junge blonde Schauspielerin Annemarie Seidel kennenlernte, die, aus München kommend, im ‚Kreuzweg‘ ihre erste größere Berliner Rolle haben sollte. Zuckmayer berichtet: „Nach ihrer Szene kam sie in den Zuschauerraum, wir saßen nebeneinander und beobachteten uns heimlich im Dämmerlicht zwischen den Akten. Wir wechselten kaum ein paar Worte, einmal berührten sich wie zufällig unsere Hände. In diesem Augenblick war, ohne daß ich es wußte oder auch nur ahnte oder gewollt hätte, meine Jugend-Ehe vorbei." (II, 333) Schon bald sollte Zuckmayer mit Mirl, wie sie von ihren Freunden genannt wurde, zusammenziehen.

Die Premiere des ‚Kreuzweg' wurde zu einer eindeutigen Niederlage für den angehenden Dramatiker. Die Eltern, die extra aus Mainz gekommen waren, mußten erleben, wie um sie herum das konservative Publikum, Beamte und Mitglieder der königlich-preußischen Theaterverwaltung, die dort ihre Freiplätze hatten, zischte und an ernsten Stellen lachte. Nach drei Aufführungen, von denen die letzten beiden schlecht besucht waren, wurde das Stück abgesetzt. Wenn es neuerdings nicht nur in der Werkausgabe, sondern auch in einem dem frühen Zuckmayer gewidmeten Band ‚Einmal, wenn alles vorüber ist', wieder abgedruckt wurde, so nur, weil es sich um einen frühen „Zuckmayer" handelt. Selbst der Autor gibt in seiner Autobiographie zu: „Es war kein gutes Stück." (II, 328) Trotzdem fühlte er sich nach dem Durchfall geadelt, als jemand, der seine Feuerprobe als Dramatiker bestanden, der im Theater das ihm gemäße Element erfahren hat (II, 337).

Nach der Euphorie der Aufführungsvorbereitung zeigte sich Berlin dem nun durchgefallenen Autor von seiner anderen, gefährlichen Seite. Er lernte jetzt die Stadt „von unten kennen, aus der Keller-Perspektive, aus der Sicht der häßlichen Mietshäuser und finsteren Hinterhöfe". (II, 338) Die Verdienstmöglichkeiten beim Theater waren gering, denn alle bezahlten Stellen waren besetzt. Radio und Fernsehen gab es noch nicht; der junge Stummfilm kaufte am liebsten Bestseller, und Zuckmayer versuchte mehrfach vergeblich, Filmszenarios an den Mann zu bringen. Da vom Elternhause, ohne daß es zu einer Entzweiung, einem Bruch gekommen wäre, kein Monatswechsel mehr kam, war er auf alle möglichen literarischen Gelegenheitsarbeiten angewiesen, sei es, daß er ein balladeskes Chanson für das florierende literarische Kabarett schrieb, sei es, daß dann und wann ein Gedicht oder ein kleines Prosastück in einer Zeitung oder Zeitschrift abgedruckt wurde, z. B. in Siegfried Jacobsohns ‚Weltbühne', Stefan Großmanns ‚Tagebuch' oder von Herbert Ihering im ‚Berliner Börsen-Courier'. Ein Wiedertäufer-Drama bekam er nicht in den Griff; es wurde nie fertig.

Das Leben mit Mirl (1920–22) war Berliner Bohème, immer am Rande des finanziellen Desasters, zumal auch Mirls Gage sich in den Grenzen einer Berliner Anfängerin bewegte. Die Katastrophe kam damit, daß Mirl lungenkrank wurde. Der Arzt empfahl einen Urlaub vom Theater und Meeresluft. Mit dem Erlös einer fast vergessenen Erbschaft Zuckmayers fuhren die beiden an die Kurische Nehrung zu dem am Haff gelegenen Fischerdorf Nidden und verbrachten – es war Frühling 1921 – einen Urlaub in ländlicher Idylle. Zurück in Berlin hatte man Heiratspläne; das Geld reichte aber nach dem Ende der Theatersaison nur noch zu einer Fahrkarte nach München zu Mirls Mutter, wo sie sich nach einer Fehlgeburt ein paar Wochen erholen konnte. Zuckmayer lernte so die Münchener Künstler Schwabings, u. a. Ringelnatz, kennen und trat mit ein paar Chansons, die er zur Guitarre sang, im Künstlerzimmer des ‚Simpl' auf. Dann ging es wieder nach Berlin zurück, wo er mit Mirl eine preiswerte Kellerwohnung bezog. Wieder schlug er sich mit Gelegenheitsarbeiten durch. Ein paar Wochen lang schnitt er für eine zwielichtige ‚Internationale Telegraphen Agentur' auf die baltischen Staaten bezogene Zeitungsartikel aus, die, wohl zu antipolnischen Propagandazwecken, zu sogenannten ,,Welttelegrammen" verarbeitet wurden; dann arbeitete er als Filmstatist der UFA beim Fridericus-Rex-Stummfilm mit Otto Gebühr. Gegen Ende des Winters wurde Mirl so krank, daß sie nur durch die Hilfe eines reichen Holländers, der sie in eine Klinik brachte, gerettet wurde. Die Beziehung war zu Ende, zumal Zuckmayer Mirl die nötige Erholung in Davos nicht ermöglichen konnte. Später sollte sie, mit der er weiterhin in freundschaftlichem Kontakt blieb, den Verleger Peter Suhrkamp heiraten.

Zuckmayer schlug sich indessen mit fragwürdigen Beschäftigungen durch: als Schlepper für Nachtlokale in der Friedrichstadt und gar als ungeschickter Rauschgifthändler, wobei er gleich am ersten Abend nur durch die Hilfe einer gutmütigen Prostituierten vor der Verhaftung bewahrt wurde. Als Gescheiterter kehrte er von Berlin auf ein paar Wochen zu den Eltern nach Mainz zurück.

Hier hatte er unerwartet Glück: der Oberregisseur des Mainzer Stadttheaters, Kurt Elwenspoek, den er noch von früher her kannte, war als Intendant der Städtischen Bühnen nach Kiel berufen worden, und er gab Zuckmayer eine bezahlte Anstellung als Dramaturg mit der Möglichkeit, selbst einige Stücke seiner Wahl inszenieren zu dürfen. Zunächst aber mußte noch der dazwischenliegende Sommer bis zum Saisonbeginn überstanden werden. Nach einer ausgedehnten Wanderung mit dem Freund Schiebelhuth unternahm er auf Einladung eines norwegischen Kommilitonen eine Reise nach Lappland, wo er gegen leichte Arbeit in einem dem Vater des Freundes gehörigen Bergwerk freie Kost und Logis sowie Geld für die Rückfahrt erhielt. Nicht nur lernte er da auf Ausflügen und Bootsfahrten das Land kennen, sondern nahm auch als Träger an einer Expedition in die innerlappländischen Berge und Hochmoore teil. Mit Verspätung trat er sein Engagement in Kiel an, wo er gemeinsam mit dem Intendanten einen modernen Spielplan auf die Beine stellte: Büchner, Barlach, Lenz, Grabbe, Strindberg und Wedekind wurden aufs Programm gesetzt. Ein Freundeskreis bildete sich schnell mit den neuen, jungen Kräften des Ensembles, der bald gegen die älteren Schauspieler und Regisseure Front machte. Das konservative Kieler Theaterpublikum hatte allen Grund, über die modernen Inszenierungen der geliebten Klassiker entsetzt zu sein. Das Wichtigste, was Zuckmayer über diese Zeit schreibt, bezieht sich jedoch auf seine eigene ästhetische Entwicklung, die ihn zu einer Abkehr vom herrschenden Expressionismus führte: „Der ‚Expressionismus‘ wuchs mir tatsächlich zum Halse heraus. Die neueren Stücke seiner Erfolgsautoren erschienen mir immer verkrampfter, lebensfremder. Ich begann zu ahnen, daß auch auf dem Theater der ‚Mensch das Maß aller Dinge‘ sei und daß es gelte, den geschöpflichen Zusammenhang wieder herzustellen, die

Spannung zwischen Kreatur, Gesellschaft und Weltgeheimnis, der immer der Kern aller Dramaturgie war, neu zu realisieren." (II, 379)[7] Mag es sich hierbei auch erst um ein im Rückblick des Jahres 1966 formuliertes Stück Programm handeln, so markiert es doch Zuckmayers Wende weg vom Expressionismus zu etwas Neuem.

Daß sich Zuckmayer nämlich schon in seiner Kieler Zeit auf das Volkstümliche als mögliche Grundlage des Dramatischen besann, wird in einer Vortragsfolge deutlich, die er unter dem Titel ,Vorstufen des Theaters, die Quellen seiner Revitalisierung' veranstaltete. In dieser Reihe hielt er eine Matinee ab unter der Überschrift: ,Von Zirkus, Karussell und Jahrmarkt, von Schiffsschauklern, Gauklern und Vagabunden'. Als angebliche ,,Volks-Texte" wurden hier Verse und Lieder aus der Feder des Kieler Dramaturgen Zuckmayer vorgetragen, so ein Seiltänzerlied, Gassenkinderverse (mit Anlehnung an ,Des Knaben Wunderhorn'), Tippelbrüdersprüche im hessischen und pfälzischen Dialekt sowie eine ,Mainzer Moritat vom Schinderhannes' in fünfzehn Strophen. So war hier nicht nur bereits die Keimzelle zum ,Schinderhannes' gelegt, sondern auch die zum Seiltänzerstück ,Katharina Knie'.

Das Kieler Treiben endete mit einem handfesten Theaterskandal, der von Zuckmayer und seinem ,,jungen Kreis" inszeniert wurde, da es sich nach Klagen von allen Seiten und sinkenden Besucherzahlen nur noch darum handeln konnte, auf welche Weise der Abgang vonstatten gehen sollte. Zu diesem Zweck schrieb Zuckmayer die Terenz-Komödie ,Der Eunuch' völlig um, aktualisierte das Stück und übersteigerte die Erotik. – Noch in der Nacht nach der ,,Uraufführung" trat der Stadtrat zusammen, und der Intendant wurde aufgefordert, das Stück sofort abzusetzen. Nach seiner Weigerung wurde das Theater ,,wegen groben Unfugs" polizeilich geschlossen, ,,ein Teil der Schauspieler vorläufig von der Arbeit suspendiert und alle Verträge für die nächste Spielzeit für ungültig erklärt." Zuckmayers Entlassung wurde mit ,,Aufsässigkeit, Unbotmäßigkeit und völliger künstlerischer Unfähigkeit" begründet (II, 385).

Wie Elwenspoek ging auch Zuckmayer bei Nacht und Nebel nach München. Er hatte der Schauspielerin Hermine Körner, die der Direktion des Münchener Schauspielhauses angehörte, seinen ‚Eunuch' geschickt. Da sie ihrem Ensemble das Stück nicht aufzwingen konnte, stellte sie Zuckmayer zumindest als „zweiten Dramaturgen" mit Mindestgehalt an. Begegnungen mit Tilly Wedekind, der Witwe Frank Wedekinds, und mit Bertolt Brecht fallen in dieses Jahr 1923, das u. a. die Inflation und die Festigung der Währung durch Einführung der Rentenmark, aber auch den Münchener Putschversuch Hitlers und Ludendorffs erlebte.

Auf Brechts Rat, der meinte, nur in Berlin würde die Theaterschlacht geschlagen (II, 401), und durch die Vermittlung des Regisseurs Erich Engel, der eben künstlerischer Leiter des Deutschen Theaters und seiner Kammerspiele in Berlin geworden war, wurden beide, Brecht und Zuckmayer, dort als Dramaturgen eingestellt, ohne daß sie dafür allerdings ernsthafte Arbeit zu leisten gehabt hätten. Die Zeit, die Zuckmayer viel auf Proben von Reinhardt-Inszenierungen verbrachte oder in Diskussionen mit Schauspielern, gab ihm ein Gefühl fürs Theater, wie es sich im theoretischen Unterricht kaum hätte erwerben lassen.

Im Herbst 1923 hatte Zuckmayer ein neues Stück geschrieben, wie er behauptet „in einer einzigen, föhndurchheulten Nacht" (II, 401) bei Bekannten in Tegernsee. Es hieß zunächst ‚Kiktahan oder Die Hinterwäldler'; später wurde es in ‚Pankraz erwacht oder Die Hinterwäldler' umbenannt[8] und im Februar 1925 in einer Matinee der Jungen Bühne des Deutschen Theaters, in der junge Dramatiker vielfach vorgestellt wurden, unter der Regie von Heinz Hilpert uraufgeführt. Die Kritiken waren aus gutem Grund gemischt, indem sie mehr den Hauptdarsteller Rudolf Forster lobten als den Autor. Auch Heinz Hilperts Karriere bekam durch die Inszenierung Auftrieb, indem sie seinen Ruf als Regisseur begründete.

Wieder schließt Zuckmayer an seinen eigenen Bericht über diesen zweiten Durchfall fast programmatisch zu nennende Bemerkungen an, die er schon bald in Aktion umsetzen sollte: „Mir aber hatte diese Theaterzeit und diese Aufführung etwas viel Wichtigeres beschert, als es Erfolg und Tantiemen hätten sein können: eine Erkenntnis. Ich erkannte zum erstenmal ziemlich genau meine Grenzen. [...] ich begann zu wissen, oder zu vermuten, was ich wollte und sollte und was nicht. Ich hatte weder die Gabe noch die Absicht, eine neue literarische Epoche, einen neuen Theaterstil, eine neue Kunstrichtung zu begründen. Aber ich wußte, daß man mit Kunstmitteln, die überzeitlich sind, mit einer Art von Menschenkunst, die nie veraltet sein wird, solange Menschen sich als solche begreifen, eine neue Lebendigkeit, der Wirkung und der Werte erreichen kann. [...] Ich wollte an die Natur ran, ans Leben und an die Wahrheit, ohne mich von den Forderungen des Tages, vom brennenden Stoff meiner Zeit zu entfernen." (II, 411) Diese Ideen verwirklichte er zum erstenmal bei der Abfassung des Lustspiels ‚Der fröhliche Weinberg‘, das er in der Wannsee-Villa eines reichen Vetters der Mutter, der in Berlin Bankier war, niederschrieb.

Während dieser Arbeitsmonate lernte er in der Wohnung des jungen Schauspielers Hubert von Meyerink auf einem Fest seine zukünftige Frau kennen, die österreichische Schauspielerin und spätere Schriftstellerin Alice von Herdan, die, wie er, ebenfalls eine verfrühte Jugendehe hinter sich hatte, aus der sie die zweijährige Tochter Michaela mitbrachte. Geheiratet wurde schnell; den nie mit Begeisterung ausgeübten Bühnenberuf gab Frau Alice auf.

Zuckmayers neues Stück, ‚Der fröhliche Weinberg‘, das im Herbst 1925 zunächst von allen Berliner Bühnen abgelehnt wurde, sollte sein erster, bahnbrechender Erfolg als Dramatiker werden. Schon vor der Uraufführung erhielt er für das Drama den renommierten Kleist-Preis, den in diesem Jahre der Berliner Kritiker Paul Fechter zu vergeben hatte. Die Uraufführung, die am 22. Dezember 1925 im Theater am Schiffbauerdamm stattfand, war ein beispielloser Erfolg; die ganze Aufführung wurde von orkanartigem Lachen begleitet. Die Kritiker waren voller Lob, ja Begeisterung. Man erkannte in dem Stück das Ende des Expressionismus, den Beginn einer neuen Ära. Zuckmayer hatte entdeckt, daß das Volksstück sein ihm wesenseigenes Metier war. So schrieb er in den folgenden Jahren den ‚Schinderhannes' (1927), das romantisch-sentimentale „Seiltänzerstück" ‚Katharina Knie' (1928) und schließlich sein wohl bestes Drama, ‚Der Hauptmann von Köpenick' (1931), in dem Elemente des Volksstücks wirkungsvoll mit denen des Zeitstücks vereinigt sind. Hinzu kamen eine Reihe von anderen Arbeiten, die seine ungeheure Produktivität in den Jahren der Weimarer Republik bezeugen: Er bearbeitete das amerikanische Kriegsstück ‚What Price Glory' von Maxwell Anderson und Laurence Stalling, das 1928 unter dem Titel ‚Rivalen', dem deutschen Titel der Filmversion, von Erwin Piscator in Berlin aufgeführt wurde. Im folgenden Jahr 1929 verfaßte er ein anspruchsloses Kinderstück ‚Kakadu-Kakada!', und 1931 wurde neben dem ‚Hauptmann von Köpenick' auch seine dramatische Bearbeitung von Ernest Hemingways ‚A Farewell to Arms' (‚In einem anderen Land') im Beisein des Autors unter dem Titel ‚Kat' im Deutschen Theater in Berlin aufgeführt. Daneben arbeitete Zuckmayer auch für den Film – u. a. verfaßte er das Drehbuch für den ‚Blauen Engel' (1929)[9] –, und er veröffentlichte eine Reihe von Erzählungen. Die Lyriksammlung ‚Der Baum' (1926), die allerdings nur mäßige kritische Resonanz fand, hatte ihn auch als Lyriker etabliert. Offizielle Anerkennung wurde ihm zuteil, als er 1929 den Darmstädter Georg-Büchner-Preis und, gemeinsam mit René Schickele und Max Mell, den Dramatikerpreis der Heidelberger Festspiele bekam.

Daß Zuckmayer den Nazis schon während der letzten Jahre der Weimarer Republik ein Dorn im Auge war, ergab sich nicht nur aus dem ‚antivölkischen' Affront des ‚Fröhlichen Weinberg' und der Kritik am preußischen Uniformgeist des ‚Hauptmann von Köpenick'; darüber hinaus bezog Zuckmayer politisch Stellung dadurch, daß er Mitglied der „Eisernen Front" wurde, die Theodor Haubach als Antwort auf die vorher von den Nationalsozialisten und dem „Stahlhelm" gebildete „Harzburger Front" gegründet hatte. Es war die einzige politische Organisation, der er je angehört hat.[10] Und er sprach in einer großen Versammlung im Preußischen Herrenhaus gegen die politische Zensur, als der Film ‚Im Westen nichts Neues' nach dem gleichnamigen Roman von Erich Maria Remarque verboten worden war. Daß er dabei Goebbels verspottete, würde dieser ihm kaum je vergessen.

In den ersten Monaten nach der „Machtübernahme" überstürzten sich in Berlin die Ereignisse, wodurch die persönliche Bedrohung von Tag zu Tag stärker wurde; die erste Verfolgungswelle setzte mit dem Reichstagsbrand ein. Goebbels wurde zum Propagandaminister ernannt; Schriftsteller, Regisseure und Schauspieler, Deutschlands geistige Elite, gingen in Scharen ins Exil. Die Freunde Haubach, Mierendorff und der hessische Innenminister und Gewerkschaftsführer Leuschner waren so unklug, von einer Sitzung des Internationalen Arbeitsamtes in Genf nach Deutschland zurückzukehren, und wurden kurz darauf verhaftet. Zuckmayer und seine Familie – eine Tochter Winnetou war inzwischen dazugekommen – fuhren wie in jedem Frühling in ihr vom Erlös des ‚Fröhlichen Weinberg' in Henndorf bei Salzburg gekauftes Haus, die Wiesmühl, ohne sich darüber im klaren zu sein, daß damit schon das Exil begonnen hatte.

In dieser Idylle Österreichs waren dem Schriftsteller bis zur endgültigen „Austreibung aus dem Paradies" noch fünf relativ sorgenfreie Jahre gegönnt, mit Teilnahme an den dörflichen Festen, an Kindtaufen, Hochzeiten und Fahnenweihen der örtlichen Vereine. Eine Zeit auch der Geselligkeit mit Freunden, die zu Besuch kamen, Musiker, Schauspieler und Literaten, die, wenn nicht in der Nachbarschaft zu Hause, so doch regelmäßig zu den Festspielen ins nahegelegene Salzburg kamen. Emil Jannings kam von seinem Gut in der Nachbarschaft zu Fuß, Werner Krauß und Stefan Zweig kamen zu Besuch und viele andere. „War dies unser Goldenes Zeitalter, war es ‚besonnte Vergangenheit'? Ich glaube, so etwas gibt es gar nicht. Man kann zwar einen Augenblick im Paradiese leben, aber niemals aus seiner Zeit heraus. Alle Vorboten des kommenden Unheils gingen in dieser Gnadenfrist schon um, alle Problematik und alle Konflikte einer nahen Auflösung, Umschichtung, Weltwandlung waren in uns schon wirksam." (I, 61)

In den ersten Jahren der nationalsozialistischen Diktatur unternahm Zuckmayer noch eine Reihe von wagemutigen Reisen nach Deutschland. So besuchte er noch 1936 eine Billinger-Uraufführung im Deutschen Theater in Berlin, in der gleichzeitig Goebbels, Göring und Himmler anwesend waren. Werner Krauß begleitete ihn am nächsten Tag im Schlafwagen bis nach Prag, wo er den Freund in Sicherheit wußte. Nach England fuhr er des öfteren, um sich mit Filmarbeit für Alexander Korda Geld zu verdienen.

Dann kam im März 1938 der „Anschluß" Österreichs an Deutschland. Viele der Freunde fuhren über Nacht ins Ausland, Zuckmayer wollte einfach nicht, wollte wider Vernunft und guten Rat ausharren; ja er wollte sich notfalls sogar in seinem Haus in Henndorf mit seinem alten Armeerevolver verteidigen, und erst im letzten Moment gelang es seiner Frau, ihn zur Flucht in die Schweiz zu überreden. Er reiste allein im Zug Wien–Zürich, da eine flüchtende Familie zuviel Aufsehen erregt hätte. Als er mit allen anderen Reisenden an der Grenze aus dem Zug geholt und durchsucht werden sollte, gelang es ihm in einer Köpenickiade mittels seines zur Schau getragenen EK I, ohne Durchsuchung vom wachhabenden SS-Offizier zum nächsten Zug begleitet zu werden. Die Familie kam bald in die Schweiz nach.

Daß das neutrale Alpenländchen aus Furcht vor einer Überschwemmung mit erwerbs- und mittellosen Emigranten und auch vor einer Verärgerung des Hitler-Regimes den eben angekommenen Flüchtlingen, wenn überhaupt, nur ungern und dann oft nur zeitlich begrenztes Asyl gewährte, ist bekannt, und Zuckmayer erging es nicht besser. Auf Empfehlung eines Freundes mietete er sich mit seiner Familie in einem Gasthof „Belle-Vue" in Chardonne bei Vevey ein, etwa 300 Meter oberhalb des Genfer Sees. In diesem einen Jahr in der Schweiz verfaßte er, neben seinen eigenen Arbeiten, sechs Filmszenarios,[11] drei für London, eins für Paris und zwei für Amsterdam. Noch 1938 fand in Zürich die vorläufig letzte Premiere eines Zuckmayer-Stückes statt, des ‚Bellman‘, der später, nach dem Kriege, in leicht überarbeiteter Form in ‚Ulla Winblad‘ umgetauft wurde, und im selben Jahr erschien als letztes Werk in Europa, vor der Abreise in die Vereinigten Staaten, die autobiographische Bilanz ‚Pro Domo‘ bei Bermann-Fischer in Stockholm.

Schon bald war es Zuckmayer klar, daß er in der Schweiz nicht würde bleiben können. Das Ziel der Flucht hieß Amerika, für das er in Genf schließlich ein begrenztes Besuchervisum erhielt, unterstützt durch Empfehlungen amerikanischer Freunde und prominenter Emigranten. Der Abschied von Europa fiel ihm 1939 um so leichter, als er eben vom Narziregime ausgebürgert worden war.

Nach einem kurzen Aufenthalt in Paris schifften sich die Zuckmayers in Rotterdam auf dem holländischen Dampfer „Zaandam“ ein. Durch die Intervention der befreundeten amerikanischen Journalistin Dorothy Thompson, die seinetwegen bei Roosevelt vorstellig geworden war, konnte Zuckmayer ohne Schwierigkeiten in New York an Land gehen, wo die Familie zunächst in Dorothy Thompsons Wohnung am Central Park unterkam und kurz darauf in einem von ihr gemieteten Sommerhaus in Barnard im benachbarten Staate Vermont.

Die ersten Wochen in New York vergingen schnell. Alte Bekanntschaften wurden erneuert; es gab viele Einladungen, aber schon bald nach dem herzlichen Willkommen folgte die Kühle und Sachlichkeit des täglichen Lebens und seiner Probleme. Die Zuckmayers wollten in Amerika „den Staub des alten Kontinents von unseren Sohlen schütteln und neu anfangen. Wir spürten, daß man nur weiterleben kann, wenn man sich nicht an die Erinnerung klammert.“ (II, 177) Der Start als Schriftsteller in den USA sollte Zuckmayer jedoch nicht glücken. Der große, mit Hilfe eines Agenten unternommene Versuch hieß Hollywood, wo er, wie viele andere europäische

33

Autoren, von den Studios der Warner-Brothers einen Vertrag bekam, in einem „Writers Building" mit Vorzimmersekretärin Drehbücher zu produzieren. Ohne Frage entsprach diese Art von literarischem Produktionsbetrieb seinem Wesen in keiner Weise, so daß er hier trotz des lukrativen wöchentlichen Schecks nicht glücklich wurde: „Mich machte Hollywood, trotz des Checks, trotz des Wohlwollens von Frauen und Freunden, nicht ‚happy'. Nie habe ich so sehr den Nebel der Depression kennengelernt wie in diesem Reich des ewigen Frühlings, in dessen künstlich bewässerten Gärten mit ihren gechlorten Swimming-pools und neohispanischen Schlössern, an den Hängen der höher gelegenen Canyons angesiedelt, das kurzlebige Glück zu Hause ist, während in der Tiefe eine trostlose, mörderische Häuserwüste gähnt: die Stadt Los Angeles, eine der brutalsten und häßlichsten Großstädte der Welt." (II, 500 f.) Andere empfanden die Stadt ebenso, Heinrich Mann, Bertolt Brecht und Erich Maria Remarque, der in seinem Roman ‚Schatten im Paradies' ähnliche Worte gebraucht wie Zuckmayer.

Die Entscheidung, aus dem künstlichen Garten Eden auszubrechen, kam durch die Auseinandersetzung über den gestellten Drehbuchauftrag: statt weiterhin an einer Verfilmung von Arnold Zweigs ‚Streit um den Sergeanten Grischa' arbeiten zu können – wegen des russischen Krieges mit dem populären Finnland wurde die Arbeit abgebrochen – sollte er einen historisch ungenauen Don-Juan-Film für Eroll Flynn schreiben. Als er gegen den Rat Fritz Langs den Auftrag ablehnte, bekam er den letzten Scheck.

Zuckmayer hatte seinen Hollywood-Aufenthalt unterbrechen müssen, um über Kuba offiziell ins Land einwandern zu können, denn das Gesetz verlangte dazu ein Verlassen des Landes. Jetzt hatte er nur noch eine sehr mäßig dotierte Anstellung an der New Yorker Exil-Universität „New School of Social Research", wo er im Rahmen des von Erwin Piscator geleiteten „Dramatic Workshop" eine Vorlesung und ein Seminar über Humor im Drama abhielt. Für den nicht fließend Englisch sprechenden Zuckmayer muß es eine Tortur gewesen sein. Dann versuchte er, als Dramatiker Fuß zu fassen, indem er in Zusammenarbeit mit dem Schauspieler Fritz Kortner ein Stück mit dem Titel „Somewhere in France', eine Aktualisierung von Anzengrubers ,Viertem Gebot', verfaßte. – Ohne Erfolg: das Stück wurde zwar am 28. April 1941 in Washington D. C. uraufgeführt, hielt sich aber nur eine Woche lang auf dem Spielplan. Zu einer geplanten Broadway-Aufführung durch die „Theater Guild" kam es nicht.

Die Familie wohnte inzwischen in einer kleinen Wohnung am Hudson River; die Finanzlage war katastrophal. Da entschloß sich Zuckmayer, noch einmal ganz von vorne zu beginnen, einen neuen Anfang in einem Beruf zu machen, von dem er zwar noch nicht viel verstand, zu dem er aber Lust verspürte: als Waldbauer im grünen Staate Vermont. Die „Farm in den grünen Bergen",[12] die „Backwoods-Farm", die er schließlich pachtete, fand er angeblich zufällig auf einem Spaziergang. Der Eigentümer half bei der Wiederherstellung des unbewohnten und infolgedessen vernachlässigten Anwesens. Ställe wurden gebaut und Tiere angeschafft, vor allem Ziegen und Geflügel. Die Arbeit war hart; alles mußte gelernt werden, und in den ersten beiden Jahren konnte Zuckmayer die Farm nur höchstens für ein paar Stunden zum Einkaufen im nächstgelegenen Ort verlassen. Zum Schreiben, wie er es sich vorgestellt und gewünscht hatte, blieb keine Zeit. Besonders die Winter waren hart, lang und viel kälter als in Europa. Tag und Nacht mußte der riesige Kamin mit Bergen von Holz geheizt werden, um das Einfrieren zu verhindern.

Mit anderen politischen oder literarischen Emigranten hatte Zuckmayer auch in den folgenden Jahren seiner Farmertätigkeit wenig Kontakt. Zwar sollte er von Joachim Maas, Johannes Urzidil, Annette Kolb und schließlich Bertolt Brecht Besuch erhalten, zwar traf er in New York mit Karl Vollmöller, Erich Maria Remarque und George Grosz zusammen, aber von vielen wurde er wegen seines Bekenntnisses zum „anderen Deutschland" scheel angesehen; denn Zuckmayer setzte nie die

Deutschen mit den Nazis gleich.[13] Folglich litt er in diesen Jahren an dem Zwiespalt, den Untergang, die Niederlage Hitlers wünschen zu müssen, nicht aber die Zerstörung und Niederwerfung Deutschlands. Die daraus resultierende Verzweiflung wird nirgends deutlicher als in der Gedächtnisrede, die er am 12. März 1944 dem toten Freund Carlo Mierendorff in New York hielt, in der er ein ,,Bekenntnis zum deutschen Volk"[14] ablegte, zu seiner ,,trotz aller Tode lebendigen, blutig lebendigen Heimat: Deutschland."[15] Carlo Mierendorff wird für ihn ,,fast zum Symbol eines Volkes, an dessen fruchtbaren Kern und dessen Wiedergeburt wir unerschütterlich glauben. [...] in seiner ganzen Persönlichkeit, in seinem Wesen und Wirken, in seiner Substanz und in seinem Handeln hat Carlo Mierendorff all das versammelt und vorgestellt, was wir im besten und schönsten, auch im einfachsten und bescheidensten Sinne deutsch nennen dürfen."[16] Zuckmayer stellt sich nicht unter Deutschlands Richter, auch nicht unter seine Ankläger: ,,Deutschland, Carlos und unser Vaterland, ist durch eine Tragödie gegangen, die so tief und so traurig ist wie der Tod. Deutschlands Schicksal erinnert an jenes dunkle Christuswort von dem Ärgernis, das in die Welt kommen muß – aber wehe dem, der es in die Welt gebracht hat. Deutschland ist schuldig geworden vor der Welt. Wir aber, die wir es nicht verhindern konnten, gehören in diesem großen Weltprozeß nicht unter seine Richter. Zu seinen Anwälten wird man uns nicht zulassen. So ist denn unser Platz auf der Zeugenbank, auf der wir Seite an Seite mit unseren Toten sitzen – und bei aller Unversöhnlichkeit gegen seine Peiniger und Henker werden wir Wort und Stimme immer *für das deutsche Volk erheben.*"[17] Zuckmayers diesbezügliche Worte in ,Als wär's ein Stück von mir' enthalten ähnliches Verständnis und Entschuldigung, so wie er auch in ,Des Teufels General' ein Spektrum von möglichen Gründen für Mitläufertum und irregeleitete Gläubigkeit gezeichnet hat und sich damit ebenfalls der Kritik aussetzte: ,,War auch die Nazibewegung in ihren Anfängen von üblen, rachsüchtigen, nichts als machtlüsternen Elementen getragen, so wäre es völlig falsch, ungerecht, abwegig, die große Menge von Deutschen, die Anfang der dreißiger Jahre dem National-sozialismus zuströmten, in Bausch und Bogen zu verdammen." (II, 466) Zuckmayer sollte sich immer als Deutscher fühlen, dem es durch die genaue Unterscheidung zwischen Nazis und Deutschen, zwischen Irregeleiteten mit guten Absichten und Idealismus einerseits und Verbrechern andererseits möglich war, sich mit dem ,,anderen Deutschland" zu identifizieren. Das heißt nicht, daß er sich für das Heraufkommen des Nationalsozialismus nicht mitveranwortlich fühlte, aber er setzte der alliierten These von der Kollektivschuld den Heuss-schen Begriff der Kollektivscham entgegen: ,,Wir, die wir berufen gewesen wären, dem [Nationalsozialismus] rechtzeitig entgegenzuwirken, haben zu lange gezögert, uns mit dem profanen Odium der Tagespolitik zu belasten, wir lebten zu sehr in der ,splendid isolation' des Geistes und der Künste: und so tragen wir, auch wenn wir dann zu Opfern der Gewalt oder zu Heimatvertriebenen wurden, genauso wie alle Deutschen an jener Kollektiv-Scham, die Theodor Heuss dem sinnlosen Anathema einer ,Kollektiv-Schuld' entgegengesetzt hat." (II, 468)

Aus dieser Dialektik entstand das Drama ,Des Teufels General'. In der letzten Dezemberwoche 1942 und in der ersten Januarhälfte 1943 schrieb Zuckmayer wie in Trance den ganzen ersten und den Entwurf des letzten Aktes. Der mittlere Akt und die Vollendung des Ganzen sollte ihn mehr als zwei Jahre kosten. Er schrieb in dem Bewußtsein, für die Schublade zu arbeiten, denn an eine Aufführung war im Augenblick – eben spielte sich die Katastrophe von Stalingrad ab – nicht zu denken.

Inzwischen hatten Zuckmayer und seine Frau die amerikanische Staatsbürgerschaft erworben, ,,nicht aus praktischen Gründen, sondern weil wir uns dem Land, das uns so lange beherbergt hatte und zur zweiten Heimat geworden war, in Dankbarkeit verbunden fühlten" (II, 556). So konnte er sich gleich nach dem Zusammenbruch um einen Zivilposten beim amerikanischen Kriegsministerium bewerben in der Hoffnung, in kulturellem Auftrag nach Deutschland geschickt zu werden, wohingegen andernfalls eine Deutschlandreise lange unmöglich gewesen wäre. Auch jetzt ging es ihm nicht darum, sich zu beklagen oder gar zum Richter aufzuspielen, sondern der Verständigung zwischen dem deutschen und dem amerikanischen Volk, denen beiden er sich zugehörig fühlte, dienen zu können und zur Versöhnung der Geister beizutragen.

Anfang Juli 1946 trat Zuckmayer seinen Dienst in einem Bürohaus in New York an, wo er Berichte der von der Besatzungsarmee in Deutschland eingerichteten Kontrollbehörden für kulturelle, künstlerische und publizistische Angelegenheiten sichten mußte. Dann bekam er den Auftrag, auf einer fünf- bis sechsmonatigen Reise ,,die größeren Städte in der amerikanischen Besatzungszone Deutschlands und Österreichs zu besuchen – auch solche in den anderen Zonen – und einen ausführlichen Bericht über den Stand aller kulturellen Institutionen sowie Vorschläge für deren Verbesserung und zur Aktivierung des geistigen Lebens in den besetzten Ländern zu machen.'' (II, 559) Im Oktober flog Zuckmayer nach Frankfurt am Main und ging durch die zerstörte Stadt. Am nächsten Tag besuchte er in Berlin nach der Vorstellung in den entsprechenden amerikanischen Dienststellen Mirl und Peter Suhrkamp, der nach langer KZ-Haft mit einer schweren Lungen- und Rippenfellentzündung im Bett lag. Und so ging es weiter: in zahlreichen Gesprächen mit alten Freunden machte er sich ein Bild vom Geschehen der letzten Jahre in Deutschland.

In Zürich erlebte er am 12. Dezember 1946 die Uraufführung von ‚Des Teufels General' unter der Regie von Heinz Hilpert, mit Gustav Knuth in der Hauptrolle. Er traf mit Max Frisch zusammen und lernte Carl Jacob Burckhardt kennen; er begegnete Halperin, Kurt Hirschfeld, Caspar Neher, Alexander Lernet-Holenia, Franz Theodor Csokor, Henry Goverts und anderen alten Freunden wieder.

In den folgenden Jahren sollte sich Zuckmayer immer wieder Jugendlichen zu Diskussionen über sein Drama und das Dritte Reich zur Verfügung stellen, indem er wochen- und monatelang von Versammlung zu Versammlung reiste. Der Körper war dieser Strapaze nicht gewachsen; Ende 1948 brach der Autor mit einem Herzinfarkt zusammen.[18] Er erholte sich in dem Sanatorium „Stillachhaus" bei Oberstdorf, machte lange Spaziergänge und schrieb ein neues Stück, das die Auseinandersetzung mit dem Dritten Reich ins Metaphysische transzendierte: ‚Der Gesang im Feuerofen' (1950 uraufgeführt). 1952 bearbeitete er auf Wunsch der Witwe Gerhart Hauptmanns dessen unvollendetes Drama ‚Herbert Engelmann'; 1953 war die Premiere der Überarbeitung des eigenen Bellman-Stückes, nun unter dem Titel ‚Ulla Winblad'. 1955 wurde das Atomspionagedrama ‚Das kalte Licht' fertig, 1959 erschien die Erzählung ‚Die Fastnachtsbeichte', 1961 war die Premiere von ‚Die Uhr schlägt eins', 1964 von ‚Das Leben des Horace A. W. Tabor', 1967 des 1961 bereits veröffentlichten Einakters ‚Kranichtanz' und 1975 der „Fabel" ‚Der Rattenfänger'.

All diese Veröffentlichungen und Premieren waren begleitet von einer ganzen Reihe von Literaturpreisen und anderen Ehrungen, von denen nur die wichtigsten in der Zeittafel am Schluß dieses Bandes aufgeführt sind.

Zuckmayer hat sich in Deutschland nicht wieder fest niedergelassen. Schon bei der ersten Wiederbegegnung mit Deutschland empfand er, daß er Deutscher und nicht Amerikaner war, daß er durch Sprache, Eigenart und Wesen zu seinem Geburtsland gehörte. „Aber auch in Deutschland waren wir nicht mehr wirklich zu Hause. Da war ein Schatten, den man nicht überschreiten konnte, auch der nicht, dem jede ‚schreckliche Vereinfachung', jede Kollektivanklage fremd war: der Schatten eines grauenhaften Verbrechens, das auch bei anderen Völkern denkbar und möglich gewesen wäre – aber bei dem unseren *war* es geschehen, und gerade bei diesem, wie wir es liebten und weiterlieben, hätte es nicht geschehen dürfen. Ich gehörte nicht zu den ‚Siegermächten', aber auch nicht zu den Besiegten. Jetzt, nach der Wiederkehr, war ich erst wirklich heimatlos geworden und wußte nicht, wie ich je wieder Heimat finden sollte." (II, 574) Die praktische Konsequenz aus diesem inneren

Zwiespalt zog Zuckmayer damit, daß er 1951 zunächst nach Woodstock, Vermont in die USA zurückkehrte und in den nächsten Jahren teils in Europa (hauptsächlich in Deutschland), teils in den USA lebte. Erst 1958 ließ er sich fest in der neutralen Schweiz, in dem Gebirgsort Saas-Fée im Ober-Wallis nieder. – Er hatte schließlich schon vor seiner Emigration in die Vereinigten Staaten im alpinen Österreich und nicht in Deutschland gelebt. Im Juli des Jahres 1958 bezogen die Zuckmayers ihr schönes altes Haus. „Daß ich mich hierher zurückgezogen habe", resümiert der Autor, „ist keine ‚Weltflucht'. Nirgends fühle ich mich so sehr inmitten der lebendigen Welt." (II, 585) Dieser Satz ist sicherlich richtig im Hinblick auf Zuckmayers Naturbeziehung, wie er sie nach dem Kriege noch einmal in seinem Essay ‚Die langen Wege' ausdrückte; ob er allerdings im Hinblick auf seine Beziehung zum zeitgenössischen Theaterleben und zur (deutschen) Gesellschaft zutrifft, wird anhand der späten Dramen zu überprüfen sein.

In Saas-Fée wohnten die Zuckmayers umgeben von der Gebirgslandschaft, die Zuckmayer täglich auf seinen ausgedehnten Spaziergängen, den „langen Wegen" durchquerte. Hier schrieb er in disziplinierter Arbeit eine Reihe von Dramen und seine rückschauende Autobiographie ‚Als wär's ein Stück von mir' (1966). Sein Briefwechsel mit dem Theologen Karl Barth aus diesen Jahren beweist an einem Beispiel, wie sehr er in „späten Freundschaften" anderen Menschen verbunden war.[19] Seine heimatliche Beziehung zur Schweiz zeigt sich darin, daß er 1961 zum Ehrenbürger von Saas-Fée ernannt wurde und daß er 1966 die Schweizer Staatsbürgerschaft erwarb. Er starb am 18. Januar 1977, kurz nach seinem 80. Geburtstag, im benachbarten Visp an den Folgen eines Sturzes.

II. Vom Menschen als Maß aller Dinge: Das Werk

1. Theaterstücke

Im Banne des Expressionismus: ,Kreuzweg'

Daß Zuckmayer als Expressionist begann, überrascht nicht,
war doch der Expressionismus um 1920 immer noch die be-
herrschende dramatische Zeitströmung, der seit 1919 auch der
führende Berliner Regisseur Leopold Jessner anhing. Der Expressionismus hatte schon auf den Frontsoldaten Zuckmayer
einen so großen Einfluß gehabt, daß manche seiner Briefe an
den Kriegskameraden Kurt Grell in expressionistischer Sprache
abgefaßt sind,[20] ganz zu schweigen von seiner Mitarbeit an der
expressionistischen Zeitschrift ,Die Aktion'. Sein dramatischer
Bühnenerstling ,Kreuzweg' (1920) fiel jedoch beim Publikum
und bei der Kritik durch, obwohl das Stück ganz im Stil des
Expressionismus geschrieben war. Die Gründe für diese erste
Niederlage werden aus den Kritiken deutlich: ,,Gebt mir das
Buch her!" fordert Emil Faktor immer wieder im ,Berliner
Börsen-Courier';[21] er sei sich nicht sicher, ob die Dinge so
zusammenhingen, wie sie sich in seinem Bewußtsein spiegel-
ten. ,,Verschwommenheit des Gesamteindrucks ... und Verwirrung? Lag es an uns?"[22] Alfred Kerr wertete das Werk als
eins von vielen: ,,Es bleibt somit ein Werk aus der großen
Fabrik für Erlösungsliteratur."[23] Auch er kann sich keine
Handlung zusammenreimen: ,,Ich will die Zusammenhänge
dieses Dramas gern erklären, sobald ein andrer sagt, was vorgeht. Schwer ist nur zu sagen, was vorgeht, weil alles vorgeht."[24]
Die Kritiker waren mit Recht verwirrt, denn erst bei mehrfa-
cher Lektüre des Dramas wird der Inhalt deutlich. Klar wird

auch, daß das Drama erhebliche strukturelle Mängel aufweist und daß die gehaltliche Tendenz – mehr kann man sie nicht nennen – zumindest verschwommen ist.

Mit Recht schickt Zuckmayer gleich zu Beginn voraus: „Das Stück hat keinen historischen Hintergrund." Sehr ungenau läßt es sich auf den Anfang des 16. Jahrhunderts, auf die Zeit der Bauernkriege festlegen. Die Handlung: die Bauern im Dorf erheben sich gegen den Schloßherrn Lenhart vom Joch, um den von ihm gefangengesetzten „Bauerngott", den in Zungen redenden Hannes Böheim, zu befreien. Sie stürmen das Schloß und zertreten Lenhart. Ihren Heiligen finden sie tot, von Ratten zerfressen im Kerker. Parallel zu dieser ,politischen' läuft eine Liebeshandlung: Christa, die Tochter des Bauern Kutter und Verlobte des ungeliebten Schmieds Christian Heul, begegnet nachts dem „Brückenmann" vom Rhein, einer geheimnisvollen steinernen Figur, die von ihrem Sockel herabgestiegen ist. Von Lenharts Knechten gefangen genommen, wird Christa auf das Schloß gebracht und in den Turm geworfen. Nachdem sie von einer Magd befreit worden ist, kommt sie in die Hütte ihres Vaters zurück, flieht aber wieder vor Heul, bis sie Hilario, den Lenharts Vater mit einer Magd gezeugt hat, in Liebe begegnet. Hilario, der auch Lenharts Frau Madelon erobert hat, wird von deren Verehrer Gerung erstochen. Christa stirbt.

Die Ziele des Bauernaufstandes bleiben unklar. Der Bauernführer Moder, der soziale Pläne verfolgt, setzt sich gegenüber dem Mystiker Böheim nicht durch. So dient die Erstürmung des Schlosses eher der Befreiung des „Heiligen" als einer sozialen Revolution. Das zweite Manko des Stückes ist das Fehlen einer eindeutigen Hauptfigur, eines Helden, wozu weder die unentschlossene Christa, noch Böheim, Moder, Lenhart oder Hilario werden. Ein dritter Mangel ist das erwähnte Fehlen einer klaren Struktur: hier wird nur Szene an Szene gereiht, ohne zumindest stationenmäßig einem Ziel zuzustreben. Daß Christa am Schluß noch einmal dem Brückenmann begegnet, schafft höchstens einen lockeren Rahmen. Dieser Mangel an Einheit der Handlung und klarer Konstruktion geht einher mit unklarer Charakterisierung der Gestalten. Da wird kein Götz von Berlichingen, kein Florian Geyer sichtbar. Alle Gestalten bleiben im Vagen, Schemenhaften stecken.

Der eine Grund für diese Vagheit, diese Ungenauigkeit, liegt wohl darin, daß der dreiundzwanzigjährige Zuckmayer selbst kein konkretes soziales Anliegen hatte, sondern nur ein sehr allgemeines Gefühl des Aufbruchs, des Beginns von etwas Neuem, wie es seiner Stimmung nach dem Ersten Weltkrieg entsprach, in Szene setzen wollte.[25] Der zweite Grund deutet auf das Positive des Dramas hin, das auch in den Kritiken immer wieder anerkannt wurde: wichtiger als die Handlung war für Zuckmayer die lyrische Sprache, die in einem ,,abstrakten Wortrausch"[26] zur Verschwommenheit des Gesamteindrucks beiträgt. Er brillierte hier mit seiner Verskunst, so daß er einige Passagen aus dem Drama herauslösen und direkt in seine Lyriksammlung ,Der Baum' übernehmen konnte.

Dabei bewegt sich die Sprache des Dramas zwischen zwei Extremen: dem überquellenden Wortrausch einerseits und dem abgehackten, expressionistischen ,,Telegrammstil, der am liebsten alles Gefühl in ein einziges Wort zusammendrängen möchte",[27] andererseits. ,Kreuzweg' ist damit ein typisches expressionistisches Drama, das seine literarischen Ahnen nicht verleugnen kann: die Sprach-Schrei-Ballungen eines August Stramm, den Großstadt-Ekel eines Georg Heym, die O-Mensch-Lyrik eines Franz Werfel. Auch auf die Nachbarschaft zu Ernst Tollers ,Masse Mensch' hat man verwiesen.[28] Hinzu kommen andere typisch expressionistische Merkmale wie ,,Zerfall der dramatischen Handlung, Personen-, Schemen', Übergewicht des Monologischen, Flucht ins Symbol" usw.[29] Aber auch andere literarische Epochen haben ihre Spuren hinterlassen: von den naturalistischen Dramen Hauptmanns ,Florian Geyer' und der Sturm auf Dreißigers Haus in den ,Webern'. Sturm-und-Drang-Töne sind ebenfalls nicht zu überhören, von szenischen Ähnlichkeiten zu Schillers ,Räubern' bis zum Bauernkrieg-Motiv von Goethes ,Götz'.

Obwohl es sich um ein Drama ganz im vorherrschenden

Zeitstil handelt, deuten doch schon einzelne Elemente auf die
späteren Zuckmayerschen Dramen voraus. Da ist einmal die
positive Haltung zur Welt, zum Leben, ist doch die Lebensliebe
Zuckmayers eine Grundhaltung, wie sie sich in allen seinen
Stücken der folgenden Jahrzehnte wiederfindet. Und man begegnet einem Naturgefühl, das sich für das Kreatürliche der
kleinen Tiere, der Schmetterlinge, Schlänglein und Molche be-
geistert, sowie ein ,,dörfliches Heimatgefühl, das die Ab-
straktheit des Dramas gelegentlich mit warmem Blut erfüllt.''[30]
Es sollten gerade diese Elemente sein, denen er nach Abstrei-
fung des expressionistischen Zeitgefühls zum Durchbruch verhelfen sollte.

Sic transit gloria expressionismi: ,Der fröhliche Weinberg'

Mit dem ,,Lustspiel in drei Akten'' ,Der fröhliche Weinberg'
(1925) gelang Zuckmayer der Durchbruch als Bühnenautor, so
daß er über Nacht berühmt und finanziell unabhängig wurde.[31]
Schon vor der erfolgreichen Berliner Uraufführung am 21. 12.
1925 hatte der Berliner Kritiker Paul Fechter das Stück mit dem
Kleist-Preis ausgezeichnet,[32] nicht etwa, weil er es für ein litera-
risch hervorragendes Drama hielt, sondern ,,weil Zuckmayer
in dieser Komödie der Durchbruch ins Wirkliche, und zwar ins
lebendig, nicht artistisch Wirkliche gelungen ist, der mir heute
für das Theater eine der entscheidenden Forderungen zu sein
scheint [. . .] In dem Ganzen [. . .] steckt so viel saftige, lebendige und fröhliche Wirklichkeit, so viel unliterarisches Leben,
daß ich die Komödie, gerade weil ihr im Werk des Verfassers
so viel unmögliche Literatur vorausging, doppelt als Verheißung empfinde.''[33] Fechter nahm das Stück also ,,nicht als
Vollendung'', sondern als ,,Verheißung'', den Preis als Ermuti-
gung für künftige Werke in derselben Richtung. Zuckmayer
sollte dieses Versprechen einlösen.

  Nach den expressionistischen Anfängen mit ,Kreuzweg' und
der Brecht-Nachfolge in ,Pankraz erwacht' hatte er nun in der
Rückbesinnung auf seine Heimat, seine Ursprünge im Rhein-

hessischen eine seinem Wesen, seinem Naturell entsprechende Dramenform gefunden: das im Volke, im Dialekt verwurzelte Volksstück im besten Sinne des Wortes. So wie das neue Stück für Zuckmayer selbst die Befreiung vom Erbe des ihm eigentlich wesensfremden Expressionismus bedeutete, wurde es auch von der Kritik als Fanal für das Ende dieser literarischen Bewegung empfunden, die in ihrer Spätphase zu lebenslosen Formen und Inhalten erstarrt war. Ein so kritischer Geist wie Alfred Kerr verkündete in seiner Kritik der Uraufführung: *Sic transit gloria expressionismi*. Und: ,,Ich verderbe den Spaß nicht. Warum? Weil er das Theater heute vielleicht vor dem hemmungslosen Literatenmist rettet: vor der anspruchsvollen Unmacht, vor dem sabbernden Chaos . . .''[34]

Statt expressionistischer Blutlosigkeit und auch statt französischer Ehebruchslustspiele und pseudofranzösischer Possen setzte Zuckmayer dem Publikum eine typische, traditionelle Lustspielintrige vor, dabei aber saftiges, drastisches Theater mit derber Wirklichkeitsnähe. Die Handlung ist geradlinig und überaus einfach: Der verwitwete Weingutsbesitzer Gunderloch will seine Tochter Klärchen verheiraten und sich zur Ruhe setzen. Dazu will er eine Hälfte seines Besitzes für seinen eigenen Lebensunterhalt verkaufen, die andere soll Klärchen als Mitgift haben. Da Gunderlochs eigene Ehe kinderlos geblieben und Klärchen aus einer illegitimen Beziehung zu einem Schiffermädchen hervorgegangen ist, stellt er für die Verheiratung Klärchens eine Vorbedingung, die ihm Voraussetzung für einen glücklichen Ehestand zu sein scheint: Klärchen kann nur einen Mann heiraten, der bereits bewiesen hat, daß seine Verbindung mit ihr zur Nachkommenschaft führen wird. Der arrogante Assessor Knuzius, ein ehemaliger Couleurstudent, der es auf die Mitgift abgesehen hat, bemüht sich, diese Bedingung zu erfüllen, während Klärchen in Wirklichkeit den Schiffer Jochen Most, den Bruder von Gunderlochs Haushälterin Annemarie, liebt. Durch eine von Annemarie eingegebene Intrige gelingt es Klärchen, sich den Verfolger damit vom Leibe zu halten, daß sie ihm einredet, er habe die gestellte Bedingung

bereits erfüllt. Bei einem Winzerfest in der „Landskrone"
kommt es zu einer zünftigen Prügelei, bei der Jochen Most
seinem Nebenbuhler am Zeuge flicken kann und bei der der
vitale Gunderloch am Ende als Sieger dasteht. In der Liguster-
laube findet Gunderloch, der sich seiner eigenen Gefühle bewußt geworden ist, schließlich mit Annemarie zusammen;
Klärchen bekommt ihren Jochen, der am Morgen auf einem
Misthaufen erwachende Knuzius die Wirtstochter Babettchen,
und der jüdische Weinreisende Hahnesand die Tochter des Köl-
ner Weinhändlers Stenz.

Komische Effekte bezieht das Stück nicht nur aus der safti-
gen, deftigen Ausdrucksweise des rheinhessischen Dialekts, der
in Hauptmannscher Manier gegen die gedrechselte Ausdrucksweise eines Knuzius absticht, sondern auch aus der Situation.
Die von Gunderloch gestellte Bedingung beruht ja eigentlich
auf dem nicht unvernünftigen „bäuerlichen Grundsatz, der in
ländlichen Gegenden in dem Brauch des Kiltgehens, der Proben-
nächte usw. eingewurzelt war und dessen brauchtümliche Le-
gitimität darauf beruhte, daß der Bauer sich vor der unauflösli-
chen kirchlich-sakramentalen Bindung der Gewißheit eines
Stammhalters und Hoferben versichern wollte. Dieses braucht-
tümliche Moment wird nun freilich von Zuckmayer ins Paro-
distische gewendet, indem es auf bürgerlich-zivilisatorische
Verhältnisse bezogen wird. Nicht die Frau, sondern der Mann
soll hier seine Ehetauglichkeit beweisen [...]."[35] Komik bezieht das Stück auch aus der Intrige Annemaries und Klärchens
sowie aus der Offenheit und Selbstverständlichkeit, mit der
sexuelle Vorgänge behandelt werden, wobei Zuckmayer den
herrschenden repressiven Sexualkodex ebenfalls auf den Kopf
gestellt hat, nach dem Prinzip: Erlaubt ist, was natürlich ist, –
einschließlich der öffentlichen Verrichtung der Notdurft.

Parodie und Satire tragen ebenfalls zum Lacherfolg bei. Knuzius ist das Zerrbild eines schlagenden Verbindungsstudenten,
dessen Trinksprüche und Mensurprahlerei in die rustikale Umgebung nicht passen wollen. Wenn er seine Zurückweisung
durch Klärchen und die Wahl Babettchens moralisch drapiert

und mit völkischen Klischees begründet (,,Indem ich ohne Ansicht von Stand, Rang und Namen um ihre Hand anhalte, ge-
denke ich nicht nur die Erfüllung persönlicher Wünsche, sondern auch die Gesundung unseres Volkes im Hinblick auf seine
Tugend, Wehrhaftigkeit, Sauberkeit, Pflichttreue und Rassen-
reinheit zu erstreben!!" (VII, 150), so führt er durch seine eigene Person diese angeblichen Tugenden ad absurdum. Der Militarismus wird in den versoffenen Veteranen der deutschen Ko-
lonialkriege lächerlich gemacht (,,Mein große Zeh hab ich meinem Kaiser gegeben." [VII, 125]), die Bürokraten in der Person des Standesbeamten Kurrle, der sich als bestechlich erweist, die Akademiker nicht nur in der Gestalt Knuzius', sondern auch in der des Studienassessors Bruchmüller, der immer
noch an die Dolchstoßlegende glaubt.

Aber es sind nur satirische Seitenhiebe, die nicht sehr ernst
gemeint sind; die Betroffenen werden am Schluß alle in den
begeisterten naturhaften Zusammenhang eingeschlossen. Die
Sozialkritik dient hier nur dem komischen Effekt, einem Sich-
lustig-Machen über alle möglichen Zeitgenossen, einschließlich
einiger zur Karikatur verzerrter jüdischer Weinreisender, die
bei Zuckmayer aber durchaus liebenswert bleiben. Die Satire
ist hier nicht ätzend; sie will nicht Kritik üben oder gar Wandel
schaffen, sondern lediglich amüsieren.

Daß sich trotzdem eine Reihe von sozialen Gruppen betroffen fühlten, daß es zu Theaterskandalen kam, zu Aufführungs-
verboten usw., die doch nur eine indirekte Reklame für das
Stück waren – das Stück brachte es auf über 500 Inszenierungen; in Berlin allein war es über zweieinhalb Jahre lang auf dem
Spielplan – beweist nur die Humorlosigkeit der Protestieren-
den. In einer Stadtratssitzung in München bezeichnete ein na-
tionalsozialistischer Stadtrat das Stück als ,,eine ganz unglaubli-
che Schweinerei [...], die die christliche Weltanschauung, die
deutsche Sitte, die deutschen Krieger und das deutsche Beam-
tentum in gemeinster Weise verhöhnen."[36] In Zuckmayers
Heimatstadt Mainz wurde eine Aufführung erst nach langem
Hin und Her im Blätterwald der Tageszeitungen und in Debat-

ten im Stadtrat gestattet. Über 200 Schutzleute – mehr als beim Besuch des Zaren – wurden bei der Premiere aufgeboten, die Straßen um das Theater herum abgesperrt. Das ‚Mainzer Journal‘ sprach von ,,moralischer Verwilderung‘‘, von einer ,,Verhöhnung und Herabsetzung der rheinhessischen Bevölkerung, rheinhessischer Volkssitten und deutscher Frauenehre‘‘,[37] der Bischof protestierte öffentlich gegen die Aufführung des Stükkes als eine ,,Verhöhnung jedes sittlichen Empfindens und einer Verwirrung des Urteils der Massen und eine unzweideutige Förderung des Verfalles der öffentlichen Sittlichkeit‘‘.[38] Die rheinhessischen Winzer, allen voran die bösen Nackenheimer – ‚echte‘ Gunderlochs fühlten sich betroffen – demonstrierten auf der Straße. Abgesehen von den Rheinhessen waren es immer wieder zwei Gruppen, die sich gegen das Stück wandten: studentische und völkische Organisationen – zum großen Teil in Personalunion.

Wenn ‚Der fröhliche Weinberg‘ aber nun keine soziale Anklage ist, wenn er keine bittere, sondern nur heitere Gesellschaftskritik im Florettstil enthält, was macht dann seine Substanz aus? Zunächst einmal seine Menschen, die keine Typen sind, sondern Individuen, allen voran der lebensfrohe Gunderloch, aber auch seine Tochter Klärchen, seine instinktsichere Haushälterin Annemarie, der natürlich-vitale Jochen Most und auch die vielen lebendigen, durch ihr individuelles Idiom charakterisierten Nebengestalten.

Sicherlich ist der ‚Fröhliche Weinberg‘ auch kein Problemstück, denn Zuckmayers Stärke ist nicht das analytische Denken, sondern die Zeichnung theaterwirksamer, plastischer Gestalten, aber in diesem Drama machen mehrere Hauptpersonen doch zum erstenmal bei Zuckmayer eine innere Entwicklung zur Selbstfindung, Selbsterkenntnis und Entscheidung für ein ihnen gemäßes Leben durch, wie es für nahezu alle späteren Zuckmayer-Dramen charakteristisch ist, eine Entwicklung, die immer demselben Grundplan folgt: Am Endpunkt steht jeweils ein Einverständnis mit dem eigenen Charakter, dem Schicksal, was Zuckmayer selbst mit Bezug auf Nietzsche als ,,amor fati‘‘

bezeichnet hat.[39] Hauptthema des ‚Fröhlichen Weinberg' ist aus dieser Perspektive die Wandlung Gunderlochs. Dieser hat bereits vor Beginn der Handlung zwei Fehlentscheidungen getroffen:

1. die falsche, vernunftbegründete Entscheidung, daß seine Tochter vor der Verlobung schwanger sein müsse, eine pikante Bedingung, die er aus seiner eigenen negativen Eheerfahrung ableitet, deren Fragwürdigkeit aber durch seine derb-metaphorische Ausdrucksweise ins Komische gewendet wird: ,,Was wolle denn die Leut? Wenn se Wein kaufe, wird e Prob gemacht, sonst kann ich ja Firnessig für Meßwein verkloppe! Wenn einer e Sau kauft, muß er wisse, daß se ferkelt. Dafür gibt's die öffentliche Deckung von Gemeindewegen. Wenn aber einer heirat, wo das beiderseitige Leib- und Seeleheil damit verbunde is, da soll er Blindekuh spiele, he?" (VII, 97)

2. der zweite Fehlschluß Gunderlochs ist, daß er ein alter Mann sei (VII, 99), der ,,als alter Krüppel dene junge Leut zur Last falle" (ebd.). Er glaubt, sich mit dem Erlös der Hälfte seines Besitzes in Wiesbaden oder ,,Homburg vor der Höh" einen ,,bescheidenen Lebensabend" gönnen zu können (VII, 96). Gunderlochs Glaube, auf diese Weise sein eigenes und Klärchens Schicksal kontrollieren zu können, steigert sich bis zum ,,Cäsarewahn" (VII, 125), wie es der Weinhändler Vogelsberger bei anderer Gelegenheit ausdrückt. Im Laufe der Handlung wird Gunderloch klar, daß er durch seine Planungen und Bedingungen seine Tochter Klärchen u. U. an den ihm unsympathischen Knuzius verheiraten und sich selbst in ein Pensionärsdasein hineinmanövrieren würde, das seiner eigenen, durch Aktivität und Vitalität charakterisierten Natur aufs höchste zuwider wäre. Der schlauen Annemarie gelingt es, ihn zu bestricken, so daß seine eigene Natur mit ihm durchgeht und er sich im Einklang mit sich selbst wieder wohlfühlt. Gunderlochs Einsicht: ,,Geuzt hatt ich mich selber! Aber es is noch emal gut abgange! Beinah hätt ich mir en böse Streich gespielt un meiner Tochter dazu! Merkt's euch, ihr Leut, da habt ihr was fürs Lebe! Bild sich keiner ein, er könnt die herrgottsge-

schaffene Natur kommandiere! Bedingunge läßt sich die nit
stelle, un ausrechne kann ma's auch nit, aber eins muß ma
könne: Das Gras wachse höre, und wär's in der Weinherbst-
nacht!" (VII, 149) Das ist zwar eher eine hanebüchene als eine
weltumstürzende philosophische Einsicht; sie bezeichnet aber
eindeutig Zuckmayers Wertordnung: den Primat des Natürlichen vor dem verstandesmäßigen Kalkül.

Im zwischenmenschlichen Bereich treten an die Stelle der
Berechnung Vertrauen und Gefühl: Annemarie bittet Gunderloch um Vertrauen und bekommt es (VII, 138), Klärchen und
Jochen „spüren", daß sie zusammengehören, wobei für Jochen
das Gefühl ehrlicher und richtiger ist, als Worte es sein können:
„JOCHEN Ach Klärche, was ma red, is alles Blumekohl! Was
ma spürt, Klärche! Nur was ma spürt!" (VII, 140) – Das ihm
zustimmende Klärchen hat sich damit auch gewandelt: durch
„Ungeduld und Neugierde nebst einer Beimischung von Li-
kör" war sie „auf den falschen Weg" geraten,[40] indem sie sich
Knuzius hingegeben hatte. Schon zu Beginn des Stückes ist ihr
jedoch klar, daß sie nicht Knuzius liebt, sondern den Schiffer
Jochen Most. Deshalb geht es ihr nur noch darum, die Konsequenzen des Geschehenen zu vermeiden, Knuzius loszuwerden
und doch noch ihren Jochen zu bekommen. – Auf den „falschen Weg" geraten ist auch Knuzius, dem nach einer auf dem
Misthaufen verbrachten Nacht klar wird, daß er nicht Klärchen, sondern die Wirtstochter Babettchen heiraten möchte.
Eine Wandlung macht er jedoch insofern nicht durch, als er das
Warum seiner neuen Entscheidung nie einsieht; auch jetzt noch
muß er, von Konventionen bestimmt, seine Entscheidung mit
moralischen Klischees bemänteln. Den von ihm postulierten
angeblichen „inneren Schätzen", „Ehre und Gewissen, Reinheit und edle Sitte" stellt der unverbildete Gunderloch „Weinberg, Stückfässer und Misthaufe" (VII, 151) gegenüber. Abstrakte, nichtssagende Kulturwerte kollidieren so mit der kon-
kreten Natur der bäuerlichen Gemeinschaft.

Diese Apotheose der Natur wird durch die Verwendung von
entsprechenden Symbolen und Metaphern unterstützt, die oft

dazu dienen, den elementaren, naturhaften Zusammenhang alles Lebens deutlich zu machen. Der Mensch wird ganz in die Natur eingebunden, indem er mit aus der Natur entlehnten Metaphern und Vergleichen beschrieben wird. Das beste Beispiel ist Gunderlochs Beschreibung seiner ‚Traumfrau‘ zu Beginn des Stückes: ,,Jung müßt sie natürlich sein, und doch kei Stallkälbche mehr – un gescheit müßt sie sein – als Weingutsfrau in dene schwierige Geschäftsläufte, ja und vor allem, so eine Sonnenhaut ums Gesicht, so richtig braun und rot, wie so e Borsdorfer Äpfelche, oder e Goldreinettche von meiner beste Zucht, so müßt nämlich auch der Hals sein un die Schultern, ja un dunkle Haar, un helle Augen, das hab ich nämlich gern – [. . .].‘‘ (VII, 99) So treten ,,Metaphern und Vergleiche aus dem animalischen und vegetativen Bereich [. . .] für Menschliches ein.‘‘[41]

In diesem Zusammenhang muß auch auf das Sau-Motiv hingewiesen werden, auf die Prachtsau, die, obwohl sie am nächsten Morgen geschlachtet wird, doch kein Todes-, sondern ein kontrapunktisch eingesetztes Lebenssymbol ist.[42] So zielt das Stück auch in der Sprache der Metaphern und deftigen Vergleiche auf eine Apotheose der Natur ab.

Sicherlich ist diese Apotheose naiv, ist die zur Schau gestellte Vitalität zu gewollt, ist das prinzipielle Bekenntnis zum Leben überbetont; sicherlich hat das Stück auch viele andere Schwächen: die beiden ersten Akte sind gelungener als der dritte Akt, der sich in ein allzu bilderbuchartiges Sichfinden und eine Massenpaarung auflöst. Spottete Alfred Kerr: ,,Zuckmayer hat sich hier vom Expressionismus weg entwickelt – aber etwas zu weit. Sofort vier Verlobungen? – Aber das hätte man gar nicht verlangt. Das oft lustige, zuletzt kitschige Stück schwankt etwa zwischen Ludwig Thoma, dem ‚Weißen Rößl‘ und einer falschen Schlierseer Goldigkeit.‘‘[43] Es hat so die Tendenz, zu süßlich zu werden [,,Zuckmayer entschied sich . . . für Ludwig Thoma (wo der bereits anfängt, Ganghofer zu werden.)‘‘][44] Was bleibt, ist jedoch das Verdienst, mit einer Rückwendung zum Volksstück – nicht nur Ludwig Thoma, sondern auch

Ludwig Anzengrubers ‚Kreuzlschreiber‘ und Ernst Elias Nie-
bergalls ‚Datterich‘ haben Pate gestanden – durch die Überwindung des Expressionismus dem deutschen Theater neue Impul-
se gegeben zu haben.

*Von der Bänkelsängerballade zum historischen Volksstück:
‚Schinderhannes‘*

Zuckmayer nutzte den Erfolg des ‚Fröhlichen Weinberg‘ nicht
aus, indem er etwa ein halbes Jahr später ein weiteres Lustspiel
ähnlicher Art folgen ließ. Erst im Frühjahr 1927 wurde das
neue, ebenfalls in der rheinhessischen Heimat spielende Drama
‚Schinderhannes‘ abgeschlossen. Der Erfolg des ‚Fröhlichen
Weinberg‘ wiederholte sich, obwohl Zuckmayer diesmal kein
Lustspiel geschrieben hatte, sondern eine Art Sturm-und-
Drang-Drama mit romantisch-lyrischen und humorvoll-paro-
distischen Einlagen: ,,Ein Rebell, ein Stück mit politischen Ne-
bentönen, mit Kasernenhof-Parodie: aber alle Schärfe in den
humorigen und elegischen Tönen aufgehoben – das machte den
Erfolg.‘‘[45]
   Zuckmayer hatte seine alte, während der Kieler Zeit verfaßte
‚Mainzer Moritat vom Schinderhannes‘,[46] einem Volkshelden
der napoleonischen Zeit aus dem Hunsrück, dramatisiert, indem er die epische Komponente der Ballade bewahrte und ,,in
einem breiten, bunten Bilderbogen einige Stationen aus dem
Leben des berühmt-berüchtigten Räubers mit den Mitteln des
Theaters erzählte‘‘:[47] Johann Bückler, genannt Schinderhannes,
eine Art deutscher Robin Hood, ein rheinischer ,,Räuber‘‘, der
von den Reichen nimmt und den Armen gibt, verliebt sich in
Julchen Blasius, die Tochter eines Bänkelsängers. Von der Polizei gesucht, gelingt es ihm immer wieder zu entkommen, doch
wird seine Bande zersprengt, nachdem er mit dem französischen Militär angebunden hat, das den Hunsrück von Räubern
säubern soll. Er findet das vorher von ihm verlassene Julchen
wieder, die in einem Ährenfeld ein Kind von ihm gebärt. Jetzt
hat Schinderhannes neuen Mut und Lebenswillen: er läßt sich

vom preußischen Militär anwerben mit dem Versprechen, daß alle im Zivilleben begangenen Verbrechen damit vergeben wären, wird aber als „politischer Gefangener" an die Franzosen ausgeliefert und – nach einer Liebesnacht mit Julchen – in Mainz mit der Guillotine hingerichtet.

Hauptmanns Einfluß – Zuckmayer hatte ihn im Frühjahr 1926 während eines Ferienaufenthalts in Hiddensee als Nachbarn kennengelernt – ist im ganzen Drama deutlich, sowohl was die Gestalt des großen Rebellen betrifft, die an Florian Geyer erinnert, als auch im Hinblick auf das Vorbild der ,Weber': die Wirtshausszenen, die den sozialen Hintergrund erörtern, sind denen der ,Weber' nachgebildet; wie in den ,Webern' sich das Weber-Lied als roter Faden durch die ganze Handlung zieht, so hier das Lied vom Schinderhannes. Naturalistisch im Sinne Hauptmanns ist auch der Dialekt, den nur der preußische Korporal auf dem Kasernenhof der rechtsrheinischen kaiserlichen Truppen durch Hochdeutsch ersetzt. Nichtnaturalistisch ist aber einmal die Kasernenhof-Parodie des dritten Aktes, zum anderen die lyrischen Szenen Schinderhannes/Julchen im Kornfeld und in Julchens Turmgefängnis. Nicht naturalistisch ist vor allem auch die Zeichnung des Schinderhannes als eines draufgängerischen, protzigen Helden, einer Mittelpunktfigur im Sturm-und-Drang-Stil.

Diese dominierende Stellung des Schinderhannes wird nicht nur im Titel des Dramas deutlich, sondern auch im Personenverzeichnis, wo es heißt: „JOHANN BÜCKLER, genannt Schinderhannes; JULCHEN BLASIUS, Tochter eines Bänkelsängers; IHRE KAMERADEN; IHRE ZEITGENOSSEN", womit die Nebenpersonen, die im Drama selbst durchaus Namen tragen, genauso abgewertet sind, wie mit der anschließenden Bemerkung: „Die meisten kleineren Rollen können wechselnd mit den gleichen Schauspielern besetzt werden." Zuckmayer wollte einen Sturm-und-Drang-Helden auf die Bühne stellen, der aus der Fülle seiner individuellen Kraft gegen das herrschende soziale System rebelliert, aber schließlich von den Ordnungsmächten, Polizei und Militär, zur Strecke gebracht wird. „Hier war eine Möglichkeit gegeben, dem starken Zeit-gefühl des Dichters neuen Ausdruck zu verleihen. So ist Johann Bückler durchaus kein verbissener Weltverbesserer. Als Nach-fahre der Sturm und Drang-Figuren ist er nicht so sehr mit Karl Moor verwandt wie mit Götz. Wie dieser sucht Bückler Unge-rechtigkeiten auszugleichen und wird schließlich in die Enge gedrängt. Beide leben in dem Glauben, es gelte, einzelne Übel-stände zu beheben, und müssen am Ende sehen, daß sie sich gegen eine Ordnung gestemmt haben, die über sie hinweg-geht."[48]

In der ersten Szene in der Wirtschaft „Grüner Baum" an der Nahe gewinnt man tatsächlich den Eindruck, das Ganze steure auf ein soziales Drama zu: zwei klar voneinander abgegliederte soziale Gruppen sind anwesend, „scharf getrennt in ‚bessere Leute' und ‚Gewöhnliche'" (VII, 157), wie Zuckmayer in den Bühnenanweisungen feststellt. Am Gesprächsthema Schinder-hannes scheiden sich die Geister („Wo vom Schinderhannes die Red is, lernt ma die Leut kenne!" [VII, 159]). Wenn dieser die Reichen bestiehlt und den Armen gibt, stellt er damit auf be-scheidene, auf den Einzelfall beschränkte Art die soziale Ge-rechtigkeit wieder her. Aber in den Worten Bücklers wird deutlich, daß er zwar Einsicht in die sozialen Ungerechtigkei-ten besitzt, daß er aber keine planenden Konsequenzen daraus zieht, die etwa auf den Umsturz der gesamten sozialen Ord-nung hinzielen würden. Am Beispiel seines Vaters hat er erfah-ren, daß mit ehrlicher Arbeit allein kein menschenwürdiges Auskommen zu erzielen ist („Mein Vater – der hat geschafft, bis ihm die Nägel blau worde sin. Heut könnt er verrecke, wenn er kein Sohn hätt!" [VII, 160]). Die Erfahrung einer har-ten Kindheit im elterlichen Hause hat ihn gelehrt, daß er nur durch Zupacken, durch Diebstahl zu etwas kommen kann („[...] weil ich's nehm, wo ich's find! Und weil ich mir eher en Finger abbeiße deet, als für fremde Leut mei Knöchel krumm mache!" [VII, 160]). Er hängt damit einer Philosophie der Selbsthilfe angesichts eines als ungerecht erkannten Systems der Güterverteilung an. Die eigentliche Triebfeder seines Handelns ist jedoch der persönliche Stolz, eine Art Hybris, die bei Gunderloch im ‚Fröhlichen Weinberg‘ als „Cäsarewahn" bezeichnet wurde. So stellt er großspurig selbst fest: „Ich bin als Protz gebore! Ich hab schon als Bub die Schulkreide für Butter aufs Brot gestriche. Aber es is mir gut angeschlage, Großtun macht dick, wenn ma's richtig versteht!" (VII, 161) Großtuerei läßt sich am Einzelfall befriedigen, hier durchs Ausgeben einer doppelten Lage und „e Viertel Wurscht" „für jeden in der Stub, der kei Geld im Sack hat." (ebd.) Soziale Ungerechtigkeiten, Klassengegensätze und Ausbeutung lassen sich auf diese Weise nicht beseitigen. Man könnte deshalb aus marxistischer Sicht Zuckmayer hier den Vorwurf machen, im ‚Schinderhannes‘ die Möglichkeiten eines sozialen, klassenkämpferischen Dramas verspielt zu haben. Das hieße jedoch, das Anliegen des Dramatikers und seine Persönlichkeit verkennen. Zuckmayer ist kein Sozialreformer und kein Marxist. In seiner Autobiographie ‚Als wär's ein Stück von mir‘ z. B. lehnt er mit streitbaren Seitenhieben den Marxismus immer wieder ab, und in einem Brief an Ingeborg Engelsing-Malek bekennt er: „Gleichzeitig erschien mir der Sozialismus als notwendiger Weg zur Neuordnung und Rechtsetzung der menschlichen Verhältnisse, – doch niemals zur Klärung der menschlichen Problematik und zur Erkenntnis (und damit Aktivierung) der Seelenkräfte. Nie hatte ich eine Neigung, Dichtung mit Ideologie zu verschweißen. Nie wollte ich die Freiheit aufgeben, Dichtung ‚um ihrer selbst willen‘ wachsen zu lassen, aber keineswegs als ‚l'art pour l'art‘, sondern als ‚l'art pour l'homme‘, – eine (unproblematische, untendenziöse) Spiegelung des Menschenbildes, in der Darstellung seiner Kreatürlichkeit, das heißt, seines Schicksals, das er zu bestehen und an dem er sich zu messen hat."[49]

Aus diesem Grunde waren die sozialen Zeitumstände für Zuckmayer nur der Vorwurf für die Gestaltung der individuellen Problematik einer Führerpersönlichkeit, des Rebellen Bückler, wobei er das überlieferte Bild seines Helden durchaus vereinfachte, indem er z. B. Franzosenhaß und Antisemitismus des historischen Bückler und seine behauptete „Sehnsucht nach Bürgerlichkeit", weil seiner Ansicht nach angedichtet, ausließ.[50] Zuckmayers Thema ist das Zugrundegehen seines Helden an einem tragischen Fehler, der ihm durch Julchen bewußt gemacht wird: nicht nur sein persönlicher Stolz, sondern seine Hybris in der Rebellion gegen das gesamte System, gegen das französische Militär. Sie, die sich trotz ihrer Liebe zu ihm ihre Urteilskraft bewahrt hat,[51] warnt ihn davor, die französischen Truppen anzugreifen: „Du – wenn's noch Zeit is – wenn's noch rückwärts geht – dann laß es sein. Tu's nit!" (VII, 199) Seine Einwände und Entschuldigungen lehnt sie mit Vernunftgründen ab: „Aber du kannst es doch nit wehre! Wie willst denn du Krieg führe, gege die Welt?! Denk doch, wie mir im Weggrabe lege sin, am Rheinufer drunte, bei der große Heerstraß – denk doch die viele tausend Huf un Räder un Kanone – das trappt un trappt, das rollt un rollt, en ganze Tag lang wie Mühlklappern an unsere Köpp vorbei [...]!" (VII, 200); und schließlich prophezeit sie ihm: „Du hebst aus der falsche Schulter, un mußt in die Knie breche! Ich spür's. Ich spür's doch!" (ebd.) Mit ihrem „starken und gesunden Instinkt [...], der an eine übernatürliche Sehergabe grenzt",[52] ist sie die Verkörperung seines Gewissens, dessen Stimme er nur durch Geschrei zu übertönen vermag – er weiß genau, daß sie recht hat, und wenn sie ihn verläßt, als er sich nach den obigen Worten doch den Franzosen entgegenwirft, hat ihn sein guter Geist verlassen; Bückler wird besiegt.

Der geschlagene Bückler kommt zur Einsicht in seine Situation, als er Julchen, die in einem Kornfeld sein Kind geboren hat, wiederfindet. Hatte er sich vorher der Verzweiflung hingegeben („[...] ich bleib im Hunsrück, solang ich noch'n hohle Baum weiß, in dem ich verrecke kann." [VII, 207]), so will er nun leben, überleben um jeden Preis: „Mir bleibe, wo's gut is – wo mir lebe könne, wo's weitergeht – wo's trifft, Julche! [...] Herrgott, mir han ja soviel Platz auf der Welt!" (VII, 212) Zuckmayer beherrscht diese Technik, den dramatischen Moment der letzten Spannung zu schaffen, um die Fallhöhe des letzten Aktes so groß wie möglich zu machen. Wieder zeigt sich Bückler als Protz, indem er den Bauern Raab für sein verdrücktes Korn mit einem ganzen Taler entschädigt, aber er ist innerlich doch bescheiden geworden, bereit, sich zu erniedrigen und als Rekrut bei den Preußen einzutreten: ,,Wenn's nur weitergeht!! Wenn man nur lebe bleibt! Uns hat doch all der Tod schon an die Kehl gegriffe! Es war doch aus, Julche, un jetzt fängt's ganz unte an!" (VII, 219) Jetzt ,,hebt [er nicht mehr] aus der falsche Schulter", wie er selbst meint (ebd.). Nicht nur weiß der Zuschauer bzw. Leser, daß ihn zwei seiner ehemaligen Bandenmitglieder inzwischen bereits verraten haben; Bückler täuscht sich: er ist seinem eigenen Chrakter, seinem Wesen untreu geworden, hat sich selbst verraten. Erst als er abgeführt wird und zusammen mit seinen Freunden stampfend das Schinderhanneslied zu singen beginnt, hat er sich wiedergefunden. ,,Ein exerzierendes und stiefelputzendes Rekrutendasein paßt nicht zu ihm. Es steht ihm besser an, seinen Tod zu sterben, als ein Leben zu fristen, das ihm nicht zukommt."[53] Der vierte Akt zeigt die Bewährung dieser neugewonnenen Haltung. Was sich äußerlich als endgültige Besiegung in der Hinrichtung darstellt, wird von Bückler in eine imposante Bestätigung seines Lebens umgedeutet. Seine letzten Worte (zu Julchen) sind: ,,Julche: Haste' gehört, Julche! Fünfzehntausend Leut [sind gekommen]!" (VII, 232), und das sagt er ,,strahlend, mit lachendem Gesicht". Damit hat er den Tod durch Einbeziehung in sein rauschhaft-pathetisches Lebensgefühl überwunden. Seine Hinrichtung wird zur Bestätigung seines Charakters, zum Triumph einer Vitalität, die, wie schon der ‚Fröhliche Weinberg‘ gezeigt hatte, für Zuckmayer charakteristisch ist.

Die historische Vorgegebenheit der Handlung war Zuckmayers Problem. Die ersten beiden Akte mit ihren Volksszenen und den scheinbaren äußeren Erfolgen des vitalen Bückler sind ihm denn auch am besten gelungen, während er den dritten Akt mit retardierender Handlung füllen mußte (romantisch-lyrische Wiedervereinigung mit Julchen, humorvolle Kasernenhof-Parodie, die auf den ‚Hauptmann von Köpenick‘ vorausdeutet) und den vierten mit einer Gefängnis-Idylle. Was das Drama rettet, ist die Akzentverlagerung von der Moritaten-Aktion auf das psychologische Drama der Selbstfindung, der Rückbesinnung Bücklers auf seine wesenseigene Haltung, die Akzeptierung seines Wesens und des daraus resultierenden Schicksals.

Den Erfolg verdankte das Drama 1927 der Möglichkeit, die Handlungshintergründe zur eigenen Zeit in Parallele setzen zu können, zu den Jahren nach dem Ersten Weltkrieg, als das Rheinland ebenfalls von der französischen Armee besetzt und durch separatistische Bestrebungen in Unruhe versetzt war. Politische Anspielungen in dieser Richtung waren aber durch Humor und elegisch-romantische Szenen entschärft. Gleichzeitig rutschte Zuckmayer damit gefährlich ins Süßliche ab, was von der Kritik schon damals moniert wurde. So nannte Felix Holländer das Drama ein „rührendes Spektakel“, ein Werk, „das mehr süßlich als süß“ ist,[54] und Bernhard Diebold schrieb zur Frankfurter Premiere: „Aber bei allem Humor kam doch die Hauptsensation des Abends nicht fürs Zwerchfell, sondern für die Gemüts- und Tränendrüse. War's nicht ein bißchen Kitsch? Meinetwegen. Das Sinnige und Wonnige der alten Räuberballade überschlich unsere Leber.“[55] Während Paul Fechter das Drama als Erfüllung der heimatlichen Elemente, der „Freude am heimatlichen Wort und Wesen, an heimatlichen Menschen, die der ‚Weinberg‘ verhieß“, sah,[56] erkannte Kerr bereits die Gefahr, die für Zuckmayer in der Überbetonung des Heimatlichen lag: „Zuckmayers Kraft liegt in bodenwüchsiger Frische. (Doch auch die Frische, lieber Sohn der Gegenwart, hat ihre Grenzen.) Zuckmayers *pro:* das Volkstum. Zuckmayers *contra:* das Volkstümliche.“[57]

Die Versuchung des Sentimentalen: ‚Katharina Knie‘

Der beim ‚Schinderhannes‘ deutlich gewordenen Schwäche des Absinkens ins Sentimentale fiel Zuckmayer bei seinem nächsten Volksstück, dem am 21. Dezember 1928 mit Albert Bassermann im Berliner Lessing-Theater uraufgeführten „Seiltänzerstück" (so der Untertitel) vollends zum Opfer. Das Stück wurde trotzdem oder vielleicht eher: gerade deswegen zwar ein rauschender Publikumserfolg, aber die Kritiker konnten diese Begeisterung nicht mehr teilen. Monty Jacobs stellte in der ‚Vossischen Zeitung' vom 22. 12. 1928 schlicht fest: „Zuckmayer ist auf den falschen Weg geraten."[58] Alfred Kerr sprach von „Kitschnähe".[59]

Zuckmayer stellt uns die Seiltänzerfamilie Knie vor, die in einem kleinen pfälzischen Städtchen gastiert und sich in großer finanzieller Not befindet. Die Tochter des alten Knie, Katharina, hat nächtens für ihr hungerndes Eselchen bei dem reichen Bauern Martin Rothacker drei Sack Hafer gestohlen, aber, wie sich herausstellt, nicht so sehr um des geliebten Tieres willen, als um die Aufmerksamkeit des Landwirts auf sich zu lenken, was ihr auch prompt gelingt. Rothacker zieht seine Anzeige zurück, und Katharina zieht als „Elevin" mit auf sein Gut. Nach einem Jahr gastiert die Truppe wieder am selben Ort. Katharina kommt, um ihrem alten Vater ihre Verlobung mit Rothacker mitzuteilen. Der alte Knie ist in dem Glauben, seine Tochter kehre zu ihm zurück; er zeigt dem Publikum noch einmal seine ganze Kunst und stirbt, bevor ihm seine Tochter die Wahrheit sagen kann. Katharina entscheidet sich daraufhin, die Leitung des väterlichen Unternehmens zu übernehmen, verstanden von der Mutter ihres Verlobten, umjubelt von den Artisten.

Zuckmayer kannte aus Vorstellungen in seiner Heimat die dort bekannte alte Seiltänzerfamilie Knie, ja der Name „Knie" war dort angeblich synonym mit „Seiltänzer". Trotzdem handelt es sich seiner eigenen Aussage nach „keineswegs um die Darstellung historischer Persönlichkeiten oder um die Schilderung wirklicher Vorgänge." Und: „Mir kam es nicht darauf an, in meinem Stück Gestalten darzustellen, die von dem romantischen Zauber der Vergangenheit umflossen sind, sondern ich habe versucht, die Welt der Seiltänzer so zu erfassen, wie ich sie selbst in der Gegenwart kennen und trotz all ihrer Not, trotz ihrer ‚unzeitgemäßen Art‘, trotz ihres Niedergangs lieben und bewundern lernte."[60] Trotz realistischer Dialoge und dieser Verlegung der Handlung in die Gegenwart ist es Zuckmayer aber weder geglückt, der Romantisierungsgefahr des Milieus zu entgehen, noch das Zeitstück mit dem Volksstück zu verbinden. Die Probleme der Gegenwart sind durchaus gegenwärtig: Man schreibt das Inflationsjahr 1923 und anschließend das Jahr 1924, in dem sich die wirtschaftlichen Verhältnisse bereits wieder stabilisiert haben. Das Seiltänzergewerbe ist in seiner Existenz bedroht, weil es durch neue Vergnügungsmedien wie den Film anachronistisch und für den Massengeschmack weniger attraktiv geworden ist. Aber diese Gründe sind nicht zwingend oder gar bestimmend. Schon Alfred Kerr bemerkte treffend: „Die Begebenheit könnte vor einem Halbjahrhundert spielen – es hieße nur: Mißernte."[61] Das Problem des Stückes ist nämlich nicht zeitbedingt, sondern ein sehr allgemeines, psychologisches. Es ist der Konflikt der Katharina zwischen dem Streben nach Seßhaftigkeit und persönlichem Glück als Frau eines Gutsbesitzers, also persönlicher Glückserfüllung einerseits und der Verpflichtung dem väterlichen Erbe gegenüber, der Heimat des Seiltänzerwagens, der in der letzten Begegnung mit dem Vater erkannten Verpflichtung andererseits.[62]

Die starke Bindung Katharinas an ihren Vater, der seiner ganzen Truppe gegenüber Vaterfigur ist, bewegt sie dazu, auch in dem Bauern Rothacker, der immerhin mit seinen 42 Jahren (sie ist erst 24) schon ein Mann in den besten Jahren ist, eine Vaterfigur zu wählen. Es geht damit auch um die Erfüllung des persönlich erträumten Glücks, einen Traum, den Katharina ihr ganzes Leben lang geträumt hat, einen Konflikt, den sie schon immer gespürt hat: „Ich hab doch nie recht gewußt, wo ich hingehör – mich hat's immer gerisse!! Un manchmal denk ich, es reißt mich grad mitte durch – Vielleicht wird's dann gut – wenn ich ganz dort hingehör – zum feste Land, un zum Mann, un zum Kind – ich hab' ja kei Mutter gehabt." (VII, 310) Katharina fehlt der untrügliche Instinkt Julchens, ihr fehlt auch die Vernunft sich zu entscheiden, bevor sie sich auf etwas einläßt, und so wird sie Rothacker gegenüber schuldig. Aber es geht hier nicht nur um die Verwirklichung des eigenen Charakters wie im ‚Schinderhannes‘ oder um die Fähigkeit des Menschen, aus der traditionellen Umgebung auszubrechen, sondern um eine ethische Wertentscheidung zwischen dem Lebensglück, dem Wollen und der als fordernd erkannten Pflicht des Müssens, des von der Welt des Vaters Gebraucht-Werdens. Es ist tatsächlich die ,,Einsicht in die Notwendigkeit‘‘, die Katharina bei ihrer Entscheidung leitet: ,,Ich weiß jetzt, was ich muß – un da gibt’s nix drüwwer! Mir sin ja nit allein auf der Welt – un es hat sich ja keiner ausgesucht – Aber ma darf nit weglaufe. Sich selbst nit – un seiner Sach nit. – Ich bleib, wo der Vatter war – un mach’s zu End.‘‘ (VII, 317) In dieser Haltung fühlt sie sich von der alten Mutter Rothackers, die ebenfalls ein Leben des Müssens gelebt hat, voll verstanden: ,,Ma kann’s – wenn ma muß. Ich hab auch gemußt – und gekonnt – mei Lebe lang. Un möcht nix anners, wenn alles wieder käm – [. . .].‘‘ (ebd.) Damit wird die Entscheidung Katharinas antizipiert und als richtig bestätigt.

Es ist schade, daß diese Problematik durch das sentimentalisierte Milieu und die Idealisierung der Gestalt des alten Knie leidet. Das Genrehafte deckt das Problematische zu. Gestalten wie der Italienerjunge Mario, ein Nachfahr von Goethes Mignon, die gutmütige alte Kassiererin Bibbo und der alte, bajazzohafte Clown Julius sind zu klischeehaft geraten. Zwar gibt es nicht die stereotypen Eifersuchtsszenen der Zirkusdramen, sondern eine Philosophie des Seiltänzertums als eines ehrlichen Handwerks, das als Kunst der ,,Himmelsmänner‘‘ sogar metaphysisch überhöht wird, aber der sterbende Knie hält gar zu lange Reden und dem alten Clown gerät seine Grabrede Knies ebenfalls viel zu lang und lyrisch. Damit fällt das Drama nach den bewegten ersten beiden Akten ins Sentimentale und Redselige ab.

Der Bühnenerfolg – trotz der schlechten Kritiken – ergab

sich nicht nur aus dem Milieu, eben aus der sentimentalisierten Artistenwelt, sondern daraus, daß es Zuckmayer wieder gelungen war, mit der Katharina und ihrem Vater und auch der Bibbo einige höchst wirksame Bühnenrollen zu schreiben – Bassermann zählte die Rolle des alten Knie zu seinen liebsten. Die Schwächen des Stückes ließen sich so leicht überspielen.

Der Mensch und die Menschenordnung: ,Der Hauptmann von Köpenick'

Die Reihe von Volksstücken, die mit dem ,Fröhlichen Weinberg' begonnen hatte, setzte Zuckmayer mit einem Drama fort, das nicht nur sein größter und bleibender Publikumserfolg werden sollte, sondern auch sein bestes Stück: ,Der Hauptmann von Köpenick' (1931), in dem die Schwächen von ,Katharina Knie' zum großen Teil vermieden waren, aber das Thema der Heimat, des Sich-zugehörig-Wissens wieder aufgegriffen wird.[63] Eigener Aussage nach arbeitete Zuckmayer für einen Autoren-Wettbewerb an einem Eulenspiegel-Stück, ein Stoff, mit dem er aber nicht zu Rande kam. Er scheiterte ,,an der Diskrepanz zwischen dem Vorwurf des alten Volksbuches [. . .] und der Zeitnähe, dem Gegenwartsgehalt, der lebendigen Wirklichkeit." (II, 454) Da machte ihn Fritz Kortner, der dabei zunächst einen Film im Auge hatte, auf den Stoff vom historischen Hauptmann von Köpenick aufmerksam, der bereits in einer ganzen Reihe von Schwänken, Operetten, Parodien und Moritaten bearbeitet worden war, ohne daß allerdings darin die menschliche und politische Problematik erfaßt worden wäre.[64] Gleichzeitig mit Zuckmayer bearbeitete auch Wilhelm Schäfer den Stoff in einer Biographie Voigts, wobei er zwar immer wieder auf die Uniform- und Obrigkeitsproblematik anspielt, bei der Gestaltung der eigentlichen Köpenickiade im letzten Kapitel jedoch im Sentimentalen steckenbleibt.[65]

Im Hauptmann von Köpenick fand Zuckmayer seinen Eulenspiegel, der der Gesellschaft einen Spiegel vorhält, aber nicht nur der Wilhelminischen Gesellschaft vor dem Ersten Weltkrieg, sondern auch der von 1930, „in dem die Nationalsozialisten als zweitstärkste Partei in den Reichstag einzogen und die Nation in einen neuen Uniform-Taumel versetzten, wieder ein Spiegelbild, ein Eulenspiegel-Bild des Unfugs und der Gefahren, die in Deutschland heranwuchsen – aber auch der Hoffnung, sie wie der umgetriebene Schuster durch Mutterwitz und menschliche Einsicht zu überwinden." (II, 454 f.) Gesellschaftskritik und Menschliches, (zumindest im Rückblick) Warnung vor ähnlicher Fehlentwicklung und Humanes hat Zuckmayer hier gegeben, genauer gesagt: durch die Setzung des Menschen als Maßstab gegen eine inhumane Gesellschaft, eine in sich brüchige Ordnung, übt er Kritik an dieser Gesellschaft.

Was war – in der Geschichte – geschehen? Am 17. Oktober 1906, einen Tag nach den Ereignissen von Köpenick, erschien in der ‚Täglichen Rundschau‘ folgende Meldung: „Ein als Hauptmann verkleideter Mensch führte gestern eine von Tegel kommende Abteilung Soldaten nach dem Köpenicker Rathaus, ließ den Bürgermeister verhaften, beraubte die Gemeindekasse und fuhr in einer Droschke davon."[66] Es handelte sich bei dem „Hauptmann" um den 57jährigen Schuster Wilhelm Voigt, der wegen kleiner Betrügereien und Einbrüche insgesamt 30 Jahre seines Lebens hinter Gefängnismauern verbracht hatte, der aus Not immer wieder rückfällig und von den Behörden immer wieder ausgewiesen worden war. Nach der „Köpenickiade" zu vier Jahren Gefängnis verurteilt, wurde er bereits nach 20 Monaten vom Kaiser begnadigt; er reiste dann durch Deutschland und verkaufte Postkarten mit seinem Autogramm – so hatte ihn der junge Zuckmayer auch selbst erlebt – und trat im Ausland auf Varietébühnen als Hauptmann von Köpenick auf. 1909 schrieb er seine Autobiographie, und 1912 ließ er sich in Luxemburg nieder, wo er 1922 starb.

Zuckmayer studierte zwar die Prozeßakten genau, übernahm die historischen Fakten aber nur in ganz groben Umrissen. „Die tatsächlichen Begebenheiten bilden nur den Anlaß zu diesem Stück", schreibt er im Personenverzeichnis, „Stoff und Gestalten sind völlig frei behandelt." (VII, 323) In drei Akten mit je sieben Bildern läßt er nicht nur den sympathisch-einfachen Voigt auftreten und zeigt seine Entwicklung bis zum Entschluß zur Tat (und schließlich den Husarenstreich selber); er zeigt uns auch in einem Panorama von fast 80 Gestalten fast das gesamte Spektrum der preußisch-deutschen Berliner Gesellschaft, die, so scheint es, den Tanz um die Uniform angetreten hat. So war es eine logische, aber geniale Idee, parallel zum Schicksal Voigts das Schicksal der Hauptmannsuniform darzustellen, bis am Schluß beide zusammenkommen und gemeinsam das System schlagen.

Voigt wird gleich in der ersten Szene vorgestellt, wie er in dem Potsdamer Uniformladen Adolf Wormsers im Schaufenster die bunten Uniformstücke und militärischen Insignien bewundert, beim Betreten des Ladens als Bettler verkannt und hinausgeworfen wird. Erfolglos ist auch seine Bewerbung um Aufenthaltserlaubnis in einem Polizeibüro in Potsdam (zweite Szene), wo ihm der Teufelskreis der Behördenvorschriften klar wird: ohne Arbeit bekommt er keine Aufenthaltserlaubnis, ohne Aufenthaltserlaubnis keine Arbeit. Einen Paß, um das Land wieder verlassen zu können, kann er nur bei seiner Heimatbehörde beantragen, in deren Akten er aber längst nicht mehr geführt wird. Aus Verzweiflung wird er kriminell, indem er mit Freund Kalle auf dem Polizeirevier einbricht, um dort einen Paß zu erbeuten. Vergeblich: er wird gefaßt und landet im Zuchthaus Sonnenburg, wo er zehn Jahre später von dem militärbegeisterten Zuchthausdirektor mit der Prophezeiung entlassen wird, seine militärische Ausbildung im Gefängnis werde ihm „im späteren Leben einmal von Nutzen sein" (VII, 374). Er sei, trotz seiner O-Beine, der geborene Soldat.

Noch einmal versucht Voigt, im bürgerlichen Leben Fuß zu fassen. Er sucht seine Schwester auf, die mit Friedrich Hoprecht, einem kleinen Beamten, verheiratet ist. Der anständige Hoprecht heißt ihn willkommen; in einer großen Diskussion um das Verhältnis des einzelnen zum Staat scheiden sich aber die Geister: Voigt, der gerade wieder ausgewiesen worden ist, hat erkannt, wo der preußische Staat defekt ist, und er hat beschlossen zu handeln. In „Kracauers Kleiderladen in der Grenadierstraße" (15. Szene) ersteht er eine heruntergekommene Hauptmannsuniform, zieht sich auf einem „Abort" auf dem Schlesischen Bahnhof um, hält eine Abteilung Soldaten auf der Straße an, zieht zum Rathaus von Köpenick, wo er den Bürgermeister Obermüller gefangennimmt und zur Wache nach Berlin schickt. Wieder hat er falsch kalkuliert, denn in Köpenick gibt es keine Paßabteilung, worum es ihm zunächst ging. Nun ist ihm aber auch das egal. Die Kasse wird konfisziert, die Soldaten entlassen. Voigt schläft sich in „Aschingers Bierquelle" aus und stellt sich der Polizei unter der Bedingung, daß er nach seiner Entlassung aus dem Gefängnis einen Paß bekommt. Auf dem Polizeipräsidium muß er noch einmal seine Uniform anziehen, worauf er sich im Spiegel betrachtet und in ein unbändiges Gelächter ausbricht mit dem Ausruf: „Unmöglich!" (VII, 446)

Parallel zu dieser Geschichte des Systemopfers Voigt hat Zuckmayer die Geschichte der Hauptmannsuniform geschrieben, die Voigt schließlich benutzt: sie wurde ursprünglich bei Wormser von dem korrekten Hauptmann von Schlettow in Auftrag gegeben, der sie, nachdem alle Mängel daran beseitigt sind (die Gesäßknöpfe sitzen nicht vorschriftsmäßig), aber nicht tragen kann, weil er sich gezwungen sieht, seinen Abschied einzureichen. Als er im Café National in Zivil – für Offiziere ist das Lokal verboten – einen randalierenden betrunkenen Grenadier zur Ordnung ruft, gerät er mit diesem in ein Handgemenge, da er sich auf die Autorität seines militärischen Ranges beruft, die er ohne Uniform nicht beweisen kann (Grenadier: „For mir biste'n deemlicher Zivilist!" [VII, 347]). Schlettow kostet dies seine Karriere. Damit hat Zuckmayer einen „Gegenmythos" geschrieben, nämlich die Tragödie vom „echten Hauptmann in Zivil" im Gegensatz zum „falschen Hauptmann in der Uniform".[67]

Von Schlettow bei Wormser in Kommission gegeben, wird die Uniform von dem eben zum Reserveoffizier beförderten Verwaltungsbeamten Dr. Obermüller erstanden, der schließlich als Bürgermeister von Köpenick mit Voigt zusammentreffen wird. Als Obermüller die Uniform wegen zunehmender Leibesfülle nicht mehr paßt, wird sie von Auguste, der Tochter Wormsers auf einem von Wormser arrangierten Kaisermanöverball getragen, und da sie dabei mit Sekt verunreinigt worden ist, gerät sie schließlich an den Kleiderjuden Kracauer, von dem sie Voigt erwirbt.

So steht die Biographie der Uniform neben der Biographie Voigts. Erst beide werden vereint ausziehen, um die Welt zu besiegen. In einer szenischen Reportage, die vom expressionistischen Stationendrama abgesehen ist, die an die Bilderbogen der Moritaten gemahnt – Brechts ‚Dreigroschenoper‘ war gerade 1928 herausgekommen – und an die Technik des Films, den er in den vorangehenden Jahren nicht nur studiert, sondern für den er auch gearbeitet hatte, hat Zuckmayer in fast alternierenden Szenen das Schicksal beider „Helden“ gestaltet.

Im Untertitel nennt er das Stück „Ein deutsches Märchen in drei Akten“. Warum, ist zu klären: Einmal gibt es im Stück selbst einen Bezug auf die deutsche Märchenwelt, wenn Voigt einem todkranken Mädchen, das bei Hoprechts zur Untermiete wohnt, das Grimmsche Märchen von den Bremer Stadtmusikanten vorliest. Mit dem folgenden – ungenauen – Zitat daraus beschließt Zuckmayer sein Stück: „‚Komm mit‘, sagt der Hahn, ‚etwas Besseres als den Tod werden wir überall finden!‘“ (VII, 446) Und als Motto hat er folgendes Zitat aus dem Grimmschen Märchen ‚Rumpelstilzchen‘ vorangestellt: „‚Nein‘, sagte der Zwerg, ‚laßt uns vom Menschen reden! Etwas Lebendiges ist mir lieber als alle Schätze der Welt!‘“,[68] ein Motto, das mit dem Stichwort „Mensch“ ein Schlüsselwort für die Interpretation des Dramas vorgibt. Ingeborg Engelsing-Malek hat das Drama mit Grimmschen Märchen verglichen und glaubt, folgende Entsprechungen und Divergenzen zu erkennen: „Schon das Hauptthema, der Gehorsam der realen Welt gegenüber der Kraft, der auf Gott vertrauenden Seele, entspricht den von den Brüdern Grimm gesammelten Märchen. Hier wie dort gibt es keinen echten Gegenspieler oder wahren menschlichen Konflikt. Der Held kämpft allein gegen das Böse, im *Hauptmann von Köpenick* gegen die anonyme und unbegreifliche Macht der Behörde. Aber wie im Märchen bahnt sich schließlich das Gute seine Bahn. Doch braucht der Held die Hilfe einer höheren Macht, um die von Menschen gemachten Verordnungen zu überwinden, die ihn zu verschlingen drohen. Wilhelm Voigt gleicht dem jüngsten und oft dümmsten Bruder im Märchen, dem es gelingt, den Zauber zu lösen. Die Uniform ist das Symbol der Menschenordnung, die nur dann erfolgreich bekämpft werden kann, wenn man sich ihrer Zauberkraft bedient. Sie entspricht etwa der Tarnkappe des bösen Zwergs. Der Paß ist das Zeichen der Freiheit und der Menschlichkeit, das errungen werden soll und hat hier dieselbe Funktion wie die Hand der Königstochter und das halbe Königreich. [...] Wie im Märchen wird der Held allerlei Prüfungen unterzogen, die er schließlich besteht. Die Ironie des Stückes – und darin unterscheidet es sich vom Volksmärchen – besteht darin, daß es keine wahre Lösung hat, sondern nur in einem kurzen Augenblick des gegenseitigen Verständnisses endet."[69] In der Tat wird im Stück selbst auf die Zauberkraft der Uniform verwiesen (Obermüller: ,,So ne Uniform hebt entschieden – es geht ein gewisser Zauber von ihr aus –" [VII, 369]).

Zuckmayer selbst verweist nochmals auf den Märchencharakter des Stückes, wenn er seine Charakterisierung im Programm des Deutschen Theaters vom 5. März 1931 mit dem ,Rumpelstilzchen'-Zitat beginnt und die Fabel anschließend im parataktischen ,,es war einmal"-Stil des Märchens erzählt. Zunächst berichtet er die Geschichte Voigts und dann – anscheinend gleichberechtigt – die der Uniform: ,,Es lebte aber in der Stadt Berlin eine Uniform, gemacht vom besten Schneider zu Potsdam für einen Hauptmann vom Ersten Garderegiment zu Fuß. Die wollte auch keiner mehr haben, denn sie hatte ein gutes Alter auf dem Buckel und hatte bis zum Nähteplatzen ihre Pflicht getan. In einem Trödlerladen, der letzten Zuflucht alles Ausrangierten, trafen die beiden zusammen, und da jeder

zu nichts mehr nütze war, heirateten sie. So wurde der Hauptmann von Köpenick geboren.''[70] Unverkennbar in diesem Zitat sind die wörtlichen Anklänge an die ‚Bremer Stadtmusikanten‘, wo die Tiere zwar vereinzelt als alt und unnütz von ihren
Besitzern abgelehnt werden, vereint aber durchaus erfolgreich
ihre eigene Welt schaffen können. Auch das Motiv der Täu-
schung der Räuber durch angeblich andere, furchterregende
Gestalten entspricht der Besiegung der Uniformen durch die
Uniform.

Aber all das sagt doch nichts über das Warum des Märchen-
vorwurfs. Zuckmayer selbst scheint zum Schluß seines Essays
einen Hinweis zu geben, wenn er schreibt: *,,Denn es ist ja nichts
Neues, was es erzählt, sondern es ist ein deutsches Märchen"* und,
wie alle Märchen längst vorbei – vielleicht überhaupt nicht
wahr? – und nur ein Gleichnis für das, was nicht vorbei ist!''[71]
Und in seiner Autobiographie ‚Als wär's ein Stück von mir‘
rechtfertigt er die Märchenelemente ähnlich: ,,Von der ursprünglichen Eulenspiegel-Idee blieb der Märchengedanke. Eine Geschichte, auch im Komödienton, märchenhaft zu erzäh-
len, schien mir der Weg, sie über den Anlaß hinaus mit über-
zeitlichem Wahrsinn zu füllen.'' (II, 455) Durch die Märchenelemente will Zuckmayer also ins Zeitlose verweisen und der
Geschichte einen überzeitlichen Wahrheitsgehalt vermitteln.

Das Drama wurde 1931 durchaus als Politikum rezipiert, als
Kritik am preußischen Uniformgeist und Kadavergehorsam.
Die Satire ist da, aber das Lachen von links ist genauso gerechtfertigt wie der Dummstolz von rechts. – Am Ende des Stücks
hat selbst der Kaiser gelacht, ,,und stolz war er noch drauf.''
(VII, 438) – Ausdruck einer Selbstsicherheit, die weiß, daß
zwar ein Voigt das System mit seinen eigenen Waffen schlagen
kann, daß sich damit das System aber keinesfalls ändern wird.
So gibt gerade dieses Lachen zu denken.[72]

Immer wieder demonstriert Zuckmayer die unmittelbare
Wirkung der Uniform, unabhängig vom Mann, der sie trägt;
immer wieder demonstriert er, wie der Militarismus alle Berei-
che des Lebens umfaßt und durchdringt, aber sein satirischer

Angriff ist nicht auf die Menschen gerichtet, sondern nur auf das System, das so von dem Prinzip der Ordnung, wie es sich im Militär verkörpert, besessen ist, daß es den Menschen darüber vergißt. Auf die Spitze getrieben wird diese Kritik in der großen grundsätzlichen Diskussion zwischen Hoprecht, dem staatsgläubigen Schwager Voigts, und Voigt selbst. Beide sind vom System ungerecht behandelt worden – Hoprecht ist bei der letzten Militärübung nicht zum Vizefeldwebel befördert und Voigt ist eben wieder ausgewiesen worden. Der Mensch steht damit einer Ordnung gegenüber, die seinen Bedürfnissen nicht dient, wobei für Zuckmayer der Mensch – im Einklang mit dem Zitat aus den ‚Bremer Stadtmusikanten‘ – den höchsten Wert darstellt. Dabei will Voigt eigentlich sehr wenig: Er will das Recht, sich in seiner Heimat aufhalten und dort arbeiten zu dürfen, um mit seinen Landsleuten in seiner Muttersprache, die für ihn Heimat repräsentiert, kommunizieren zu können. Diese wenigen Grundrechte versagt ihm der Staat, den der gläubige Untertan Hoprecht immer wieder mit dem Begriff der angeblich notwendigen ,,Ordnung" – wie ,,Mensch" ein Schlüsselwort des Stückes – verteidigt:

HOPRECHT [. . .] Wir leben in'n Staat – und wir leben in ne Ordnung – da kannste dir nich außerhalb stellen, das darfste nich! So schwer's auch fällt – da mußte dich wieder reinfügen!

VOIGT Wo rein? In Staat? In ne Ordnung? Ohne Aufenthalt? Und ohne Paß?

HOPRECHT Einmal kriegste's doch! Einmal kommste doch wieder rein!

VOIGT So – und wat soll ick drinnen? Wat hilft et mir denn? Da wer'ck noch lange kein Mensch von!

HOPRECHT 'n Mensch biste überhaupt nur, wenn du dich in ne menschliche Ordnung stellst! Leben tut auch ne Wanze!

VOIGT Richtig! Die lebt, Friedrich! Und weißte, warum se lebt? Erst kommt de Wanze, und dann de Wanzenordnung! Erst der Mensch, Friedrich! Und dann de Menschenordnung!

HOPRECHT Du willst dich nich unterordnen, das isse's!

Wer'n Mensch sein will – der muß sich unterordnen, verstanden?!

VOIGT Unterordnen. Jewiß! Aber unter wat drunter?! Det
will ick janz jenau wissen! Denn muß de Ordnung richtig
sein, Friedrich, det isse nich! (VII, 406)

Hoprecht besteht darauf, daß die Ordnung in Preußen ,,rich-
tig" sei. Das Menschliche sieht er nur in Gruppeneinordnung –
in Reih und Glied – gewährleistet. Ja, die staatliche Ordnung
wird für ihn so absolut, daß er lieber den einzelnen Menschen
als Opfer der Ordnung sehen möchte, als die Ordnung selbst in
Frage zu stellen. Der Slogan der folgenden Jahre, ,,Du bist
nichts, dein Volk ist alles!", kündigt sich in seiner servil-kon-
servativen Haltung an. Dabei ist Hoprecht durchaus nicht ne-
gativ gezeichnet: er ist der einzige, der Voigt die Hand zum
Willkommen entgegenstreckt. Die Mehrzahl der biederen,
pflichttreuen kleinen Beamten in Deutschland wird durch ihn
repräsentiert.

Wie die oben zitierte Dialogpartie demonstriert, ist Voigt
durchaus nicht dumm; ja, schon in der zweiten Szene im Potsdamer Polizeibüro weist er sich durch seine Schlagfertigkeit
und sein plastisches Berliner Formulierungsvermögen aus. Der
plumpen Redensart des Oberwachtmeisters ,,Wer einmal auf
die schiefe Bahn gerät" stimmt er viel anschaulicher zu: ,,Da
hamse janz recht. Det is, wie wennse ne Laus uff ne Glasscheibe
setzen. Da kannse nu krabbeln und krabbeln und rutscht ejal
immer wieder runter." (VII, 332) In der (zwölften) Szene mit
dem lungenkranken Mädchen bei Hoprechts wird er gar zum
Mimen, zum Schauspieler, wenn er die ,,Hofsänger" imitiert
oder wenn er ihr die Schönheit des Riesengebirges vorstellt.
Erst durch den Tod des Mädchens kommt er zu der Erkenntnis, daß er selbst die Initiative ergreifen muß, wenn er seinem
Leben noch einen Sinn geben will. Vorher wird Voigt als Spin-
tisierer charakterisiert, der in der Einsamkeit seiner Gefängnis-
zelle ,,son janz leises rieselijes Knistern, janz von innen ausn
Stein raus" hört (VII, 361), wie ja die Schuster – man denke an
Jakob Böhme – schon immer eine Beziehung zum Metaphysi-

schen hatten. Jetzt hat er tatsächlich eine innere Erleuchtung, indem er, wie er Hoprecht berichtet, auf seine innere Stimme hört: „Da hatse jesprochen du, und da is alles totenstill jeworden in de Welt, und da hab ick's vernommen: Mensch, hatse jesagt – einmal kneift jeder'n Arsch zu, du auch, hatse jesagt. Und denn, denn stehste vor Gott dem Vater, stehste, der allens jeweckt hat, vor dem stehste denn, und der fragt dir ins Jesichte: Willem Voigt, wat haste jemacht mit dein Leben? Und da muß ick sagen – Fußmatte, muß ick sagen. Die hab ick jeflochten im Jefängnis, und denn sind se alle druff rumjetrampelt, muß ick sagen. Und zum Schluß haste jeröchelt und jewürcht, um det bißchen Luft, und denn war's aus. Det sagste vor Gott, Mensch. Aber der sagt zu dir: Jeh wech! sagt er! Ausweisung! sagt er! Det biste mir schuldig! Wo is et? Wat haste mit jemacht?! *Ganz ruhig* Und denn, Friedrich – und denn is et wieder nischt mit de Aufenthaltserlaubnis." (VII, 408 f.) Mit dieser Äußerung erweist sich Voigt als ein typisch Zuckmayerscher Held, der sich nicht mit der Zufälligkeit seines Schicksals zufrieden gibt, sondern sich aktiv um seine ihm gemäße Lebensform bemüht. Zweitens zeigt sie, daß es Voigt bei seinem Husarenstück nicht nur um den äußeren Vorwand, den Erwerb eines gültigen Passes geht, sondern um die Wiederherstellung seiner Menschenwürde, um seine Entwicklung von einer als „Fußmatte" behandelten, getretenen Kreatur zum aktiv sein Schicksal selbst bestimmenden Menschen. – Als man ihm auf seine Frage hin im Köpenicker Rathaus erklärt, es gäbe dort keine Paßabteilung, bricht durchaus keine Welt für ihn zusammen, sondern er kommentiert: „Na – darauf kommt's nu auch nich mehr an." (VII, 427) Drittens steckt in dem Zitat Voigts ein Stück Theologie: Das Leben ist ein dem Menschen von Gott anvertrautes Gut, mit dem er so gut wie möglich zu wirtschaften hat.[73]

Der Gegensatz von Mensch und Ordnung wird in der Umkehrung im Falle des Hauptmanns von Schlettow wiederholt, der, genau wie Hoprecht, ebenfalls als durchaus anständiger, positiver Charakter vorgestellt wird. Von Schlettow hat sich so sehr in die Ordnung, das preußische Militär, eingefügt, daß er keine individuellen Züge mehr hat. In Zivil im Café National fühlt er sich äußerst unwohl. Er kann sich nur im Stakkato des Offiziersjargons ausdrücken, und der Stechschritt ist für ihn symbolischer Ausdruck der Ordnung. Als mit der Verwicklung in die Prügelei und der anschließenden Verhaftung seine Offiziersehre befleckt ist, gibt es für ihn keine andere Wahl mehr, als seinen Abschied einzureichen. Nach Schuld zu fragen, fällt ihm nicht ein, denn: ,,Soviel Pech darf'n Soldat nich haben, das is es. Unglück is auch'n Versagen.'' (VII, 352) Nur für einen Augenblick glaubt er den tröstenden Worten des kleinen, buckeligen Zuschneiders Wabschke, der gerade in diesem Moment kommt, um die neue Uniform abzuliefern: ,,Ick meine nur [. . .], det Militär is ja sehr scheen, aber es is nu wirklich nich det einzige uff de Welt. De Welt is groß, und jeden Morjn jeht de Sonne uff. Wenn eener jung is – und jesund – und grade Knochen hat – ick meine – wenn eener 'n richtiger Mensch is, det is doch de Hauptsache, nich?'' Darauf von Schlettow ,,*allein* Vielleicht – vielleicht hat er recht – Nee, pfui!'' (VII, 353 f.) Einmal mit der Ordnung eins geworden, kann er sich nicht von ihr lösen, kann er keine alternative Lebensmöglichkeit anerkennen, die ihm gleich achtenswert erscheinen würde. In der preußischen Welt der Uniformen sehen nur diejenigen im individuellen Menschen einen Wert, die vom Staat ausgestoßen wurden, wie Voigt, oder solche, die aufgrund ihrer körperlichen Gebrechen von der Teilnahme an dem Uniformfetischismus ausgeschlossen sind, wie Wabschke.

Auch wenn er den Rang eines Leutnants der Reserve anstrebt, u. a. aus gesellschaftlichen Gründen und um damit seiner Karriere zu dienen, kann man dem späteren Bürgermeister von Köpenick, Dr. Obermüller, eine idealistische Überzeugung nicht absprechen. Obermüller ist, wie viele andere höhere Beamte seiner Zeit, fest von dem Wert der preußischen Staatsordnung überzeugt, wenn er zu Wormser sagt: ,,Das Große is bei uns die Idee des Volksheeres, in dem jeder Mann den Platz einnimmt, der ihm in der sozialen Struktur der Volksge-

meinschaft zukommt. Freie Bahn dem Tüchtigen! Das is die
deutsche Devise! Die Idee der individuellen Freiheit ver-
schmilzt bei uns mit der konstitutionellen Idee zu einem ent-
wicklungsfähigen Ganzen. Das System ist monarchisch – aber
wir *leben* – angewandte Demokratie! Das ist meine Überzeugung!" (VII, 369) Daß er im ehelichen Schlafzimmer bei der
vergeblichen Anprobe der zu klein gewordenen Uniform eine
lächerliche Figur abgibt, darf nicht darüber hinwegtäuschen,
daß er als Beamter unbestechlich ist, indem er sich wirtschaftlichen Interessen gegenüber absolut neutral zeigt. Und wenn er
sich nach mehreren halbherzigen Widerstandsversuchen von
dem falschen Hauptmann düpieren läßt, ist er damit nur ein
Opfer seines eigenen, systemkonformen Denkens. Selbst Voigt
verteidigt ihn in der Schlußszene gegen den Vorwurf des Poli-
zeidirektors: ,,Das muß ein schöner Trottel sein, der Herr Bürgermeister Obermüller!" mit den Worten: ,,Sagense det nich,
Herr Direktor! Der Mann is gar nich so uneben. Det wär Ihnen
jenau so ergangen – det liecht in der Natur der Sache."
(VII, 443)

Voigt benutzt schließlich seine Einsicht in den Mechanismus
des Systems dazu, *einmal* als Teil der Ordnung zu gelten und
nicht als Fußmatte. Der Uniformhändler Wormser dagegen
lebt dauernd von der Schwäche seiner Mitbürger. Mit jovialer
Schnoddrigkeit hat er für alle Gelegenheiten Sprüche parat,
schmeichelt er seinen Kunden und redet ihnen nach dem Munde, um sich nach ihrem Fortgehen über sie zu mokieren; so
nach Obermüllers Abgang (,,Was heutzutag nich alles Offizier
wird!" [VII, 370]). Er ist eindeutig die am negativsten gezeich-
nete Gestalt des Stückes.

Fast alle Gestalten haben zwar individuelle Züge; gleichzeitig
aber fungieren sie als Vertreter bestimmter sozialer Gruppen,
treten sie als typische Vertreter ihres Standes auf. Auch dies
bestätigt die These, daß Zuckmayer hier keine Menschen an-
greift, sondern nur das System als Ganzes, in dem alle einen
Tanz um den Gott Uniform ausführen. Diese ,,positive Methode" wurde schon in den Kritiken der Uraufführung aner-

kannt, so wenn Bernhard Diebold schrieb: ,,Nicht gegen Menschen geht das Märchen. Kein Rechter braucht sich zu schämen. *Positive Methode!* Die Tendenz sammelt Menschen und entzweit sie nicht. Es geht nur gegen das System, dem selbst der Hauptheld nicht entgeht. Nur die Zustände sind vom Spott überschüttet.''[74]

Die Kritik dieses Verfahrens kam u. a. aus der Feder des ostdeutschen Kritikers Paul Rilla, der in einem brillanten Aufsatz über ,,Zuckmayer und die Uniform'' mit ‚Des Teufels General‘ abrechnete und gleichsam nebenbei auch auf den ‚Hauptmann von Köpenick‘ anlegte: ,,Welches Gelächter weckt die Komödie Zuckmayers? Schon vor sechzehn Jahren konnte man erkennen, daß dies kein satirisches Zeitbild, sondern eine Illuminierung jenes preußischen Idylls war, dessen Frostigkeit durch Zuckmayers süddeutsches Geblüt erwärmt wird, bis die Kahlheit gemütvoll zu blühen beginnt. [...] Zuckmayer zeichnet die subalterne Unmenschlichkeit der bürokratischen Maschinerie, in deren Räderwerk der Schuster Voigt gerät. Aber die subalternen Repräsentanten zeichnet er als die Arrivierten einer Beschränktheit, die eher liebenswert als verabscheuenswürdig wirkt. [...] satirische Gestaltung ist seine Sache nicht, und das idyllische Verfahren, das er anhängig macht, verfehlt die Sache. Diese ausgleichende dramatische Gerechtigkeit bleibt ein Unrecht am Stoff.''[75] Was Rilla damit indirekt bemängelt, ist Zuckmayers Unverbindlichkeit, der Mangel eines Standpunktes, der sich auf eine Sozialdoktrin wie etwa den Marxismus stützt. Zuckmayers einzig verbindlicher Standpunkt ist eben der der Menschlichkeit, des Humanismus, der sich scheut, in Menschen *nur* Deformationsprodukte eines als kritik- und änderungsbedürftig erkannten Systems zu sehen, sondern in erster Linie Menschen.

Die einfühlende, milieugerechte Zeichnung von Menschen, die genaue, dem Munde abgesehene Nachgestaltung des Dialekts ist seine Stärke, und dadurch gewinnen seine Gestalten zwangsläufig an Sympathie. Man müßte sich deshalb vielleicht noch pointierter fragen, ob eine Verbindung von Volks- und

Zeitstück möglich ist, ohne daß die satirische Intention dabei ihren Stachel einbüßt. Zumindest bleibt nur eine „lachende Satire" übrig. Die sozialkritische Wirkung des ‚Hauptmann von Köpenick' wird darüber hinaus stark von der Art der Inszenierung abhängen, die entweder die komödienhaften, die märchenhaften, die sentimentalen oder aber die sozialkritischen Elemente darin in den Vordergrund rücken kann.

Als die große Gefahr des Volksstückes erweist sich auch hier wieder das Abrutschen ins Sentimentale, eine Gefahr, die nicht nur angesichts des Schusters und seiner getretenen Existenz gegeben ist, die unser Mitleid herausfordert. Ganz sicherlich ist ihr Zuckmayer auch in der (zwölften) Szene mit dem kranken Mädchen erlegen. Schon Alfred Kerr stellte dazu in seiner Kritik der Uraufführung fest: „Er [Zuckmayer] verwechselt leider ‚dichterisch' mit ‚sentimental'. Das kranke Mädchen wird furchtbar. (Auch darstellerisch das einzig Üble. ‚Man zermalme dieses Weib.')"[76]

Abgesehen von diesem Lapsus, der mit der Einführung des Märchens von den Bremer Stadtmusikanten mit seinem den Primat des Menschen betonenden Motto und seiner tatmotivierenden Wirkung auf Voigt durchaus eine dramatische Funktion hat, ist Zuckmayer hier sowohl in der genialen Gesamtkonzeption, als auch in der Milieu- und Charakterzeichnung – er erreicht hier sein Vorbild Hauptmann – sein bestes Drama geglückt, das auch an Bühnenwirkung alle seine anderen Stücke übertrifft. Wegen seiner Kritik am preußischen Uniformgeist war es nach dem Zweiten Weltkrieg ebenfalls wieder ein großer Erfolg.

Der Mensch und die göttliche Ordnung: ‚Der Schelm von Bergen'

Auf den ersten Blick hat das irgendwann im Mittelalter angesiedelte „Schauspiel in einem Vorspiel und drei Akten" ‚Der Schelm von Bergen' (1934),[77] das Zuckmayer im August 1932 begonnen und im November 1933 vollendet hatte, nichts mit dem ‚Hauptmann von Köpenick' gemeinsam; genauer besehen, ist es jedoch das Gegenstück zu seinem Vorgänger.

„Die Handlung spielt in der Zeit und im Raum der Legende. Tracht und Bild etwa im Stil der ‚primitiven Meister'", schreibt Zuckmayer (VIII, 8): Auf der Rheininsel Kaiserswerth treffen der Kaiser und seine Vasallen zur Kindtaufe bei dem Schwager des Kaisers, dem Grafen von Bergen, ein. Gleichzeitig will der Kaiser seine Stellung festigen, „stark Reichsmacht" (VIII, 14) aufrichten. Die Gräfin von Bergen enthüllt ihrer Schwester, der Kaiserin, daß sie einem bestimmten Rat des alten Scharfrichters folgend nach langer Ehe ein Kind erwarte. Als die Kaiserin nun ebenfalls anonym den Scharfrichter aufsucht, trifft sie dort unerkannt dessen sich als Adeligen gebenden Sohn Vincent, und beide verlieben sich in einander. Dies führt zur „Begegnung", die ihr nach Ansicht des Scharfrichters mangelt. Sie trifft sich mit Vincent auf „offener Heide zwischen Wald und Moor" (VIII, 44). Während der Kaiser den Aufruhr einiger seiner Vasallen niederschlägt, will die Kaiserin mit Vincent fliehen. Aber der sie ohne Hoffnung liebende Kammerherr Lemosier hat ihren inneren Zustand erkannt und macht ihr klar, daß sie an die göttliche Standesordnung gebunden ist und ihr nicht entfliehen kann. Dieselbe Lehre muß auch Vincent annehmen, der in Holland eine Flucht plante, nicht in ein Land der Utopie, sondern „dorthin, wo Freiheit Kämpfen heißt – und wo das Leben dem gehorcht, der sich's erzwingt." (VIII, 57), wo also nicht der angeborene Stand, sondern die persönliche Leistung entscheidend ist. Sein kurz vor dem Tode stehender Vater weist ihn darauf hin, daß er sein Nachfolger werden muß. Seinem Stand (sprich: Schicksal) kann niemand entrinnen: „Das Mal des Standes ist uns eingebrannt – und keiner ätzt es weg. Auch wenn du fliehst – bleibst du der Henkersohn." (VIII, 69) Bei einem Mummenschanz, bei dem der Kaiser seinen Sieg über die Aufständischen feiert, tanzen die Kaiserin und Vincent noch einmal miteinander, indem sie in den symbolischen Figuren des Tanzes ihre Begegnung wiederholen. Lemosier erkennt Vincent an seinen Händen. Die Kaiserin erwirkt jedoch durch die Enthüllung ihrer Schwangerschaft seine Begnadigung durch den Kaiser, der Vincent zum Ritter schlägt und damit nicht nur den Fluch der Unehrlichkeit seines Berufs von ihm nimmt, sondern durch den adelnden Effekt der Berührung mit der Kaiserin die göttliche Standesordnung bestätigt.[78]

Die Ordnung, die im ‚Hauptmann von Köpenick‘ eine falsche, von Menschen gesetzte war, die den einzelnen zu zermalmen imstande ist, ist nun eine göttliche Standesordnung, die der einzelne nicht mehr durchbrechen kann und darf, weder von oben nach unten (Kaiserin), noch von unten nach oben (Henkerssohn Vincent). Das Korrektiv, das den einzelnen mit der Ordnung des Ganzen versöhnt, ist die Gnade, die Verzeihung des Kaisers, der damit das göttliche, richterliche, aber verzeihende Prinzip repräsentiert.

Lemosier ist der Verteidiger des Ordnungsprinzips der Kaiserin gegenüber, genauso wie der Scharfrichter die Standesordnung seinem Sohne gegenüber verteidigt. So läßt Zuckmayer Lemosier zur Kaiserin sagen:

> Es ist nur gut, was wächst. Doch muß es zwiefach wachsen. Aus der Erd auf zum Himmel – und vom Licht herab zur Erden. Denn in *solcher Zwieheit ist der Mensch gedacht!* Und was ihn hält, daß er sich nicht verliert nach oben oder unten, daß ihn die Erde nicht verschlingt, das Himmelsfeuer nicht verbrennt – ist sein geheiligt unkündbar Bündnis mit dem Höchsten: *ist sein Stand!*

KAISERIN Der Stand ist heilig? Heiliger als das Herz?
LEMOSIER Der Stand ist alles. Denn er ist das Ganze, und das Herz ein Teil. (VIII, 62 f.)

Wer aus dem Stand heraustrete, stürze ins Bodenlose. Deshalb muß die Kaiserin auf ihre Liebe zugunsten des Ganzen verzichten, erhält aber das ersehnte Kind als Zeichen der göttlichen Gnade, die im Richterspruch des Kaisers die Befreiung des Scharfrichtersohnes aus engen Standesgrenzen bewirkt:

> Niemals kann sie [die Kaiserin] an Seel und Leib erniedrigt werden, durch die Berührung einer niedren Hand. Doch wer von *ihr* berührt wird – ist *geadelt.* Drum soll er echten Adels teilhaftig sein und bleiben. [. . .]

Ich rühr dich an mit meiner Väter Schwert
Und füg dir zu, des ich der Mittler bin:
Den Schlag der Freiheit! Dreifach sei befreit!
Dem Dienst der Freiheit sei dein Kampf geweiht.
Sei frei von dem was schlecht und niedrig macht!
Sei frei zu großem Sinn, wie du von Gott gedacht!
Sei frei zur Wehr und Mehrung höchsten Rechts!
Sei Vater eines wahrhaft adligen Geschlechts! (VIII, 91)

Die Freiheit von etwas wird ergänzt durch die Beantwortung der von Nietzsche aufgeworfenen Frage der Freiheit wozu, wobei die Akzeptierung des eigenen Schicksals mit der Liebe Gottes – das Schicksal ist von Gott gegeben – identisch ist. Daraus ergibt sich logisch die dritte Freiheit: „Es genügt jetzt nicht mehr, das von Gott gegebene Schicksal in freier Selbstbestimmung zu erfüllen, sondern der Mensch muß dazu beitragen, die Gesetze, die dieser Freiheit dienen, zu schützen und zu vermehren. ‚Mensch‘ und ‚Menschenordnung‘ werden nicht mehr feindlich gegenübergestellt. Die Synthese ist jetzt erreicht und beide stehen unter dem Schutz Gottes."[79]

Der inneren Harmonie entspricht ein streng symmetrischer Aufbau des Dramas, das von der Freiheit zur Ordnung und schließlich zur dialektischen Synthese, der Versöhnung im dritten, undramatischen Akt fortschreitet. Zuckmayer spielt mit der Sprache, die sowohl altertümlich, als auch dialektgebunden ist, ja er spielt mit Dialekten bis zum Punkt der Unerträglichkeit. Vorausdeutende Symbolik beherrscht das Stück, so wenn der alte Scharfrichter ein altes Obstbäumchen mit einem neuen Reis, das ihm Kraft geben soll, okuliert (VIII, 32 f.); wenn das Liebesverhältnis Kaiserin/Vincent in einem Tagelied vorausgenommen wird (VIII, 25); wenn der Kaiser den aufständischen Vasallen verzeiht (VIII, 64 f.); wenn sowohl Petrus Scheitpsalter, der Erzbischof von Mainz, als auch der alte Scharfrichter und die Kaiserin für Gnade bzw. Gnade und Wunder eintreten (VIII, 65, 70, 74); wenn der alte Scharfrichter wie ein Baum, der im Herbst die Blätter verliert, im Einklang mit der Natur stirbt. Symbolisch ist der Tanz der Liebenden auf dem Mum-

menschanz, der wilde Ort (gesellschaftsfern), wo sie sich treffen. Ins Zeitlose erhöht werden bestimmte Szenen, wie die der
Begegnung der Liebenden, durch Wechsel in die Verssprache.

Zuckmayer wollte kein realistisches Drama schreiben, keine
Zeitkritik üben wie im ‚Hauptmann von Köpenick‘. Deshalb
wählte er auch keine konkrete mittelalterliche Umgebung, sondern die Blütezeit des mittelalterlichen Kaisertums schlechthin.
So schreibt er selbst im Programmheft der Uraufführung: ,,In
einer Zeit, der die Idee wirklicher und wirksamer erschien als
die materielle Wirklichkeit, wurzelt die Gestalt des Kaisers im
‚Schelm von Bergen‘, ihre Anschauung und ihr Urteilsspruch.
Sie steht in der Zeit und im Raum der Legende. Sie hat keinen
Kaiser zum Vorbild, der gelebt hat und historisch zu fixieren ist
– sondern das Kaisertum, wie es von denen geschaut wurde,
die an das Heilige Reich der Deutschen glaubten.‘‘[80] Da es
Zuckmayer um die grundsätzliche Frage vom Recht des einzelnen gegenüber einer positiven, göttlichen, gerechten Ordnung
ging, wählte er eine selbst von den Zeitgenossen idealisierte
Zeit und eine Gesellschaft, in der göttlicher Wille und Standesordnung als in völligem Einklang befindlich angesehen wurden. Obwohl der konservative Grundtenor des Dramas nicht
zu leugnen ist, liegt doch auf der Hand, daß Zuckmayer hier
kein mittelalterliches Ordo-Prinzip verteidigen wollte oder gar
sozialer Mobilität ablehnend gegenüberstand. Die Standesordnung drückt lediglich die Gottgesandtheit des Einzelschicksals
aus, die Anerkennung seines Schicksals, seiner Grenzen durch
den einzelnen; die Gnade des Kaisers die Gnade Gottes, die,
wenn akzeptiert, dem einzelnen eine neue Freiheit schenkt.

Es hieße Zuckmayer mißverstehen, wollte man das Drama
als ,,eine versteckte Sympathieerklärung für den Austrofaschis-
mus des am 25. Juli 1934 ermordeten [österreichischen] Kanz-
lers Dollfuss und den von ihm propagierten Ständestaat‘‘[81] an-
sehen. Richtig ist allerdings, daß vorsichtig angedeutete Zeit-
bezüge nicht fehlen. So sieht Zuckmayer im Nachhinein in der
sich selbst überwindenden Haltung des Kaisers – ähnlich wie
z. B. auch in der Welt des Gunderloch im ‚Fröhlichen Wein-

berg' – „bestes, ja adeliges Deutschtum, Volkstum" verkörpert.[82] Und wenn der alte Scharfrichter sich sicher ist, daß ihn
das Volk ggf. steinigen würde, so mag man darin einen Bezug
auf die Massenaufputschung durch die Nazis sehen.[83] Doch das
sind nur vorsichtige Anspielungen. Auch die Tatsache, daß das
Stück als erstes nicht mehr in Berlin uraufgeführt werden
konnte, sondern am 6. November 1934 im Wiener Burgtheater, bedeutet nicht, daß es sich etwa als Exildrama, als „Flucht
in die Vergangenheit" interpretieren ließe, war es doch schon
1932 begonnen worden. Berechtigt ist aber gerade deshalb der
Einwand, daß ein Drama mit primär metaphysischen Fragestellungen der Zeit um 1933 nicht mehr gerecht wurde. So ist
es denn kein Wunder, daß es sich schon damals, aber auch nach
dem Zweiten Weltkrieg auf der Bühne nicht durchsetzen
konnte.[84]

Hymne auf Leben und Liebe: ‚Ulla Winblad' (‚Bellman')

Zuckmayers Beschäftigung mit der Gestalt des schwedischen
Anakreontikers Carl Michael Bellman (1740–95) geht, wie im
biographischen Teil erwähnt, bis in seine Heidelberger Studentenzeit zurück, resultierte aber erst 1938 in einem ‚Bellman'
betitelten Drama, das mit Paula Wessely in der Hauptrolle am
Wiener Theater in der Josephstadt uraufgeführt werden sollte,
als – gerade wollte man mit den Proben beginnen – statt dessen
auf der politischen Bühne der Anschluß Österreichs inszeniert
wurde. So kam es wenig später, am 17. November 1938, zur
Uraufführung im Zürcher Schauspielhaus, aber Zuckmayer
war nun mit dem Stück so unzufrieden, daß er es gleich nach
dieser Vorstellung wieder absetzen ließ. Wie er rückblickend
schreibt, hatte es sich bei dieser Vorstellung für ihn herausge-
stellt, daß er das Stück falsch angelegt hatte, „nämlich durch
eine Belastung der Bellmanfigur mit den dramatischen Akzen-
ten einer Staatsaktion, mit der nichts zu tun hatte. Dichter
und Musikanten sind keine dramatischen Handlungsträger,
und ihre Aktivität liegt wohl gerade darin, daß sie außerhalb

80

ihrer Phantasie- und Liebeswelt nur sind und nicht handeln. So wurde in der Neufassung ‚Ulla Winblad‘ zur Titelgestalt und zur Trägerin einer bewußt vordergründig gehaltenen Handlung [. . .].“[85] Diese Neufassung des Stückes, das nun den vollständigen Titel ‚Ulla Winblad oder Musik und Leben des Carl Michael Bellman‘ trug, wurde erst im Oktober 1965 unter Hilperts Regie in Göttingen uraufgeführt. Es sei jedoch an dieser Stelle besprochen, weil es seiner ursprünglichen Konzeption nach mit dem ebenfalls in der Geschichte angesiedelten ‚Schelm von Bergen‘ eher zusammengehört als mit den Nachkriegsdramen ‚Des Teufels General‘ oder ‚Das kalte Licht‘.

Mit den geschichtlichen Daten, Fakten und Gestalten hat Zuckmayer, wie im ‚Schelm von Bergen‘, frei geschaltet und gewaltet: ,,Handlung und Gestalten sind mit der Historie nur locker verknüpft, das historische Detail ist daher auch für die äußere Darstellung nicht von Belang“, heißt es gleich zu Beginn (IX, 143), und im Anhang noch präziser: ,,Obwohl einige Grundzüge der Handlung, wie der Staatsstreich und die Ermordung Gustavs III., den historischen Tatsachen entsprechen, ist das Stück keineswegs als eine Darstellung geschichtlicher Vorgänge zu verstehen. Seine Fabel und ein Teil seiner Charaktere, zum Beispiel Baron ‚Lindkrona‘ (für den mit Absicht ein im Schwedischen kaum existierender Name gewählt wurde), sind frei erfunden.“ (IX, 245)[86] Ulla Winblad erhält eine Bedeutung und ein Schicksal, das sie in der Geschichte (als fragwürdige Muse eines Bacchuskreises um Bellman) kaum gehabt haben dürfte, und der historische Bellman selbst leiht dem Zuckmayerschen nur seine idealisierten Züge.

Die Handlung des in ein kurzes Vorspiel und acht Bilder locker gegliederten, immer wieder von Bellman-Liedern – Nachdichtungen Zuckmayers – unterbrochenen Stücks ist folgende: Bellman hat seine geliebte Ulla splitternackt im Bett eines schwedischen Dorfwirtshauses zurückgelassen; ihre Kleider sind als Pfand für seine unbezahlten Schulden verpfändet, während er zur Baronin Schröderheim unterwegs ist, um sie anzupumpen. Durch Vermittlung der befreundeten Casja Lisa trifft Ulla wieder mit dem Baron Lindkrona zusammen, dessen Heiratsantrag sie erst dann annimmt, als Bellman in den Schuldturm geworfen werden soll, er seine Freiheit aber durch Berufung auf seine intime Freundschaft mit der Baronin Schröderheim bewahrt. Während es Ulla schnell gelingt, die Zuneigung der sechs Söhne Lindkronas aus erster Ehe zu gewinnen, verliert dieser den gesellschaftlichen Kontakt mit seinen adeligen Standesfreunden. Der neue König, Gustav III., ein Schöngeist und Aufklärer, macht sich die Adeligen dadurch zu Feinden, daß er sie vieler angestammter Privilegien beraubt und Freundschaft mit Bellman schließt. Lindkrona verbündet sich mit einer Adelsverschwörung, um so den nun am Hofe zugelassenen Bellman, der Ulla zurückerobern will, auszuschalten. Der König wird ermordet, der schwerkranke, an Schwindsucht leidende Bellman verhaftet. Ulla ist Gefangene ihres Mannes, der in ihren Augen Königsmörder ist; sie entkommt mit Hilfe der Baronin Schröderheim. Bellman wird befreit, aber er stirbt mit dem Kopf an Ullas Brust gelehnt, bevor er nach Frankreich fliehen kann.

Wenn auch die politische Aktion um Gustav III. nicht mehr vorrangig ist, so ist Zuckmayer doch der Gefahr der Zweistrangigkeit der Handlung nicht entgangen, wobei sich die private Handlung um Ulla und Bellman nicht mit Notwendigkeit aus der politischen um Gustav III. und die Adelsrevolte gegen seine reformerische Politik ergab. Die Verzahnung beider Handlungsstränge ist nicht gelungen.

Auch die Suche nach Zeitbezügen, nach einer Erklärung durch die Exilsituation des Autors, nach Spiegelungen von politischen Gegenwartstendenzen um 1938 führt da nicht weiter. Außer ein paar vagen Anspielungen auf die Gegenwart, z. B. einen Konflikt mit Rußland auf diplomatischer Ebene oder die Einrichtung eines Kulturamtes, gibt es kaum Gegenwartsbezüge. Der These, Zuckmayer habe sich hier als Exilautor in die Geschichte geflüchtet, widerspricht wieder die schon viel früher beginnende Faszination für den Bellman-Stoff und die Bellman-Lieder.[87]

Der Grund für die Stoffwahl ist statt dessen wohl darin zu suchen, daß Zuckmayer in dem Bellman seines Stückes, wie auch im Schinderhannes und später im General Harras, ein idealisiertes Wunschbild seiner selbst gestaltet hat. So sieht z. B. Luise Rinser in der Regieanmerkung, die dem Auftreten Bellmans unmittelbar vorausgeht (IX, 165) eine Selbstdarstellung Zuckmayers.[88] Doch sollte man die Identifizierung Zuckmayers nicht unbedingt auf Bellman begrenzen; auch der König sagt vieles, was Zuckmayers Lebensgefühl ausdrückt. Entscheidend ist, daß er die Zeit des Rokoko und ihre idealisierten Gestalten gewählt hat, um seine eigene, dem Leben positiv gegenüberstehende Haltung, seinen Lebensoptimismus auszudrücken und seine Ablehnung aller Künstlichkeit, aller Intrigen zugunsten menschlicher Urinstinkte und Gefühle.[89]

Aber die Gesamtaussage des Dramas ergibt sich nicht nur aus den Worten Bellmans und des Königs, sondern aus der Wegsuche und den Fehlern einer ganzen Reihe von Hauptgestalten: Ulla, Bellman, dem König und Lindkrona. Von diesen ist Lindkrona zweifellos am negativsten gezeichnet. Er macht sich zunächst keine Illusionen darüber, daß Ulla zu ihm kommt, nicht weil sie ihn liebt, sondern u. a. weil er ihr materielle Sicherheit bietet. Zu verstehen ist auch, daß er um sie kämpft, als er seinen Besitz – denn als solchen sieht er Ulla an – durch Bellman gefährdet sieht, nicht aber, daß er an der Ermordung des Königs teilhat, um auf diese Weise Bellman mitzutreffen; nicht auch, daß er Ulla in seinem Schloß als Gefangene behandelt. Lindkrona leistet aus Eifersucht Beihilfe zum Mord – ihm fehlt die Liebe, genauso wie sie auch dem König fehlt, der nur theoretisch von Volksbeglückung träumt. Er weiß zwar, daß sich mit Vernunft allein kein Volk beglücken, keine bessere Gesellschaftsordnung oktroyieren läßt; er glaubt zwar an einen Sieg der Liebe, aber Liebe läßt sich nicht verordnen, wie ihm Bellman sagt (IX, 201). In Ulla sieht der König diese Liebe verkörpert. Die Nähe einer derartigen Frau, das sieht er kurz vor seinem Tode ein, hatte ihm gefehlt, und er hatte als wohlmeinender, aber hoffnungsloser Theoretiker und schwärmerischer Phantast gehandelt. Aber auch Ulla und Bellman gehen zunächst in die Irre: Bellman ist zu egoistisch, zu freiheitsbewußt, um Ulla die Sicherheit zu geben, die sie braucht. Er liebt Ulla, aber seine Liebe bleibt im leeren Raum stehen, da sein individuelles Freiheitsstreben keine feste Bindung zuläßt. Ulla hingegen sucht die Sicherheit, opfert dabei aber ihre Liebe. Der Empfehlung ihrer kalkulierenden Freundin Casja: ,,Einer fürs Haus, einer fürs Herz." (IX, 157) kann sie nicht folgen. Sie hat früher ,,nie mit einem was gehabt [. . .] ohne Liebe. Oder Gefühl, oder Herz, wie mans nennt." (ebd.) Als sie deshalb Lindkronas Werbung annimmt, verstößt sie gegen ihr inneres Wesensgesetz, den Einklang von Handeln und Liebe. Die Einsicht in ihre Fehlentscheidung, die Einsicht in die Absolutheit ihrer Liebe zu Bellman läßt sie zu ihm zurückfliehen. Nicht Vernunft, sondern Liebe, Zuckmayers höchster Wert, bestimmt nun ihr Handeln. Mit dieser Entscheidung für Zuckmayers Summum bonum ist auch der neue Titel des Stückes gerechtfertigt. Aber auch Bellman lernt aus seinen Erfahrungen: im Sterben muß er anerkennen, daß er im Egoismus seines Freiheitsdranges vergessen hat, daß sich Liebe ohne Bereitschaft zur Bindung nicht halten läßt: ,,Man muß zahlen. Das weiß ich jetzt langsam." (IX, 242), gesteht er und stirbt mit einem Toast auf das Leben und die eben aufgehende Sonne.

Ulla und Bellman scheitern beide, solange sie ihr Leben nach den Prinzipien der Sicherheit suchenden Vernunft bzw. der bindungslosen Freiheit gestalten wollen. Sie kommen erst nach einem Erkenntnisakt der Einsicht in Zuckmayers Werte zusammen: ,,Anerkennung von Leben und Tod, Liebesfähigkeit, Gottvertrauen und ein nunmehr ausgeglichenes Selbstgefühl".[90]

Man mag auch im Hinblick auf ,Ulla Winblad' konstatieren, daß die ,,gedanklich unscharfe Dialektik von ,Vernunft' und ,Politik' kontra Liebe und Dichtkunst Zuckmayers oft irrationale und vitalistisch versetzte Abneigung gegen durchdachtere Einsichten in soziale und politische Konstellationen verrät."[91] Aber, wie so oft, verlangt ein Kritiker damit retrospektiv, was

Zuckmayer nicht geben wollte: ein politisches Drama mit einer sozialen und politischen Analyse oder gar einem vernunftorientierten Programm. Er bietet dagegen die Selbstfindung des Individuums im Einklang mit Werten, die letztlich der christlichen Ethik verpflichtet sind. Daß das Stück andere, schwerwiegende Schwächen hat – neben der erwähnten Zweistrangigkeit der Handlung Überlänge, eine zu lockere Konstruktion und ermüdend lange philosophische Gespräche, z. B. zwischen dem König und Bellman – sei damit nicht in Abrede gestellt.

Des Menschen Bildnis in der Geschichte: ‚Barbara Blomberg'

Die Uraufführung des im 16. Jahrhundert handelnden Dramas ‚Barbara Blomberg' fand erst am 2. Mai 1949 unter Hilperts Regie in Konstanz statt. Damit sollte es, rein chronologisch gesehen, erst nach ‚Des Teufels General' besprochen werden. Doch ist es als Drama mit historischen Gestalten, in denen Zuckmayer zeitlose menschliche Probleme und Verhaltensweisen thematisiert, viel eher dem ‚Schelm von Bergen' und ‚Ulla Winblad' verwandt als der mit ‚Des Teufels General' beginnenden Reihe gegenwartsbezogener Problemdramen. Der Grund dafür liegt zweifellos darin, daß Zuckmayer das Stück bereits in der frühen Vermonter Zeit konzipiert haben muß. Wie seine Frau in ihrem Buch ‚Die Farm in den grünen Bergen' nämlich berichtet, hat sie ihm damals bereits Bücher über Barbara Blomberg aus der Bibliothek des benachbarten Dartmouth College beschafft.[92] Deshalb liegt die Vermutung nahe, daß Zuckmayer hier nach der Reihe der Volksstücke die der historischen fortgesetzt hat, von denen er sich erst unter dem Eindruck der Zeitereignisse mit ‚Des Teufels General' lösen sollte; ja in vieler Hinsicht stellt ‚Barbara Blomberg' die Krönung dieses Bemühens um seine besondere Form des historischen Dramas dar.

In dem umfangreichen Stück geht es um die historische Gestalt der Regensburger Bürgerstochter Barbara Blomberg, die im Alter von 16 Jahren von dem alternden Kaiser Karl V. ein Kind bekommen hatte, den späteren Don Juan d'Austria, den Helden der Seeschlacht von Lepanto. Zuckmayer führt sie zwanzig Jahre später als Frau des heruntergekommenen spanischen Musterungsoffiziers Kegel, mit dem sie nach der Geburt des Kindes zwangsweise verheiratet worden war, in Brüssel vor. Mit Kegel hat sie zwei Kinder, einen Sohn, der nur erwähnt wird, weil er seinem Vater nachschlägt, und eine Tochter Karoline, die Barbara fern von der häuslichen Misere hat aufwachsen lassen. Da taucht der herumvagabundierende Virtuose Massi auf und will Barbara, die geschworen hat, ihre Begegnung mit dem Kaiser und ihre Mutterschaft nie mehr zu erwähnen, dazu bewegen, aus ihrer Verwandtschaft mit Don Juan und König Philipp II. Kapital zu schlagen. Als sie ihn abweist, wendet er sich an Kegel, der sich bei einem Streit zu Tode stürzt. Der auf Barbaras Anzeige hin verhaftete Massi gesteht auf der Folter, wer Barbara ist. Durch Indiskretion des Gerichtsdieners wird sie zur öffentlichen Person. Don Fernando, der Sohn Herzog Albas, soll sie nach Spanien bringen – Barbara lehnt ab, verlangt und erhält das Schloß Lamoral mit Dienerschaft als Wohnsitz. Ihre Tochter verliebt sich in den holländischen Patrioten Graf Hoghstraate, Barbara selbst in ihren Sekretär, den englischen Abenteurer Ratcliff, mit dem sie, weil er als englischer Spion von Alba verfolgt wird, nach England fliehen möchte. Da wird der in Ungnade gefallene Alba als Gouverneur der Niederlande abgelöst, und Ratcliff wird von dem intriganten Sekretär und Chef der Geheimpolizei Albornoz verhaftet. Um ihn zu retten, zieht Barbara dem neuen Gouverneur, ihrem Sohn Don Juan, entgegen. Sie willigt ein, nach Spanien zu gehen, um ihn mit ihrer Flucht nach England nicht zu kompromittieren und handelt damit gleichzeitig die Freilassung Ratcliffs ein. In Spanien, auf dem Schloß der Pflegeeltern ihres Sohnes, hört sie eines Tages die Trommeln eines Totenzuges, nicht wissend, daß es sich um ihren Sohn handelt, der (von Philipp II.) vergiftet worden ist.

Das Stück hat nicht nur ein Vorspiel in Versen, sondern auch einen von Cervantes gesprochenen, gereimten Epilog, der den undramatisch, melancholisch-offen endenden dritten Akt beschließt. Die drei Akte sind in je zwei Szenen gegliedert. Mit dieser symmetrischen äußeren Form schließt Zuckmayer genauso an ältere Dramenformen an wie mit seiner Dialogführung: Wie nie zuvor in seinen Stücken werden hier in fast barocken Stichomythien sentenzenartig Meinungen, Ansichten und allgemeine Wahrheiten gegeneinandergesetzt, leider ohne daß diese Unterhaltungen sich immer aus der Handlung oder aus dem Charakter der Personen ergäben. Auch eine Unterhaltung über Probleme der Tagespolitik des 16. Jahrhunderts zwischen Don Juan und Barbara wirkt wie ein abstrakter Fremdkörper. Die theoretischen Diskussionen der späten Dramen wie z. B. ,Das kalte Licht' deuten sich an, und es wird deutlich, daß Zuckmayer sich auf ein historisches Parkett begeben hat, auf dem er seiner Natur nach nicht zu Hause ist. Das Fehlen eines mit prallem Leben gefüllten Hintergrundes, wie er in den Volksstücken vorhanden war, hätte da Abhilfe schaffen können, aber das Stück spielt nun nicht mehr in Deutschland, sondern in den Niederlanden und Spanien, und Zuckmayer holt weder aus dem Niederländischen das Genrehafte heraus, noch aus dem Spanischen das Kalt-Zeremonielle. Das Problem des Fehlens von Atmosphärischem verstärkt sich dadurch, daß das Drama mit einer Fülle von literarischen Reminiszenzen überfrachtet ist, die von der Herstellung innerer Bezüge wegführen. Goethes ,Egmont', Schillers ,Don Carlos' und ,Maria Stuart' kommen in den Sinn, da ihre Gestalten gegenwärtig sind bzw. auf sie angespielt wird. So werden die Zuschauererwartungen durch die Interferenz historischer und literarischer Reminiszenzen verwirrt.

Daß Zuckmayer kein historischer Bilderbogen, keine Genrebilder geglückt sind, mag man damit entschuldigen, daß er an historischer Akkuratesse ohnehin nicht interessiert war, obwohl er sich erstaunlicherweise ziemlich exakt an die historischen Fakten hält.[93] Den historischen Vorwurf wählte er jedoch nur, weil er ihm seiner inneren Fabel adäquat erschien (,,Jeder

Vorwurf ist recht, der eine dramatische Fabel ergibt").[94] Das historische Gewand wurde z. B. auch nicht gewählt, weil Zuckmayer etwa die eigene Zeit hätte spiegeln wollen, wie es viele Emigranten in ihren historischen Romanen getan haben: „Im besonderen Fall der ‚Barbara Blomberg‘ besteht nicht die Absicht einer Allegorie. Die Diktatur Philipps II. und der Inquisition ist nicht ‚die gleiche‘ wie eine moderne Diktatur. In der spanischen Besatzungsmacht in Flandern soll nicht, schlüsselhaft, ein gegenwärtiger oder jüngst vergangener Zustand gespiegelt werden. Gewisse Merkmale aber, etwa in dem Verhältnis zwischen Mensch und Macht, sind auf alle Zeiten bezogen. Auch das Moment der irdischen Unbeständigkeit, des Nichtbleibenkönnens, des Abschieds."[95] Mit diesem Verweis auf allgemeine menschliche Probleme hat Zuckmayer Pauschalurteilen wie dem folgenden Vorschub geleistet: „[...] im Grund ein Stück, das der Bühne gibt, was der Bühne ist – tiefere Hintergründe oder Zusammenhänge darf man nicht suchen."[96] Glücklicherweise ist er im Drama selbst spezifischer. So läßt er Cervantes im Epilog fragen:

Was ist das Leben eines Mannes wert?

Nicht mehr als das, was er davon begehrt.

Doch jeder einzelne Mann ist unersetzbar,

Sein Recht, in Erd' und Himmel, nicht verletzbar.

[...]

Doch weiß ich eins: was auch die Welt uns lehrt –

Des Menschen Bildnis ist des Malens wert. (VIII, 362 f.)

So gibt uns Zuckmayer hier unter der Maske des spanischen Poeten sein humanistisches Credo als Stückeschreiber, eine Art literarisches Programm.

Der Mensch, den er im vorliegenden Stück „malt", ist vor allem Barbara Blomberg selbst, wobei mit „dem Menschen" wohl typisches, paradigmatisches menschliches Verhalten in einer bestimmten Situation gemeint ist, ein Verhalten, das von Zuckmayer aber wie immer zum Allgemeinen erhoben wird. Ihm geht es hier, wie immer wieder in seinen Stücken, um die „amor fati", die Liebe zum Schicksal und dessen Akzeptierung. Im Gegensatz zum ‚Schinderhannes' oder der ‚Katharina Knie' kommt hier aber eine neue, religiöse Komponente hinzu, und der frühere Zweischritt vom falschen zum richtigen Wege ist um mehrere Entwicklungsstufen erweitert:

1. die unschuldige Barbara, die dem Kaiser zugeführt wird;

2. die Frau des heruntergekommenen Majors Kegel, die sich innerlich völlig abgekapselt hat, um das Fürchterliche zu ertragen. So erkennt der heruntergekommene Massi sofort: ‚‚[. . .] du hast dich eingesponnen wie ein Raupe im Herbst. Aber innerm Gespinst – da bist du noch wie damals. Nur stärker, wenn du's zerreißt.'' (VIII, 250)

3. die intelligente Politikerin, die nach Geld und Macht trachtet, um ihrer Tochter Karoline ein besseres Leben zu ermöglichen;

4. die liebende Frau, die sich dem Reiz des ihr geistig verwandten und ebenbürtigen Ratcliff nicht entziehen kann und die in dieser Beziehung das gestohlene Leben als Frau nachholt;

5. die Mutter Don Juans, die ihren Geliebten rettet und gleichzeitig um ihres Sohnes willen auf die persönliche Glückserfüllung verzichtet, indem sie sich bereit erklärt, nach Spanien zu gehen in eine Umgebung, die ganz von Philipp II. kontrolliert ist, praktisch also in eine Gefangenschaft.

Die neue, religiöse Komponente besteht darin, daß mit dieser Entwicklung eine religiöse, eine Entwicklung der Einsicht in den Willen Gottes einhergeht: als Barbara noch an ihren Aufstieg, an Macht denkt, entgegnet sie ihrer Tochter auf deren Frage nach dem Warum des Leidens Unschuldiger: ‚‚Gott? – Man weiß nicht, was er mit uns vor hat. *Fast im Ton eines tröstlichen Kinderspruchs* Man weiß nicht, was er mit uns vor hat.'' (VIII, 280), eine Textstelle, die durch ihren Stellenwert am Schluß des ersten Aktes besonderes Gewicht erhält. Erst in der Unterredung mit Don Juan kommt sie zu der Einsicht dessen, was Gott nicht von ihr will und damit in der Negation zum für sie richtigen Entschluß. Auf Don Juans Frage: ‚‚Wer kennt Gottes Willen?'' antwortet sie: ‚‚Man kennt seinen Willen nicht. Aber es kommt in jedem Leben der Augenblick, in dem man ahnt, was er nicht von uns will." (VIII, 338) Die Entscheidung des einzelnen für oder gegen eine bestimmte Handlungsweise wird damit „zu einer Gewissensfrage, die nur aus letzter religiöser Verantwortung entschieden werden kann."[97] – Barbara kann nun auf Ratcliff verzichten und um ihres Sohnes willen nach Spanien gehen. Daß ihr Opfer letztlich vergeblich ist, da Don Juan trotzdem von Philipp II. ermordet wird, ist für ihre Entscheidung nicht wichtig: das Drama endet nach einem unpassenden komischen Intermezzo mit der vulgären Hausdame Frayken in heiterer Melancholie.

Hilpert tat recht, als er bei der Uraufführung das Stück von etwa fünf auf drei Stunden Spiellänge zusammenstrich. Er ließ das gesamte Vorspiel und ein auf die Liebeshandlung Barbara/Ratcliff verweisendes König-David-Spiel – ein Spiel im Spiel – des Mittelteils aus. Ein Stück aus einem Guß konnte es trotzdem nicht werden, doch bot es, wie alle Zuckmayer-Stücke, den Schauspielern dankbare Rollen.

Ein Gruppenbild des Dritten Reiches: ‚Des Teufels General'

Mit ‚Des Teufels General' beginnt die Reihe der auf Zuckmayers eigene Zeit bezogenen Problemdramen, die den Großteil seines dramatischen Schaffens nach dem Zweiten Weltkrieg ausmachen. Dazu gehören: ‚Der Gesang im Feuerofen', ‚Das kalte Licht', ‚Die Uhr schlägt eins' und ‚Der Rattenfänger'.[98] Alle diese Stücke haben gemeinsam, daß sich Zuckmayer in ihnen mit der Vergangenheit des Dritten Reiches oder der Gegenwart der fünfziger und sechziger Jahre auseinandersetzt, wobei „Vergangenheitsbewältigung" für ihn immer gleichzeitig auch „Gegenwartsbewältigung" ist in dem Sinne, daß er mit der dramatischen Aufarbeitung der Vergangenheit für einen Neuanfang plädiert. Inwiefern er aufgrund seiner weltanschaulichen Voraussetzungen und seiner humanistischen bzw. religiösen Überzeugungen zu einer rationalen Geschichtserkenntnis und Gegenwartsanalyse imstande ist, wird am Einzelfall zu klären sein. Zu fragen sein wird ebenfalls, ob die von

Zuckmayer gewählten dramatischen Mittel solchen Zielen adäquat sind oder nicht.

‚Des Teufels General‘ ist das Stück des Exilautors Zuckmayer, konzipiert und zum großen Teil geschrieben zu einem Zeitpunkt, als er auf eine Aufführung noch nicht hoffen konnte. In ‚Als wär's ein Stück von mir‘ erinnert er sich an den Anlaß und die Umstände, die zur Entstehung des Stückes geführt haben: „Im Dezember des Jahres 1941 [. . .] war in den amerikanischen Zeitungen eine kurze Notiz erschienen: Ernst Udet, Generalluftzeugmeister der deutschen Armee, sei beim Ausprobieren einer neuen Waffe tödlich verunglückt und mit Staatsbegräbnis beerdigt worden. Sonst nichts. Es gab keine Kommentare, keine Mutmaßungen über seinen Tod. Verunglückt. Staatsbegräbnis.[99] [. . .] Jetzt, an einem Spätherbstabend im Jahre 1942, ein Jahr nach Udets Tod, stieg ich mit meinem Tragkorb zur Farm hinaus. [. . .] Auf einmal blieb ich stehen. ‚Staatsbegräbnis‘, sagte ich laut. Das letzte Wort der Tragödie. Was in Wirklichkeit vorgegangen war, wußte ich nicht, und es kümmerte mich nicht. Die Tragödie stand mir vor Augen – lückenlos.“ (II, 548 f.)

Mit diesem Bericht ist folgendes festgestellt:

1. Das Drama ist vom Schluß her – das letzte Wort des Stückes heißt tatsächlich „Staatsbegräbnis“ – konzipiert;

2. Für die Titelgestalt gab es ein historisches Vorbild, den draufgängerischen Fliegergeneral;

3. Es handelt sich um das Stück eines Exilautors, der sich jedoch mit erstaunlicher Genauigkeit die Situation und die Typen des Dritten Reiches vergegenwärtigte, was von zahlreichen Zuschauern in Deutschland in Zuschriften an den Autor bestätigt wurde.

Wie bereits im ersten Kapitel erwähnt, fand die Uraufführung unter Heinz Hilperts Regie am 12. Dezember 1946 im Schauspielhaus Zürich statt, aber erst im November des folgenden Jahres die deutsche Erstaufführung am Staatlichen Schauspielhaus Hamburg und gleich darauf, ebenfalls unter Hilperts Regie, eine Aufführung an den Städtischen Bühnen

Frankfurt am Main. Die Besatzungsbehörden hatten lange gezögert, das Stück für Deutschland freizugeben, da man be-
fürchtete, die sympathische Figur des General Harras könne
manch einem Nationalsozialisten als nachträgliche Entschuldigung dienen, die Fiktion einer aktiven Sabotagegruppe innerhalb des Luftfahrtministeriums einer neuen Dolchstoßlegende
Vorschub leisten und die Wehrmachtsuniformen auf der Bühne
Anlaß zu Ovationen geben. In der französischen Zone war eine
Aufführung zunächst weiterhin verboten, obwohl sich die Be-
fürchtungen als unbegründet erwiesen. Das Stück erreichte eine einzigartige Popularität. Allein von Ende 1947 bis 1950 erlebte es über 2000 Aufführungen, bis 1955 über 5000.[100] 1955
wurde es mit Curd Jürgens in der Hauptrolle unter der Regie
von Helmut Käutner verfilmt.

Da der Handlungsverlauf infolge der Popularität des Stückes
zumeist bekannt ist, darf er hier in aller Kürze zusammengefaßt
werden: General Harras ist aus seiner Begeisterung für die Fliegerei einen Pakt mit dem Teufel (Hitler) eingegangen. In
schnoddrigen Bemerkungen drückt er seine Verachtung für
Hitler und seine Paladine aus, in dem Glauben, seine innere
Integrität bewahren und sich so von dem System distanzieren
zu können. Im ersten Akt gibt er einen Empfang anläßlich des
50. Luftsieges seines Freundes Eilers, bei dem Anhänger und
Gegner des Regimes in allen Schattierungen auftreten. Der
Akttitel ,,Die Höllenmaschine'' kann dabei sowohl auf das von
dem Kellner Detlev in Betrieb gesetzte Abhörgerät in der
Wand, als auch auf das ganze System des NS-Staates bezogen
werden. Im zweiten Akt, der ,,Galgenfrist oder Die Hand''
betitelt ist, ist Harras wegen wiederholter Sabotageakte an neu-
en Flugzeugen von der Gestapo verhaftet worden und wird
wieder freigelassen mit der Auflage, die Sabotageakte binnen
zehn Tagen endgültig aufzuklären und abzustellen. Eilers ist
mit einer sabotierten Maschine abgestürzt. Seine Schwägerin
Pützchen, eine machthungrige junge Nationalsozialistin, will
Harras zur Macht verführen – er lehnt ab und macht sich mit
seinem gewissenhaften Chefingenieur Oderbruch an die Auf-

klärung der Sabotageakte. Im dritten Akt, ,,Verdammnis'',
der am letzten Tag der Harras gesetzten Frist spielt, setzt er
sich mit dem idealistischen Leutnant Hartmann auseinander,
der durch die an der Ostfront erlebten Grausamkeiten desillu-
sioniert ist, und anschließend muß er der Witwe von Eilers
Rede und Antwort stehen, wobei ihm seine eigene Schuld immer deutlicher vor Augen tritt. Das schließliche Geständnis
Oderbruchs, der ihm seine Verantwortung für die Sabotageakte enthüllt, deckt er damit, daß er in die Schwestermaschine
von Eilers' Flugzeug steigt und in einer Art Gottesurteil tödlich verunglückt.

Im ersten Akt, der im ,,Spätjahr 1941, kurz vor dem Ein-
tritt Amerikas in den Krieg'' in ,,Ottos Restaurant'' in Berlin
spielt, treten in naturalistischer Charakterisierung alle möglichen Gestalten auf, die durch die verschiedensten Einstellun-
gen dem Dritten Reich gegenüber gekennzeichnet sind; Mitläufer und echt Begeisterte. Dabei lassen sich eine jüngere und
die ältere Generation unterscheiden. Zur jüngeren Generation
gehört der junge Leutnant Hartmann, der im Idealismus für
die ,,neue Zeit'' Begriffe wie ,,Pflicht'' und ,,Opfer'' ernst
nimmt und glaubt, was man ihm auf der Ordensburg und in
Schulungskursen an angeblicher neuer Weltanschauung beige-
bracht hat. Er ist das perfekte Produkt der Nazierziehung, ein
begeisterter junger Mann, wie ihn sich das Regime wünscht.
Seine ehemalige Verlobte Pützchen, ihres Zeichens ,,Reichs-
frauenschaftsführerinnenanwärterin'', repräsentiert den Nationalsozialismus so, wie seine Führer sind: prinzipienlos und
verschlagen, eine junge Karrierefrau, die das System für ihren
eigenen Machthunger und ihr Amüsement benutzt. Zur jungen Generation gehört auch die neunzehnjährige Schauspielerin Diddo, die sich in Harras verliebt und ihm zunächst Mut
gibt, um sein Leben zu kämpfen. Diddo ist zwar im Dritten
Reich aufgewachsen, von seinen Doktrinen und Idealen aber
unberührt und völlig natürlich, naiv geblieben. Zumindest hat
sie sich damit ihre moralische Integrität bewahrt und ist so im
Gegensatz zu dem ernsthaften Hartmann eine Vertreterin der

jungen Generation, die sich der Indoktrinierung durch den Nationalsozialismus hat entziehen können.

Unter den Angehörigen der älteren Generation geht es eher um die verschiedenen Beweggründe, die zum Mitmachen geführt haben. Der Bajuware Pfundtmayer, dessen ganzes Denken sich um seine niedrige Parteimitgliedsnummer dreht, wollte beim Militär Karriere machen, weil er als Hopfenhändler keinen Erfolg hatte – angeblich wegen jüdischer Konkurrenz. Der rheinische Industrielle Mohrungen repräsentiert die deutsche Schwerindustrie, die meinte, Hitler benutzen zu können, um von einer Belebung der Wirtschaft zu profitieren und sich in ihm eine „Waffe gegen den Bolschewismus" (VIII, 123) zu schaffen. Immer wieder bemäntelt er seine Handlungsweise mit ideologischen Phrasen (z. B. VIII, 192), wobei ihm selbst klar ist, daß ihm die Situation über den Kopf gewachsen ist. Ein Mitläufer schlimmerer Art ist der Baron Pflungk, Attaché im Außenministerium, der sich gegen alle Eventualitäten durch eine Freundschaft mit Systemgegnern wie Harras absichern möchte („Wir sind nicht unbesiegbar. Im Krieg gibt es Glück und Unglück, auch für Nationalsozialisten. Es kann einmal anders kommen. Dann – dann braucht man Leute wie Harras! Dann muß man froh sein, wenn man solche Leute kennt. Gut kennt." [VIII, 194]). Vergeblich anzupassen versucht hat sich der expressionistische Maler Schlick, der glaubte, nur in Deutschland malen zu können, und sich deshalb von seiner jüdischen Frau hat scheiden lassen; nun muß er feststellen, daß seine Kunst immer noch als „entartet" verboten ist. In einer expressionistisch stilisierten, visionären Rede entlarvt er die Blut-und-Boden-Mystik des Dritten Reiches als Ursprung des Bösen; Pützchen ist für ihn die „Fleischwerdung des Bösen im Geschlecht" (VII, 189). Mitläuferin ist auch die Operettensängerin Olivia, die einerseits mit Harras' Hilfe einen jüdischen Arzt retten will, für die aber andererseits ihre Karriere so wichtig ist, daß sie sich anpaßt und z. B. bedauert, daß zu ihrer Aufführung der ‚Lustigen Witwe' nur „der heilige Petrus [Göring], statt dem lieben Gott [Hitler], sozusagen" erschienen ist

(VIII, 116). Da sie ihre Berufsleidenschaft über ihr Gewissen setzt, handelt sie aus ähnlichen Motiven wie Harras.

Aber unter der älteren Generation gibt es auch einen echt begeisterten Nationalsozialisten: den Obersten und Führer einer Kampfstaffel Friedrich Eilers, der in seiner idealistischen Begeisterung dem jungen Leutnant Hartmann ähnelt. Das Fliegen hat für ihn etwas Romantisches, das ihn im Führersitz in einer Vollmondnacht ein Gedicht von Matthias Claudius zitieren läßt. Leise Zweifel kommen ihm, als er sich fragen muß: „Guernica – Coventry – und Matthias Claudius. Wie geht das nur zusammen?" worauf ihn seine Frau Anne beschwört: „Nicht fragen, Liebster. Glauben. Glauben. Weißt du noch, was du mir geschrieben hast – wie du zum erstenmal weg mußtest? [...] ,Daß doch nichts beirrt – nichts dich wankend macht. Daß du glaubst, mit jeder Faser deines Innern. An Deutschland – an dich selbst – an uns – an unsere Sendung. [...] Glaube!'" (VIII, 130) Für Friedrich und Anne Eilers ist damit der Nationalsozialismus zu einer Ersatzreligion geworden – bis Eilers abstürzt und seine Frau einsieht, daß er einer verbrecherischen Ideologie gedient hat.

Harras' Gegenspieler ist der Kulturleiter Dr. Schmidt-Lausitz, offensichtlich eine Goebbels- und Himmler-Karikatur. Schmidt-Lausitz, der in Wirklichkeit für die Gestapo arbeitet, spricht das Deutsch des ‚Völkischen Beobachters', z. B. wenn er Harras' Worte in den Jargon des Dritten Reiches übersetzt (VIII, 113 f.). Als Harras einen teuren Wein bestellt, der irrtümlich für den Emigranten Remarque reserviert war, läßt er zum erstenmal seine Maske fallen und bricht in Wut aus: „So haben diese jüdischen Volksvergifter gepraßt – während sich unsereiner in einer Winkelredaktion abschinden mußte." (VIII, 140) Damit werden indirekt Schmidt-Lausitz' Motive für seine NS-Karriere deutlich: mangelnde Begabung durch Teilhabe am Gewaltregime wettzumachen. Seine ganze Brutalität zeigt sich im zweiten Akt, als der entmachtete Harras nur noch eine Galgenfrist hat und Schmidt-Lausitz seine Haßgefühle nicht mehr zu verstecken braucht: „Sie und Ihresgleichen haben lange genug auf uns herabgeschaut. Wir aber schauen nicht lange herab. Wir treten. [...] Und was Ehre ist, das bestimmen wir. Verachten Sie uns, wenn Sie sich's leisten können. Wir zahlen zurück." (VIII, 165) Schmidt-Lausitz' Charakter ist zu eindeutig geraten, ist zu sehr Karikatur der Nationalsozialisten und ihrer Ideologie. Daß ihm jegliche charakterliche Differenziertheit fehlt, ist insofern bedauerlich, als Harras damit keinen ihm ebenbürtigen Gegenspieler hat.

Dieser Vorwurf der Schematisierung der Charakterdarstellung läßt sich auf alle bisher erwähnten Gestalten ausweiten. Da sich Zuckmayer bemüht hat, ein möglichst umfassendes Spektrum der Träger des Dritten Reiches zu bieten, sind ihm die einzelnen Figuren trotz aller äußeren, vor allem sprachlichen Farbigkeit zu Typen geraten.

Nur die Titelgestalt, Harras, ist in dieser Hinsicht eine Ausnahme. Er ist eine temperamentvolle Kraftnatur (und als solche dem Schinderhannes verwandt), hat zahlreiche individuelle Züge, und er macht eine Entwicklung durch. Der Grund für diese Differenziertheit ist einmal, daß es für ihn in der Person Udets ein historisches Vorbild gab und Zuckmayer in ihm nicht eine abstrakte Idee verkörperte, zum anderen, daß er, wie so oft, einen Teil seines eigenen Wesensideals in ihn hineinprojiziert hat: der draufgängerische Haudegen, erfolgreiche Jagdflieger, Frauenheld und Freund alkoholischer Getränke, der sich mit der Schnoddrigkeit eines Landsers über die Vertreter des Dritten Reiches lustig macht, weil er glaubt, aufgrund seiner Fachkenntnisse sich diese Narrenfreiheit leisten zu können. Sicherlich erweist sich Harras' Humor als eine Art Galgenhumor, und die Fassade der Schnoddrigkeit fällt von ihm ab, sowie er im Laufe des Dramas immer mehr zu sich selbst kommt, aber der Eindruck vom Haudegen des ersten Aktes bleibt erhalten, während sich der vom besonnenen, selbstkritischen Systemgegner der wesentlich kürzeren letzten beiden Akte verwischt.

Harras verkörpert nicht nur Zuckmayers Heldenideal, sondern auch seine vitalistische Lebensphilosophie. So stimmt er in seiner ersten Unterhaltung mit Hartmann ein Lob auf das Leben und seine Schönheit an, wie es wohl zu Zuckmayer paßt, nicht aber zu Harras' sonstigem Betragen und seiner hemdsärmeligen Diktion: ,,Ich aber sage Ihnen, das Leben ist schön. Die Welt ist wunderbar. Wir Menschen tun sehr viel, um sie zu versauen, und wir haben einen gewissen Erfolg damit. Aber wir kommen nicht auf – gegen das ursprüngliche Konzept. Woher das stammt – das weiß ich nicht. [. . .] Aber ich weiß – das Konzept ist gut. Der Plan richtig. Der Entwurf ist grandios. Und der Sinn heißt nicht: Macht. Nicht: Glück. Nicht: Sättigung. Sondern – die Schönheit. Oder – die Freude. Oder beides. Nennen Sie es von mir aus, wie Sie wollen – vielleicht gibt es kein Wort dafür. Es ist das, was wir in unseren besten Stunden ahnen, und besitzen. Und dafür – nur dafür – leben wir überhaupt." (VIII, 152)

Es will zu dieser im folgenden Hartmann gegenüber noch an Einzelbeispielen erläuterten Theorie zumindest nicht passen, was derselbe Harras über seine eigene Laufbahn und über seine Gründe für eine Karriere als Nazigeneral zu berichten weiß. Seine abfälligen Bemerkungen über die Vertreter des Dritten Reiches machen zwar deutlich, daß er sich nicht mit ihnen identifiziert, daß er sich vielmehr rein sprachlich immer wieder von ihnen zu distanzieren sucht. Er ist ein Mann, bei dem Stellung und Natur auseinanderklaffen, in Spannung zueinander stehen. Ist er da hineingeschlittert? Gehen ihm erst jetzt die Augen auf? Mitnichten: er hat den Teufelspakt geschlossen, weil ihm die Fliegerei über alles ging: ,,Entschuldigung – gibt es keine. Das heißt – wenn ich nur eine schreiben lassen wollte, für den Oberlehrer – *Weist mit der Zigarre zum Himmel* – dann wäre es – wegen meiner Mutter. Aber sonst – ich bin ganz kalt in die Sache hineingestiegen, und ohne Illusionen. Ich kenne die Brüder – noch vom letzten Mal. Als die im Jahre 33 drankamen – da wußte ich genau, daß 'n kleiner Weltkrieg angerichtet wird. Na, und ich hab nun mal einen Narren dran gefressen – an der Fliegerei, meine ich. Luftkrieg ohne mich – nee, das könnt ich nicht aushalten." (VIII, 124) In den ersten Jahren des Nationalsozialismus sieht er im Gegensatz zu den ,,phantasielosen" Demokratien sogar etwas Positives: ,,Die [anderen] haben keine Phantasie. Und das war ja das Positive an der Sache hier – für mich wenigstens. Nirgends in der Welt hätte man mir diese Möglichkeiten gegeben – diese unbegrenzten Mittel – diese Macht. Die fünf Jahre, in denen wir die Luftwaffe flügge gemacht haben – die waren nicht verloren. Und wenn ein alter Wolf mal wieder Blut geleckt hat, dann rennt er mit'm Rudel, auf Deubel komm raus – ob einem nun die Betriebsleitung paßt oder nicht. Spanien – das war natürlich 'n kleiner Brechreiz. Aber als es richtig losging; die ersten zwei Jahre – da hatten wir was zu bieten, da war immerhin Stil drin. Die beste, exakteste, wirksamste Maschinerie, die es in der Kriegsgeschichte gegeben hat." (VIII, 124f.)

Der ostdeutsche Literaturkritiker Paul Rilla hat mit Recht gerade diese Textstellen verurteilt und nach dem pädagogischen Resultat im Hinblick auf die Jugend gefragt.[101] Hier wird tatsächlich eine fragwürdige Gesinnung verteidigt, die die Teilnahme der ,,Legion Condor" am Spanischen Bürgerkrieg als ,,kleinen Brechreiz" verteidigt und für die der Aufbau der Luftwaffe und die ersten beiden Kriegsjahre einen ,,Stil" haben, mit dem man ,,der Welt was zu bieten" hat. Sicherlich ohne Absicht macht Zuckmayer damit für den Reiz moderner Kriegsplanung Reklame. Es war eher die Gefahr solcher Textstellen, die das Zögern der Besatzungsbehörden 1946 gerechtfertigt erscheinen lassen, als die Tatsache, daß Uniformen des Dritten Reiches auf der Bühne getragen wurden.

Was Zuckmayer ungewollt verteidigt, ist die Mitläuferschaft der Militärs, die nach dieser implizierten These aus beruflicher Begeisterung mitmachten, ,,Teufelskerle", die zur grandiosen Leistung der deutschen Kriegsmaschinerie beitrugen, wobei die Niederlagen seit 1942 wohlweislich verschwiegen werden – nur von den ,,ersten zwei Jahren" ist die Rede . . . Es ist deshalb erstaunlich, wie wenig Kritik 1946/47 die Gestalt Harras' hervorgerufen hat. Daß Zuckmayer seinen Harras am Ende gar noch den ,,Fliegertod" sterben läßt, kann höchstens mit dem Freitod Udets als Vorbild begründet werden; repräsentativ war

ein solches Ende nicht. So kommentiert der Kritiker der ostdeutschen ‚Weltbühne‘, Gottfried Beutel: „Die Zeit, die hinter
uns liegt, ist noch zu frisch in unserer Erinnerung, als daß wir
nicht den Freitod des Fliegergenerals als unwahrscheinlich
empfinden müßten. In Wirklichkeit haben – wie wir alle gut
wissen – diese Generäle aus egoistischen Motiven, aus Mangel
an Zivilcourage und anderen Gründen die Zuckmayersche
Konsequenz nicht gezogen."[102] Und Marianne Kesting lehnte
aufgrund der Zeichnung Harras’ und seiner Offiziersfreunde
das ganze Stück mit folgenden Worten aufs Schärfste ab:
„Gleich 1946 brachte der einstige Parodist deutschen Militär-
wahns ‚Des Teufels General‘ auf die Bühne, ein Stück, das alle
alten Landserherzen höher schlagen läßt. Es mutet paradox an,
daß ausgerechnet der Emigrant Zuckmayer die Legende kreier-
te, die einer nachfaschistischen Ideologie trefflich zupaß kam:
die Legende von den großen Zeiten, von den echten Kerlen und
zünftigen Soldaten, die leider nur unter der falschen Flagge
versammelt waren und von der NS-Partei gehindert wurden,
ihre honorigen Kräfte auch für eine anständige Sache einzuset-
zen. [. . .] Harras’ ‚Heldentum an sich‘ wird nicht, wie es an der
Zeit gewesen wäre, kritisch durchleuchtet, sondern denkmal-
haft emporstilisiert."[103]

Man kann natürlich die negative Charakterisierung Harras’
in den zitierten Textstellen aus dem ersten Akt damit verteidigen, er habe so dargestellt werden müssen, einmal weil es sich
eben um den „Teufelspakt" handele, für den er später teuer
bezahlen muß, zum anderen aber, um seine Wandlung, seine
Selbstfindung in den folgenden Akten zu zeigen. ‚Des Teufels
General‘ ist nämlich nicht nur ein Drama, in dem es um die
„Bewältigung" des Dritten Reiches geht, sondern es ist auch
ein „Seelendrama" mit der für Zuckmayer typischen inneren
Struktur: der Held ist von sich selbst abgefallen, findet im Laufe des Dramas aber zu sich selbst zurück und sieht ein, daß er
seine Fehler sühnen muß, in diesem Falle im Freitod. Wie in
‚Barbara Blomberg‘ geht es im Falle von Harras jedoch nicht
nur um die innere Übereinstimmung mit dem eigenen Charak-

ter, sondern über den Neugewinn einer moralischen Position hinaus um einen Weg zu Gott, um religiöse Erkenntnis. Dieser Weg vollzieht sich gesprächsweise in folgenden Stufen:[104]

1. Ursprünglich glaubte Harras, sich durch seine Sprache vom Regime distanzieren zu können und seine moralische Position dadurch wieder herzustellen, daß er z. B. einzelne Juden rettete. Nachdem er erfahren hat, daß der jüdische Arzt Bergmann, dem er zur Flucht verhelfen wollte, Selbstmord begangen hat, gesteht er sich seine Selbsttäuschung ein: ,,Jeder hat seinen Gewissensjuden, oder mehrere, damit er nachts schlafen kann. Aber damit kauft man sich nicht frei. Das ist Selbstbetrug. An dem, was den tausend anderen geschieht, die wir nicht kennen und denen wir nicht helfen, sind wir deshalb doch schuldig. Schuldig und verdammt, in alle Ewigkeit. Das Gemeine zulassen ist schlimmer, als es tun." (VIII, 179)

2. Die zweite Stufe der Selbsterkenntnis stellt das zweite Gespräch mit dem jungen Hartmann (im dritten Akt) dar, bei dem man den Eindruck gewinnt, daß Harras nicht nur Hartmann überzeugen will, sondern auch seine eigenen Gedanken klärt. Das nationalsozialistische Postulat einer ,,neuen Zeit" lehnt er darin ab mit dem Worten: ,,Neue Zeit. Ich glaube – das ist auch so etwas, was es gar nicht gibt. Die Zeit – sie ist immer die gleiche. Groß – unberührbar. Ohne Anfang und Ende. Wo aber ein Mensch sich erneuert – da wird die Welt neu geschaffen." (VIII, 217), womit er Zuckmayers Glauben an einen Neubeginn durch die Erneuerung des Individuums ausdrückt und damit Zuckmayers Botschaft an die Deutschen des Jahres 1946.

Und eine zweite Aussage enthält dieses Gespräch, das damit zur Kernaussage des Dramas – und zu Zuckmayers Weltanschauung – vorstößt: die Überzeugung, daß es letzten Endes eine ausgleichende Gerechtigkeit in der Welt gibt, womit Harras' früher ausgedrückte Überzeugung – ,,das Konzept ist gut" (VIII, 152) – jetzt genauer definiert wird: ,,[...] – es gibt ein Recht. Es gibt einen Ausgleich. Vielleicht nicht für den einzelnen. Vielleicht nicht an der Oberfläche des Lebens – jedoch im

Kern. Die Welt nimmt ihren Lauf, das Bestimmte erfüllt sich. Es wird keine Schuld erlassen [...] Glauben Sie, Hartmann – glauben Sie getrost an das göttliche Recht!" (VIII, 218)

Diese Textstelle bekräftigt nur eine Feststellung Harras', die er unmittelbar vorher Hartmann gegenüber gemacht hat. Auf dessen Gretchenfrage: „Glauben Sie an Gott?" liefert Harras nämlich einen Gottesbeweis *ex negativo,* indem er nach einem: „Ich weiß es nicht. Er ist mir nie begegnet." die Gottesidee rühmt: „Ich habe an das Erdenkbare und an das Erkennbare geglaubt. An das was man prüfen, entdecken, finden kann. Aber die größte Erfindung aller Zeiten habe ich nicht erkannt. Sie heißt Gott. In vielerlei Gestalten – immer Gott. Er ist eine Erfindung der menschlichen Seele. Oder besser – ein Fund. Ein offenbartes Wissen. Drum ist er wahr [...] Der Mensch träumt nichts, was nicht ist und war und sein wird. Wenn der Gott geträumt hat – dann gibt es Gott. Ich kenne ihn nicht, aber ich kenne den Teufel. Den hab ich gesehen – Aug in Auge. Drum weiß ich, daß es Gott geben muß. Mir hat er sein Angesicht verhüllt. Dir wird er begegnen." (VIII, 217f.) Hartmann, den Harras bald darauf der Obhut des Saboteurs Oderbruch empfehlen wird, wird damit die zu spät gekommene Einsicht Harras' als Auftrag leben.

Harras hat mit diesen Worten seine Schuld eingesehen: daß er sich Gott versagt hat, daß er die Offenbarung Gottes abgelehnt hat zugunsten des Rationalen, des „Erdenkbaren" und des „Erkennbaren". Obwohl er vorher über alles „Faustische" gespottet hat („den faustischen Geldbriefträger" [VIII, 196]), wird er damit selbst zur Faust-Gestalt, die um rationaler Erkenntnis und der Fliegerleidenschaft willen einen Teufelspakt geschlossen hat und nun dafür bezahlen muß. Zuckmayer schließt sich damit einer Faschismustheorie an, wie sie Thomas Mann im ‚Doktor Faustus' vertreten hat. Seine Zeitdiagnose ist letztlich eine metaphysische: Hitler ist die Verkörperung des Bösen, der Teufel, der Nationalsozialismus das „Ur-Übel", das – und darin ist Zuckmayer optimistisch – durch die religiöse Erneuerung des Individuums überwunden werden kann.

Glaube an Gott und ein ewiges Recht stehen als optimistische Überzeugung hinter seiner versöhnlichen Hoffnung auch für Deutschland.

3. Ganz konkret mit seiner Schuld konfrontiert wird Harras in der Begegnung mit Anne Eilers, die nach dem Tode ihres Mannes als „der Schwarze Engel aus der Tiefe" zu ihm kommt, um ihn anzuklagen und zu richten: „Sie haben nicht geglaubt, woran Eilers glaubte. Und dennoch haben Sie ihn dafür sterben lassen. Sinnlos sterben. Sie haben zugeschaut und ihn nicht gerettet. Das ist die Schuld, für die es kein Verzeihen gibt." (VIII, 220) Harras verteidigt sich und schreit auf: *„Wer bin ich denn –?! Bin ich denn mehr als ein Mensch? Kann ich mehr wissen – mehr tun – mehr leiden als ein Mensch? Ich bin doch – ich bin doch kein Gott!!"* Darauf Anne: „Ein Gott ist Mensch geworden, um leiden zu können – wie ein Mensch. Um nun den leidenden Geschöpfen seinen Trost zu geben. Sie aber dürfen seinen Namen nicht nennen. Auch das haben Sie verwirkt. Auch daran glauben Sie nicht." (VIII, 221) Die Anklage, die damit begann, daß Harras der Diskrepanz zwischen Denken und Handeln (mit tödlichem Ausgang für andere) gezogen wurde, endet damit wieder im Theologischen: Harras hätte sich weigern und in Imitation Christi eher leiden als gegen seine Überzeugung handeln dürfen. Als letzter Grund für seine Schuld erweist sich damit seine Gottferne – sein Teufelspakt.

4. Die Alternative für Harras' Handeln wird nur scheinbar im anschließenden Gespräch mit Oderbruch am Ende des dritten Aktes aufgezeigt. Oderbruch erweist sich als Kopf einer Sabotagegruppe, die für die Materialfehler der neuen Flugzeuge verantwortlich ist und damit riskiert, daß wahllos deutsche Soldaten wie Eilers umkommen, nur weil dadurch auch das System getroffen werden kann. Oderbruch nimmt zu seiner Selbstrechtfertigung Harras' Glauben an das göttliche Recht auf:

HARRAS [...] Was ist es, das ihr mehr liebt als euch selbst? Woran ihr glaubt, worauf ihr hofft – so sehr, daß ihr dem Nero trotzt und seinen Gladiatoren? Ist es des Himmels Gnade? Ist es das Recht auf Erden?

ODERBRUCH Beides in einem. Es ist das Ewige Recht.

HARRAS Was ist das Ewige Recht?

ODERBRUCH Recht ist das unerbittlich waltende Gesetz –
dem Geist, Natur und Leben unterworfen sind. Wenn es
erfüllt wird – heißt es Freiheit. (VIII, 228 f.)

Wieder erfolgt die Rechtfertigung mit Bezug auf metaphysische Werte; die Saboteure sehen sich als Kämpfer für ein ab-
straktes, metaphysisches Prinzip. In Zuckmayers Neufassung
des Dramas von 1966 akzeptiert Harras zwar diese Begründung, distanziert sich aber von Oderbruch insofern, als er dessen wahllose Tötung möglicherweise Unschuldiger verurteilt:
,,Was Sie wollen, ist recht. Was Sie tun, ist falsch. Glaubt ihr,
man kann einen schlechten Baum fällen, indem man die Krone
schlägt? Ihr müßt die Wurzel treffen! Die Wurzel, Oderbruch!
Und die heißt nicht Friedrich Eilers. Sie heißt: Adolf Hitler.''
(VIII, 229)

Widerstand, der den Tod Unschuldiger riskiert, wäre für
Harras keine Alternative gewesen. Er weiß nun um seine volle
Schuld. Mit einem selbstironischen Hinweis auf seinen Teufelspakt – ,,Ich denke, das Urteil ist mit Blut geschrieben.'' (VIII,
230) – lehnt er eine Flucht ab und besteigt die Schwestermaschine des Flugzeuges, mit dem Eilers abgestürzt ist. Er begeht
damit zwar nicht Selbstmord, unterwirft sich aber einem Gottesurteil – und stürzt ab.

,,Höllenmaschine'', ,,Galgenfrist oder die Hand'' und ,,Ver-
dammnis'' hießen die Aktüberschriften. Der Weg der Selbstfindung Harras' zeigt, daß Zuckmayer hier den religiösen Weg
eines schuldig gewordenen Menschen zur Einsicht seiner
Schuld und verstehenden Annahme des Gottesurteils geschrieben hat und nicht ein dokumentarisches Drama über Ernst
Udet, das Dritte Reich oder den deutschen Widerstand. ,Des
Teufels General' ist damit genauso ein Stück ,,metaphysischen
Theaters'' wie es ,Der Gesang im Feuerofen' werden sollte.
Hier wie dort nahm Zuckmayer aktuelle Fragen und führte sie
,,auf ihre zeitlosen Wurzeln zurück – ein typisch Zuckmayer-
sches Vorgehen.''[105]

Schon anläßlich der Uraufführung von ‚Des Teufels General‘ hatte die Gestalt Oderbruchs zu heftiger Kritik herausgefordert. Seine noble Absicht, das „Übel" (VIII, 226) zu bekämpfen, und seine Mittel klaffen weit auseinander. Er wirkt mit seinem ethischen Rigorismus, der ihn zum Anhänger des absoluten Widerstandes macht, ausgesprochen kalt. „Es kommt zu der paradoxen, von Zuckmayer nicht beabsichtigten Wirkung, daß Harras als Mensch so viel Sympathie findet, daß seine Handlungsweise noch darin einbezogen wird, die Oderbruchs hingegen so viel Antipathie hervorruft, daß diese auf die Gestalt selbst übertragen wird. Die Widerstandshaltung, die Oderbruch hier vertritt, erscheint selbst in übermenschlichem, wenn nicht unmenschlichem Licht und entspricht in dieser Charakterisierung nicht der historischen Wirklichkeit des deutschen Widerstandes."[106] Auch lief Zuckmayer mit der Gestalt Oderbruchs Gefahr, einer neuen Dolchstoßlegende Vorschub zu leisten.

Von christlicher Seite ist nicht unwidersprochen geblieben, daß der mit fragwürdigen Mitteln Widerstand leistende Oderbruch beim Absturz Harras' das Vaterunser betet. Es handele sich damit um „einen gar wunderlichen Christen, ja einen entschieden *abgeirrten",* denn „das, was Oderbruch tut, das indirekte Verfahren, das kalkulierte Hinopfern der Hineinverstrickten und Nichtschuldigen [...] [sollte] nie und nimmer christlich genannt werden [...]."[107] Die Diskussionen um Oderbruch beherrschten denn auch die öffentlichen Diskussionen mit Jugendlichen, in denen Zuckmayer auftrat, so daß er schließlich seine eigenen Zweifel an der Oderbruch-Figur folgendermaßen formulierte: „Dieser *Oderbruch* war schon damals mein Schmerzenskind. [...] Ich habe selbst immer wieder mit ihm gekämpft, und er mit mir, so wie jetzt viele Besucher des Stückes mit seiner Problematik, und dadurch vielleicht mit ihrer eignen, kämpfen. Ich wußte (was manche Besucher des Stückes heute vergessen), daß ich kein Dokumentar-Stück schrieb. Daß es sich nicht darum handeln konnte, die tatsächlichen Vorgänge der deutschen Wirklichkeit, des deutschen

Widerstandes vor allem darzustellen – sondern ihre Tragik zu symbolisieren. Daß ich Oderbruchs Aktion sehr drastisch, fast überdrastisch gestalten müsse, um jener verzweifelten Lage gerecht zu werden und ihr einen handelnden Ausdruck zu verleihen, die ich selbst empfand, wenn ich an meine Freunde drüben dachte. [...] Trotzdem konnte ich selbst mich nie mit Oderbruchs Handlungsweise abfinden, obwohl sie mir zwangsläufig erschien."[108] Die Kritik und diese eigenen Zweifel Zuckmayers an der Gestalt Oderbruchs führten dazu, daß er das Stück 1963 von den Bühnen zurückzog und erst 1966 in einer bearbeiteten Neufassung wieder freigab, in der sich der Tod Unschuldiger für Oderbruch nicht vorhersehen ließ: ,,Hören Sie mich an, Harras. Ich habe den Mord nicht gewollt. Ich hätte es nie für möglich gehalten, daß flugkranke Maschinen zum Einsatz kommen, ohne überprüft zu werden –" (VIII, 266) ,,Wir wollten die Kampfkraft schwächen, der sinnlosen Schlächterei ein Ziel setzen, weil es keinen anderen Weg gibt, um Deutschland zu befreien. Wir wollten die Waffe entschärfen – nicht den Mann töten, der sie führt." (ebd.) Durch derartige argumentatorische Winkelzüge wird die Gestalt Oderbruchs jedoch nicht aufgewertet, sondern höchstens in ihrer Eindeutigkeit verwirrt. Ihre ursprüngliche Rigorosität und Blässe läßt sich am besten wohl dadurch erklären, daß Zuckmayer hier im Gegensatz zu Harras kein historisches Vorbild benutzt hat, sondern eine abstrakte Möglichkeit durchspielt – vielleicht die Möglichkeit des Exilierten, der sich, wäre er zu Hause geblieben, eher als einen Harras gesehen hätte als einen Oderbruch, am Ende aber auch die Möglichkeit Harras' verurteilen muß.

Mit seiner metaphysischen Interpretation des Dritten Reiches ist das Stück eindeutig auf die Zeit um 1945 festgelegt, in der eine entsprechende Zeitdiagnose in der deutschen Literatur grassierte. Neben Thomas Manns bereits erwähntem Roman ,Doktor Faustus' (1947) wären andere Beispiele Elisabeth Langgässers ,Das unauslöschliche Siegel' (1946) und Hermann Kasacks ,Die Stadt hinter dem Strom' (1947). Das Problem all dieser Zeitdiagnosen ist, daß mit der Reduzierung des Dritten

Reiches auf angebliche metaphysische Gründe und Kategorien die Möglichkeit einer rationalen historischen Analyse verhindert wird; indem die Autoren aus der Aktualität historischer Realität ins Überzeitliche, Religiöse oder Ethische ausweichen,[109] indem sie ihre eigene Weltsicht oder religiöse Weltinterpretation der Zeit des Dritten Reiches als Raster auflegen.

Einer heutigen Zeit, die mit dem wenn auch auswählenden dokumentarischen Theater durch eine Theaterepoche hindurchgegangen ist, die sich zumindest in der Präsentation so eng wie möglich an die historischen Fakten hielt, will eine solche Weltsicht und Methode antiquiert erscheinen.

Stilistisch am gelungensten ist im Rückblick der erste Akt, in dem Zuckmayer mit naturalistisch-neusachlichen Mitteln seine umfassende Exposition gibt. Mit dem zweiten Akt fällt er – analog zur gehaltlichen Metaphysik – in Elemente des expressionistischen Dramas zurück, und zwar nicht nur im Auftritt des expressionistischen Malers Schlick und seiner Diktion, sondern vor allem in seiner bühnenbildnerisch verdeutlichten Interpretation Harras', der die Flakscheinwerfer als riesenhafte Finger einer Hand [Gottes] sieht.[110]

Zuckmayer selbst war, wie schon seine Überarbeitung zeigt, den Schwächen des Stückes gegenüber durchaus nicht blind. Er wies aber auch auf das Verdienst des Dramas in seiner Zeit hin, nämlich zur Diskussion, zur Klärung beizutragen angesichts einer Gegenwart, die nicht nur von der materiellen Not beherrscht war, sondern auch von einer ideologischen Verwirrung und Richtungslosigkeit der Jugend: ,,Wenn das Drama, dessen Aufgabe es nicht sein kann, fertige Lösungen zu geben, sondern zur Klärung beizutragen und einen Weg anzudeuten, diese jungen Menschen in ihrem Selbstvertrauen, in ihrer Zuversicht auf den endgültigen Sieg des Rechtes bestärken und zu festigen vermag, so liegt darin sein schönster Erfolg.''[111]

Die Diskussion um ‚Des Teufels General' mag Zuckmayer zu
seinem zweiten Stück, das sich zumindest vordergründig mit
dem Dritten Reich beschäftigt, angeregt haben, ja das Drama
‚Der Gesang im Feuerofen' (1950) kann sehr wohl als Zuckmayers Antwort auf Vorwürfe und Kritik wegen der Oderbruch-Gestalt interpretiert werden. Doch um es gleich vorweg
zu sagen: Zuckmayer geht es hier nicht um das Thema Widerstand, wie es ihm nie primär um gesellschafts- oder geschichts-
kritische Fragestellungen geht, sondern um allgemeine, ethische Fragen, die die gesamte Menschheit, die condition humain
betreffen. So sagt er auch ganz deutlich in seinen dem Drama
vorausgeschickten Erklärungen: ,,[. . .] was hier gespielt wird,
geschieht zwar zu einer bestimmten Zeit, ist aber nicht von
Zeitverhältnissen bestimmt.'' (IX, 10)

Das Drama beginnt mit einem Vorspiel, einer Gerichtsszene
im Jenseits, in der zwei Engel die Klage über den Verräter
Creveaux anhören, der eine Gruppe französischer Widerstandskämpfer aus einem Dorf in den savoyischen Alpen an die deutsche Gestapo verraten hat. Als sie am Weihnachtsabend 1943 in
einem alten Schloß einen Ball feierten, wurden sie von der
deutschen Heerespolizei erschossen bzw. kamen in den Flam-
men des angezündeten Schlosses um. Wie es zu diesem Verrat
kam, wird anschließend auf der realistischen Ebene des Stückes
dargestellt, unterbrochen von Auftritten naturmythischer Gestalten (Vater Wind, Mutter Frost, Bruder Nebel) und mit einem Nachspiel, das den mythischen Rahmen schließt.

So gibt sich das Drama als eine Art Mysterienspiel, das der
Form nach an manche Dramen Hofmannsthals oder an Goethes
‚Faust' gemahnt. Zuckmayer weicht hier zum erstenmal seit
‚Kreuzweg' von einem vordergründigen Realismus ab, denn
diesmal geht es ihm nicht nur um menschliche Verhaltensweisen, um das menschliche Geschick im innermenschlichen Bereich, sondern um ein metaphysisches, religiöses Thema, um
die Beurteilung menschlichen Verhaltens durch außermenschli-

che Instanzen, die Beziehung des Menschen, seine Verwoben-
heit mit dem Übernatürlichen. So schreibt er selbst zur Begründung der gewählten Form: ,,Da mir zur geistigen und
seelischen Bewältigung der in dem Stück angeschnittenen Ver-
hängnisse – seiner tragischen Verkettung von Schuld und Unschuld, bewußter und unbewußter Verantwortlichkeit des
Menschen an seinem Schicksal – die Ebene der menschlichen
Realität nicht auszureichen schien, mußte ich sowohl im Vorspiel als in den Zwischenspielen eine andere Ebene, die nicht
mehr beweisbar ist, sondern nur geahnt oder erfühlt werden
kann, die einer geistigen Mittlerwelt zwischen Erde und Himmel und die Welt der mythischen Naturkräfte, die am menschlichen Einzelschicksal keinen Anteil nimmt, aufsuchen.‘‘[112] So
gibt es also in dem Drama eine realistische Ebene, auf der sich
die Handlung um Gestalten entwickelt, die je bestimmte Prinzipien verkörpern und eine allegorische, ethisch wertfreie,
überrealistische,[113] die das Geschehen sub specie aeternitatis
wertet und als allgemeine Aussage über die menschliche Natur
betrachtet. Mit dieser Transzendierung des Realistischen steht
Zuckmayer in der Weltliteratur des 20. Jahrhunderts nicht allein da, sondern ist nur eine Stimme im Chor derer, die sich
nicht einer materialistischen Philosophie verschrieben haben.
Man denke an Paul Claudel und Jean Giraudoux, an Jean An-
ouilh und Jean Paul Sartre, an Thornton Wilder und Tennessee
Williams.

Bei dem ,Gesang im Feuerofen‘ handelt es sich nicht einfach
um ein Gericht über einen Menschen, den Verräter Louis Creveaux, sondern um ein Gericht über unsere Zeit, die apokalyp-
tisch als Endzeit interpretiert wird. So gibt Zuckmayer als angebliche ,,Quellen‘‘ für sein Stück nicht nur einen Bericht aus
der ,Basler National-Zeitung‘ vom 8. Oktober 1948 über die
Verurteilung des französischen Verräters an, sondern eine
zweite Notiz aus derselben Ausgabe der Zeitung, in der von 44
Walen berichtet wird, die sich in Florida auf den Strand spülen
ließen und, wie kürzlich des öfteren, zumeist dort verendeten.
Während die erste Meldung den Anlaß zur realistischen Fabel

gibt, vermittelt ihr die zweite den apokalyptischen Bedeu-
tungsinhalt als Zeitanalyse. So läßt Zuckmayer den frommen
deutschen Soldaten Martin, der sich später in die deutsche Maschinengewehrgarbe stürzen wird, davon sprechen, daß bald
die Zeit wiederkomme, „wo die Fische an Land wollen": „Das
ist nur einmal in tausend Jahr. Da tauchen große Scharen aus
dem Meer, man könnte auf ihren Rücken durch die Wellen
gehn, und lassen sich auf den Sand spülen, um zu sterben. Das
ist die Zeit, wo Luzifer auf die Erde kommt und keiner mehr
weiß, was gut oder schlecht ist. Was im Wasser lebt, will aufs
Land, und was in der Luft atmet, will ins Feuer, und die Erde
nimmt die Toten nicht mehr auf, sie liegen nackt ohne Gräber.
Aber dann ist die Heimkehr ganz nahe." (IX, 80)

Im Einklang mit dem biblischen Dualismus von Gut und
Böse sind die Gestalten des Dramas in genauer Symmetrie in
zwei Gruppen unterteilt, in Menschen, die an der Liebe nicht
teilhaben, die sich durch die „Aktion Feuerofen" des Mordes
an Unschuldigen schuldig machen, und in die, die auf der Seite
des Lebens und der Liebe stehen und diese Liebe im läuternden
Schmelztiegel des Feuerofens bewähren.

An der Spitze der ersten Gruppe steht der Verräter Creveaux,
der für Zuckmayer die Verkörperung des bösen Prinzips darstellt, wohl der einzige absolut Böse, der in seinen Dramen
überhaupt vorkommt. Sein Charakter, der sich schon früh im
Quälen von Tieren offenbarte, wird mit Vererbung und Milieu
begründet; sein Verrat durch Eifersucht und Rache – er war
von der Gastwirtstochter Sylvaine zugunsten des deutschen
Funkers Sylvester abgewiesen worden. Während es für Zuckmayers Helden eine Rettung gibt, wenn sie zur ihrer Bestimmung zurückkehren, ihrem Charakter treu bleiben, gibt es diese Rettung für Creveaux nicht. Der Zweite Engel stellt im
Vorspiel fest:

    Wer sich im Schnee verirrt hat,
    Tut gut, auf seiner eignen Spur zurückzugehn,
    Damit er heimfinde zu seinem Ausgang.
    Aber wehe, wenn die Nacht fällt

Und seinen Blick verdunkelt,
Oder der Nebel kreist,
Oder der Wind neuen Schnee treibt
Und die Spur verwischt.
Dann gnade ihm Gott. (IX, 16)

Als die Deutschen auf der Flucht durchs Gebirge am Ende des Dramas Creveaux zurückweisen, hindert ihn einer der Engel am Selbstmord. Die archetypische Gestalt der Mutter bekennt sich zwar zu ihm, denn auch er ist ihr Kind, aber sie übergibt ihn seinen Verfolgern.

Auf deutscher Seite steht Creveaux der Truppführer der Feldgendarmerie, Sprenger, gegenüber. Er ist ein Nihilist, der sich aus Angst in einer Art darwinistischem Existenzkampf verteidigt, der im Einzelleben keinen Wert sieht und der Werte wie Liebe und Gerechtigkeit nicht anerkennt: ,,Jeder hat Angst", sagt er auf der Flucht, ,,Die sitzt uns schon in den Knochen, wenn sie noch weich sind, im Mutterleib. Da wirst du herausgepreßt, als ein gemeines Stück Fleisch und ballst die Fäuste beim Schreien, und in der Kehle, da steckt die Angst und krampft dir die Stimmritzen zusammen! Da heißt es: zuschlagen, zuschlagen, zuschlagen! Und wenn du dich selber zerschlägst, was liegt an dir? Vor dir nichts, und hinter dir ist nichts, und in der Mitte ist auch nichts, worum sich's lohnt. Ich spucke aufs Leben, und auf den Tod, und ich hasse den ganzen Dreck. Aber solang ich mich wehren kann, da muß man mir die Zähne einzeln aus dem Kiefer brechen." (IX, 135)

Es geht Zuckmayer aber nicht darum, die Schlechtigkeit des deutschen Offiziers oder des französischen Verräters bzw. die Güte der französischen Widerstandskämpfer zu zeigen. Die Scheidelinie zwischen Gut und Böse geht vielmehr durch die nationalen Zugehörigkeiten hindurch. So wie sich Martin sinnlos in die Maschinengewehrgarbe stürzt, gibt es auf französischer Seite als Pendant zu ihm den biederen Bretonen Martin, der ebenfalls ins Feuer läuft. Sylvain und Sylvester kommen, in Liebe vereint, beide im Feuerofen um – Sylvester verrät seine Uniform aus Loyalität zu dem Völker übergreifenden Prinzip der Liebe zum Leben und der Gerechtigkeit, gegen die Herrschaft der Gewalt. Zwischen den beiden Gruppen steht auf deutscher Seite der frühere Ortskommandant Mühlstein, der, ein zweiter Pontius Pilatus, formal das Unternehmen nicht mehr aufhalten kann und will, weil er gerade durch Sprenger abgelöst worden ist; auf der französischen Seite der Ortsgendarm Neyroud, für den seine Pflicht zur inneren Qual wird. Zuckmayer wendet den Kunstgriff an, daß er die deutschen Soldaten und die französischen der Garde Mobile von denselben Schauspielern spielen läßt.

Während ,Des Teufels General' vom deutschen Volk und seiner schuldvollen Verstrickung in die Verbrechen des Dritten Reiches handelt, geht es im ,Gesang im Feuerofen' um alle Nationen, und Zuckmayer findet Schuld und Liebe auf deutscher und auf französischer Seite. Daß nicht die handfesten Ziele der französischen Widerstandskämpfer das Hauptthema bilden, macht er in der großen Grundsatzdiskussion des dritten Aktes zwischen dem durchaus positiv gezeichneten Marxisten Marcel und dem Priester Francis deutlich. Marcel geht es in seinem Kampf gegen die Deutschen um die äußere, materielle Freiheit: ,,[...] wir kämpfen, damit's unserer Mutter nicht in die Stube regnet, wenn sie alt ist, und damit unsre Kinder nicht in Angst leben, daß morgen kein Brot mehr da ist, und damit unsre Frauen nicht mit schlaffen Brüsten gehn, wenn sie dreißig sind, sondern uns mit ihrem Leib und ihrer Wärme erfreuen. Das ist mir Liebe genug – und wenn du mehr von mir willst, dann trennen sich unsre Wege." (IX, 103) Francis dagegen kämpft um die Seele des Menschen, um die innere Freiheit nicht nur Frankreichs, sondern für alle Völker,[114] um die Verteidigung und damit die Bestätigung der geheimen göttlichen Ordnung der Dinge, womit ein Hauptthema von ,Des Teufels General' aufgenommen wird: ,,Wir haften für dieses Leben mit unserer Seele, die ein Teil ist vom Wunderbaren, von des [sic] geheimen Schönheit und Ordnung, der sie entstammt. Wir sind noch für den Zufall verantwortlich, wenn er mit Steinen wirft – nur wie wir es bestehn und was wir daraus machen. Das ist die Freiheit, Marcel – die einzige, die allen gemeinsam ist. Dafür mußt du kämpfen." (ebd.) Das ist reinstes Zuckmayersches Credo: der Glaube an den geschöpflichen Zusammenhang aller Dinge und die Notwendigkeit der Aufrechterhaltung dieses Glaubens. In dieser pantheistischen, lebensbejahenden Auffassung dürfen wir den Bedeutungsgehalt des Dramas konzentriert sehen. Zuckmayer selbst schreibt z. B. in seinem ,,Geleitwort" zu Ingeborg Engelsing-Maleks Monographie mit direktem Bezug auf ‚Der Gesang im Feuerofen': ,,‚Creatori Creatoque' setzte ich als Leitwort meinem Stück ‚Der Gesang im Feuerofen' voran. Es könnte über meiner ganzen Arbeit stehen. ‚Wiederherstellung des geschöpflichen Zusammenhangs', – so bezeichnete mein Freund Hans Schiebelhuth einmal das, was er für meine Aufgabe und den Kern meines Schaffens hielt."[115]

Aus Francis' Rede wird ebenfalls deutlich, daß Zuckmayer an eine nur begrenzte menschliche Willensfreiheit glaubt. Über das Schicksal selbst hat der Mensch demnach keine Kontrolle, wohl aber über seine Akzeptierung als etwas, was von Gott gesandt ist. Im Sinne von Zuckmayers christlicher Glaubensüberzeugung versteht es sich von selbst, daß von Gott nur Liebe und Versöhnung kommen können. Deshalb läßt er im Nachspiel den Bruder Nebel sagen:

> Unendlich und grenzenlos wölbt sich
> Der reine Himmel, ergießt sich
> Des Himmels Regen, unendlich
> Segnet uns
> Liebe.[116]

Die Wolken sind licht geworden, ein Regenbogen glimmt auf (IX, 138) – das religiöse Symbol der Versöhnung.

Das Drama ist voller religiöser Symbole, jedoch nicht im Sinne einer katholischen Dogmatik, sondern Religion dient lediglich dazu, die guten Kräfte im Menschen zu wecken,[117] die Kräfte zu bestätigen, die das Leben bejahen, das Leben, die Liebe und den Tod.

Zehn Tage nach der Uraufführung durch Heinz Hilpert am

3. November 1950 in Göttingen wurde das Stück unter der Regie von Heinrich Koch im Hamburger Schauspielhaus in einer Neufassung aufgeführt, die der an der Inszenierung beteiligte Zuckmayer selbst guthieß: Koch kürzte das überlange Stück, wodurch es an Konzentration und Überzeugungskraft gewann. Die allegorischen Gestalten von Wind, Frost und Nebel wurden gestrichen, die Gerichtsverhandlung des Vorspiels in ein umrahmendes Vor- und Nachspiel zerlegt, das Zuckmayer durch einen „Totentanz" abschloß. Mit 415 Aufführungen an 32 Theatern wurde das Drama der Hit der Theatersaison 1950/51. Aber die Kritiken waren schon damals gemischt: Publikum und Kritiker machten Zuckmayers Sprung ins Mythisch-Allegorische nicht mit. Heute, nach der Ära des dokumentarischen Theaters hat das Stück aus diesem Grunde keine Chancen mehr.

Der politische Verrat als Vertrauenskrise: ‚Das kalte Licht'

Daß Zuckmayer in seiner Autobiographie ‚Als wär's ein Stück von mir' die Uraufführung seines Atomspionagestückes ‚Das kalte Licht' vom 14. September 1955 völlig übergeht, reflektiert wohl sein eigenes Unbehagen an seiner Gestaltung des Themas ‚Verrat im 20. Jahrhundert'. Offensichtlich haben ihn die Diskussionen um seine Oderbruch-Gestalt aus ‚Des Teufels General' zu einer neuen Beschäftigung mit der Gestalt des Verräters aus Gesinnung angeregt, finden sich doch in dem neuen Stück zahlreiche Parallelen zum früheren, allerdings mit dem Unterschied, daß es sich nun um das Thema des internationalen Verrats handelt und nicht um ein gleichsam innerdeutsches Problem. Daß jedoch bei Zuckmayer im Zentrum der ethischen Fragestellung nicht die nationale Loyalität stehen sollte, sondern das menschliche Gewissen, die menschliche Anständigkeit schlechthin, darf nicht überraschen, geht es ihm doch immer um den einzelnen.

So wie Ernst Udet das historische Vorbild für den General des Teufels abgab, war der Atomphysiker und -spion Klaus

Fuchs das Vorbild für Zuckmayers Verräter Kristof Wolters.[118]
Die *äußere* Handlung folgt dem Leben von Klaus Fuchs viel
genauer, als uns der Autor in seinem Nachwort glauben machen will, wo er vorsichtig formuliert: ,,In gewissen Zügen
seines äußeren Ablaufs lehnt es [das Drama] sich an die Geschichte des in England verurteilten Atomspions Dr. Klaus
Fuchs an. Wie dieser, ist der Handlungsträger des Stückes, Kristof Wolters, in Deutschland als Sohn eines protestantischen
Pfarrers geboren [. . .], er betätigte sich als Student im Lager
der linksradikalen Politik und mußte daher nach der Macht-
ergreifung durch die Nationalsozialisten aus Deutschland fliehen. Er vollendete sein mathematisches Studium in England,
wobei er seinen Lehrern durch ungewöhnliche Begabung auf-
fiel, wurde nach Kriegsausbruch als ,feindlicher Ausländer' in
ein Anhaltelager nach Kanada verschifft, aber nach einer gewissen Zeit nach England zurückberufen und arbeitete seitdem in
staatlichen Geheiminstituten an der theoretischen Entwicklung
der Atombombe. Obwohl er die britische Staatsbürgerschaft
erworben hatte, lieferte er aus eigenem Entschluß fortgesetzt
Informationen über seine Arbeitsergebnisse und die der gesamten westlichen Atomforschung an den Geheimdienst der So-
wjetunion, auch als er mit einer Abordnung britischer Wissenschaftler nach den Vereinigten Staaten berufen worden war,
sowie nach seiner Rückberufung zu einem englischen Fach-
institut, ohne daß seine Spionagetätigkeit entdeckt wurde. [. . .]
Sein Geständnis wurde letzten Endes durch die äußerst subtile
und einsichtige Ausforschungsarbeit eines britischen Untersu-
chungsbeamten zuwege gebracht.'' (IX, 389 f.)

Es ist interessant, daß Zuckmayer seinen Bericht mit seiner
Hauptfigur, Kristof Wolters, als grammatischem Subjekt be-
ginnt, dann aber als Biographie von Klaus Fuchs weiterführt.
Drama und historische Biographie sind nämlich in allen hierin
aufgeführten Punkten identisch. Die anderen Gestalten des
Dramas sind – so Zuckmayer – alle erfunden.

Erfunden ist auch das innere Geschehen, der eigentliche Konflikt von Kristof Wolters im Gegensatz zur Problematik des

Klaus Fuchs, die ganz allgemeine Fragen zur Ethik des modernen Wissenschaftlers aufwarf, Fragen wie: ist ein Wissenschaftler gerechtfertigt, seine Freunde und ein Land zu verraten, das ihm Asyl gewährt hat, wenn er damit eventuell einen für unmoralisch erachteten Zustand ändern zu können glaubt? Inwieweit ist ein Wissenschaftler für die politischen Konsequenzen seiner Arbeit verantwortlich? Darf er jegliche Verantwortung mit Berufung auf einen absoluten Eigenwert wissenschaftlicher Erkenntnis von sich weisen? Gehören wissenschaftliche Erkenntnisse dem Staat, der die Forschung finanziert hat, oder allen, der Menschheit? Hat der Wissenschaftler eventuell sogar die Pflicht, seine Erkenntnisse auch anderen Staaten mitzuteilen, um einen absoluten Machtzuwachs oder gar die Weltherrschaft eines Staates zu verhindern?

Dies sind Fragen, die sich zum ersten Male in der Geschichte der Menschheit in unserer Zeit gestellt haben, weil es zum erstenmal um die wissenschaftliche Entwicklung von Waffen geht, mit denen die Auslöschung ganzer Staaten und Zivilisationen und u. U. der gesamten Erde möglich geworden ist. Fragen ähnlicher Art werden in Dramen wie Friedrich Dürrenmatts ,Die Physiker' oder Heinar Kipphardts ,In der Sache J. Robert Oppenheimer' ebenfalls angesprochen. Bei Zuckmayer wird der Einsatz der Atombombe nur im zweiten Akt, der im amerikanischen Atomforschungszentrum Las Mesas (statt des realen Los Alamos) spielt, von den Wissenschaftlern kurz diskutiert. Im Zentrum stehen solche Diskussionen jedoch nicht, denn es geht Zuckmayer nicht um die politische oder wissenschaftliche Problematik, sondern allein um die menschliche: ,,Denn das Thema des Stückes ist nicht die Spaltung des Atoms", schreibt er, ,,sondern die Krise des Vertrauens. Weiter gespannt: die Denk- und Glaubenskrise der Gegenwart. Hier – beim Tatbestand des ,ideologischen' oder gar ,idealistischen' Verrats – ergibt sich ein menschlicher Gewissenskonflikt, der höchstens in Zeiten der Religionskriege Parallelen findet." (IX, 391) An die Stelle des metaphysischen oder religiösen Motivs trete der ,,Totalitätsanspruch einer gesellschaftlichen Doktrin – und die Prädominanz der wissenschaftlichen Erkenntnis", durch deren Faszination die einfachen Grundlagen menschlichen Rechts- und Ehrgefühls verwirrt und verblendet würden (IX, 391). „Der Mensch tritt hier, wie in der antiken Tragödie, aus seinen natürlichen und sittlichen Grenzen heraus, greift ins Weltschicksal ein. An diesem Übertritt wird er schuldig, an dieser Schuld muß er scheitern. Die Erkenntnis der Schuld, durch die dramatische Gegenüberstellung mit einem in seinen menschlichen Grenzen intakt Gebliebenen, ist die Wurzel einer möglichen Entsühnung." (ebd.) Soweit Zuckmayer.

Hierzu ist folgendes anzumerken: Kristof Wolters ist kein überzeugter Kommunist wie z. B. sein Kontaktmann in England, der „Apparatschik" Buschmann, der später von seiner eigenen Partei liquidiert wird. Wolters wird zum Verräter aus verletztem Ehrgefühl, da man ihn in Kanada interniert und seinem Gefühl nach damit ungebührlich behandelt hat. Er wird zum Verräter nicht gegen das kapitalistische System, sondern gegen seinen Vorgesetzten Ketterick, der ihm die norwegische Kollegin Hjördis, die anzureden er nicht den Mut hatte, vor der Nase weggeheiratet hat; und er wird zum Verräter, weil er sich nur von den Denklösungen eines ideologischen Systems überzeugen lassen will, nicht aber von der menschlichen Logik, wie sie die wohl abgerundetste Gestalt des Dramas, die Nebenfigur des Juden Friedländer, auf dem Transport nach Kanada entwickelt. Fast zu aufdringlich ist die Symbolik des Schachspiels, das Friedländer durch einen genialen, unorthodoxen Glückseinfall gegen die mathematischen Konstruktionen, die wissenschaftliche Logik von Wolters gewinnt. Wolters' Problem ist also eine innere Verarmung im seelischen Bereich, die erst am Schluß durch die Liebe zu Hjördis aufgehoben wird. So gesehen ist ‚Das kalte Licht' tatsächlich „das Psychogramm eines introvertierten Sonderlings, der sich durch Verrat an einer ihn ewig zurücksetzenden Gesellschaft rächt."[119]

Mit „Vertrauenskrise" meint Zuckmayer eine Krise im engen, zwischenmenschlichen Bereich. So verpflichtet sich Wolters Ketterick gegenüber durch einen Handschlag und wird damit Teil eines kleinen Teams von Wissenschaftlern. Als Hjördis nach einem Tennisspiel in Las Mesas einen Zettel mit einem Verabredungstermin bei ihm findet, den er ihr verschwiegen hat, hat er damit, wie ihr scheint, sein Vertrauensverhältnis zu ihr gebrochen. Umgekehrt vermögen die geschickten psychotherapeutischen Duelle mit dem englischen Geheimdienstler Northon, dem ,,in seinen menschlichen Grenzen intakt gebliebenen" (s. o.), Wolters nicht zu einem Geständnis zu bewegen; das tut erst die Information, daß Hjördis ihn nicht an Ketterick verraten hat. Folglich endet das Drama damit, daß Wolters Hjördis durch Northon mitteilen läßt, zwischen ihm und ihr sei nie eine Lüge gewesen (IX, 381), dieses Vertrauensverhältnis also nie gebrochen worden. Aus einem Dramenstoff mit der paradigmatischen Problematik eines modernen Wissenschaftlers hat Zuckmayer so eine Art inneres Erweckungsstück gemacht, in dem aus dem Saulus ein Paulus wird, der nach etwa zehn Jahren Haft seine auf ihn wartende Braut heimführen wird.

Auch die Lichtsymbolik, die vom kalten Licht, das nicht erwärmt, bis zum an das mystische Seelenfünklein erinnernden inneren Licht reicht, das am Ende den erwachten Wolters wärmt, demonstriert, daß Zuckmayer die politische und wissenschaftliche Problematik zugunsten der Bekehrung seines Helden verdrängt hat. Die letzten von Wolters gesprochenen Worte sind denn auch bezeichnenderweise: ,,Ich habe mein Leben lang im Strahl des Kalten Lichts gestanden, das von außen kam und mich mit einem inneren Frost erfüllte. Aber ein Augenblick – kann wie Feuer sein, in dem sich alles verwandelt". (IX, 380)

Die Gefahr einer solchen bewußten Vermeidung stoffimmanenter Thematik ist, daß die Lösung der persönlichen Charakterprobleme des einzelnen Wissenschaftlers den Eindruck erweckt, als ob alle Probleme der Welt durch zwischenmenschliches Vertrauen geheilt werden könnten, eine Weltsicht, die gerade in Anbetracht von internationalen Machtproblemen, die hinter denen des Atomverrats stehen, etwas naiv anmutet.

Aber das Drama befriedigt nicht nur deshalb nicht, weil Zuckmayer eine gar zu glatte, individualistische Lösung eines komplexen, politischen, wissenschaftlichen und ethischen Problems vorschlägt. Auch sind ihm hier, mit Ausnahme des schon erwähnten Friedländer und einer englischen Putzfrau keine lebendigen Gestalten geglückt. Seine Hjördis bleibt eine kühle nordische Klavier- und Tennisspielerin, Ketterick ein nationalistischer Machtmensch, der Physiker Löwenschild ein humaner Prediger (vielfach Zuckmayers Sprachrohr), Kettericks Assistent Fülleborn ein rosaroter Schwachkopf, Northon ein höchst unwahrscheinlicher Beamter mit Talent zum Psychoanalytiker, Wolters selbst die Konstruktion eines verwirrten Wissenschaftlers, der nur mathematisch denken gelernt hat. Es wird zuviel diskutiert und debattiert im Stück. Das heißt nicht, daß nichts passierte; im Gegenteil steigert sich gegen Ende hin die Aktion zu Unwahrscheinlichkeiten, wie sie nur in einem schlechten Kriminalroman vorkommen: Hjördis hat den verhängnisvollen Zettel, ohne seine Bedeutung zu verstehen, vier Jahre lang (von 1945 bis 1949) aufbewahrt, ist nun dumm genug, ihn ihrem Mann zu geben, der prompt mit seinem Wagen in den Tod rast, so daß der Zettel verbrennt ... Das ,,erschütterte" Geständnis – der Bösewicht weint vorher – gehört genauso in das Fach der Melodramatik wie Wolters' Nachricht an Hjördis, daß er sie nie angelogen habe, worauf sie bereit ist, zehn Jahre auf ihn zu warten, seine (so Hjördis) ,,besten Jahre", die (so Northon) wegen der Möglichkeit der Entsühnung durch innere Einkehr tatsächlich seine ,,besten Jahre" sein würden (IX, 381). Wenn Zuckmayer dann Northon noch gestehen läßt: ,,Ich verurteile seine Tat. Aber noch im Urteil – selbst in der Verdammung – kann Liebe sein." (IX, 382), so hat man den Eindruck, als wenn nun mit aller Gewalt der Zuckmayersche Wertekatalog komplettiert worden wäre. Endlose Debattierfreude, kolportagehafte Handlung und ein melodramatischer Schluß ergänzen das inhaltliche Urteil: Thema verfehlt.

Mit ‚Die Uhr schlägt eins‘ setzte Zuckmayer die Reihe seiner gegenwartsbezogenen Problemdramen fort. Das am 14. Oktober 1961 am Wiener Burgtheater unter der Regie von Heinz Hilpert uraufgeführte „historische Drama aus der Gegenwart“, wie Zuckmayer es im Untertitel nennt, spielt um 1953 in Deutschland und 1954 in Indochina: Gerhard, der Sohn des Wirtschaftsführers Holtermann und seiner Frau Gudula, rebelliert aus Nihilismus gegen die Wirtschaftswunderwelt seines Vaterhauses, indem er sich der Verbrecherbande des zynischen baltischen Barons Turo anschließt. Seine Mutter hat ihren ersten Mann, einen Juden, aus Barmherzigkeit mit einer Spritze getötet, nachdem er von den Nazis zum wimmernden Fleischklumpen geschlagen worden war. Sie hatte geschworen, daß ihre Tochter Isabel aus einem Ehebruch mit Holtermann hervorgegangen wäre, und trotz ihrer andauernden Liebe zu dem Toten Holtermann geheiratet. Als Gerhard bei einem Bandeneinsatz einen Polizisten erschießt und sich mit Turo in die französische Fremdenlegion flüchtet, wird sie wahnsinnig und fährt in den Tod. In Indochina erfährt Gerhard in der Beziehung zu dem chinesischen Barmädchen Shing, was Liebe ist. Er erschießt seinen Vorgesetzten, flieht, wird gefangengenommen und soll, obwohl todkrank, als Deserteur und Mörder füsiliert werden. Sein herbeigeeilter Vater verweigert ihm aus Barmherzigkeit die lebenserhaltende Spritze. Im Fieber glaubt er in der Krankenschwester Ambrosia die Mutter zu erkennen, mit der er sich sterbend versöhnt.

Schon aus dieser nur mit groben Strichen gezeichneten Inhaltsangabe wird deutlich, wie sehr Zuckmayer sein Stück mit Klischees und kolportagehaften Zügen überfrachtet hat. Thema: die jüdische Frau; Thema: Wohlstandsgesellschaft und Wirtschaftsboß; Thema: Legionärshölle Indochina. Hinzu kommen noch andere wie: russische Kriegsgreuel, die an Turos Eltern begangen wurden, KZ-Arzt-Vergangenheit eines Privatdozenten, der um die Hand Isabels, der Schwester Gerhards, wirbt usw. usw.

Zunächst einmal treibt Zuckmayer in seinem Stück wieder etwas „Vergangenheitsbewältigung". Die Vergangenheit spielt in das Schicksal dieser Menschen von 1953/54 weiterhin hinein. Sie ist trotz Wirtschaftswunder nicht tot, denn alte Schuld, schicksalhafte Verstrickungen und Leiden der Vergangenheit bestimmen das Handeln der Menschen in der Gegenwart: „Das Stück spielt nämlich in den Jahren 1953 und 1954", bemerkte Zuckmayer dazu, „genau in der Zeit, in der die Wunden des Zweiten Weltkrieges zu verheilen schienen und es so aussah, als ob sich wieder eine Friedenswelt vorbereiten wolle. Jedoch sind sämtliche unheilvollen Kräfte, sämtliche Dinge, die geschehen sind, in den Menschen noch vorhanden und verfolgen sie. Die Geisterstunde ist noch lange nicht vorüber, ein neuer Tag noch nicht angebrochen."[120] So erklärt sich das Attribut „historisch" im Untertitel besser als mit Zuckmayers eigenem Hinweis auf die Zeitlosigkeit der Problematik („„Ein historisches Drama der Gegenwart'. Ich will damit sagen, es ist aus dem Leben unserer unmittelbaren Umgebung genommen, aus der Welt, in der wir, ob vor zehn Jahren oder heute oder übermorgen, alle stehen.").[121]

Zweitens übt er Kritik an der sich eben etablierenden bundesdeutschen Wohlstandsgesellschaft, die in ihrer eigenen Hohlheit und Konsumorientiertheit den Jugendlichen keine innere Richtung zu geben vermag. Aber Zuckmayers Drama und seine Gestalten, die einem Dreigroschenroman entstammen könnten, geben kein Bild von der westdeutschen Gegenwart von 1953/54. Das Atmosphärische, einst Zuckmayers Stärke, ist in den in Deutschland spielenden Szenen nicht getroffen, und der Sprung nach Indochina mit der süßlichen Liebesgeschichte mit dem Barmädchen Shing, die selbstverständlich eine kommunistische Agentin ist, fällt dem Leser/Zuschauer auch nach dem Vietnam-Krieg noch schwer. Es überrascht deshalb nicht, daß die Kritik wegen dieser Unwahrscheinlichkeiten mit Zuckmayer ernsthaft ins Gericht ging: „Tieferschüttert gebe ich hiermit geziemend Nachricht vom Ende des ernst zu nehmenden Dramatikers Carl Zuckmayer", schrieb der Wiener

Kritiker Hans Weigel in der ‚Illustrierten Kronen-Zeitung‘; ein Indianerbuch von Karl May sei „ein Tatsachenbericht gegen diese angebliche deutsche Gegenwart [...], weil von Radebeul bei Dresden zum Wilden Westen die Distanz nicht so groß war wie von Zuckmayer zur Gegenwart."[122]

Man darf allerdings nicht übersehen, daß Zuckmayer hier nicht nur ein zeitkritisches Stück schreiben wollte, sondern auch das Thema vom Verlorenen Sohn gestalten, das er in einer ihm eigenen Manier löste: der rebellische Gerhard, in mancher Hinsicht ein Schinderhannes des Jahres 1953, findet als typischer Zuckmayerscher Held am Schluß zu sich selbst. Er distanziert sich von dem ebenfalls eine – weniger überzeugende – Wandlung andeutenden Turo und seinem früheren Verhalten mit dem Bekenntnis zum Humanen, zur Liebe (X, 72, 74) und versöhnt sich mit seinem Vater unter Berufung auf Eigenverantwortung, gegen Milieueinfluß: „,[...] es ist niemand schuld. [...] Es ist nie ein anderer schuld. Jeder ist es für sich, von Anfang an. [...] Wenn einer sagt, die Eltern sind schuld, der belügt sich. Wir sind nicht Herr unsrer Geburt. Wir sind nicht Herr unsrer Geschicke. Aber der Mensch ist Herr seiner Seele." (X, 80). – Ein typisch Zuckmayerscher Held also, der sich zum freien Willen im Sinne eines Akzeptierens der Eigenverantwortung für sein Schicksal bekennt.

Aber das Stück ist kein Drama über ein Individuum, sondern der Titel selbst hat durchaus etwas Adventistisches: Zuckmayer will diese Selbstbestimmung des Menschen und die Annahme seines Schicksals, sein Bekenntnis zum Menschen und zur Liebe als Heilmittel zur Lösung der Konflikte der Vergangenheit bzw. Gegenwart verstanden wissen. „*Er* [Gott] *ist die Liebe.*" (X, 81) sind Schwester Ambrosias fettgedruckte Worte nach dem Bekenntnis Zuckmayer/Gerhards. So endet das Stück als religiöses Versöhnungsdrama, das die Gegenwart aus christlicher Verheißungstheologie, vom Individuum aus und nicht auf der Grundlage von historischer und sozialer Analyse mit einem vernunftorientierten Programm heilen möchte. Die Kritik an dem Vertrauensmangel der Gegenwart in ‚Das kalte

Licht' wird damit erweitert durch den zukunftsweisenden Glauben daran, daß eine Selbstbesinnung des einzelnen Menschen nötig und möglich sei.

Mit diesem Konzept, das auch in seinen theoretischen Schriften dieser Jahre deutlich wird, stand Zuckmayer im Jahre 1960 allein auf weiter Flur. Das Stück beweist einmal mehr, daß er zumindest seit 1955 (,Das kalte Licht') an die Entwicklung des deutschen Theaters keinen Anschluß mehr gefunden hat. Gerade sein wiederholter Versuch, zeitgenössische, politisch und sozial brisante Themen zu dramatisieren, schlug fehl. Mit dem Verlust des Atmosphärischen, im Volkhaften Verwurzelten, zu dem er sich in seiner dramatischen Praxis nicht mehr bekannte, gelangen ihm nur noch vereinzelte theaterwirksame Szenen, Achtungserfolge für den ,Grand Old Man' des deutschen Theaters. Nichts wäre einzuwenden, wenn er tatsächlich neuen Wein in alte Schläuche gegossen hätte; nur bekam er das Neue nicht mehr in den Griff, und das Alte, der Individualismus und Humanismus seiner Wertwelt und seine metaphysische Weltsicht waren mit dem oberflächlich assimilierten Neuen der Vordergrundhandlungen nicht mehr kongruent.

Erinnerungen an die Neue Welt: ,Kranichtanz' und
,Das Leben des Horace A. W. Tabor'

Innerhalb von Zuckmayers zeitbezogenen Problemstücken gibt es zwei Stücke des Nachkriegsautors Zuckmayer, die sich schon vom Handlungsort, Amerika, her wie erratische Blöcke ausnehmen: ,Kranichtanz' und ,Das Leben des Horace A. W. Tabor'.

Wie ein O'Neill-Drama mutet der 1961 entstandene, aber erst zu Zuckmayers siebzigstem Geburtstag 1967 im Zürcher Schauspielhaus uraufgeführte Einakter ,Kranichtanz' an, dessen Handlung in einem Farmhaus von Neuengland angesiedelt ist. Das Leben dreier Menschen ist hier aufs äußerste konzentriert, um es nicht gleich das verfehlte Leben zu nennen: Der bieder-beschränkte Gutsverwalter Loren King muß einsehen, daß er mit seinem Sohn Dave nie wieder die eigene Farm hochbringen wird, denn Dave hat soeben ein Fotomodell mit zweifelhaftem Ruf geheiratet, nur weil er mit ihr eine Woche Ferien machen möchte. Die Frau, die Loren liebt, die Gutsbesitzerin Rhoda Atwood, kündigt ihm an, daß ihre Liebesbeziehung zu Ende sei. Sie hat von ihrem verstorbenen Mann nicht nur die Farm geerbt, sondern auch ihren playboyhaften Stiefsohn „Jolly" Atwood übernehmen müssen. Als Jolly von der Kranichjagd betrunken nach Hause kommt, den Hochzeitstanz der Kraniche nachahmt und, mit seiner Rolle eins werdend, den Tanz auf sie bezieht, erschießt sie ihn. So wird sich eine ganze Gruppe von Menschen an einem Morgen ihrer Illusionen und ihres falschen Lebensweges bewußt.[123] Eine derartige Konzentration von Handlung unter Aussparung volkstümlicher, atmosphärischer oder romantischer Elemente gibt es sonst bei Zuckmayer nicht. Die Kritik sprach mit Recht von dem „Schlußakt eines langsam herangereiften, aber ungeschriebenen Dramas",[124] einer, wie der Regisseur Lindtberg sagte, „dramatischen Kurzgeschichte", die „in ihrer Häufung an Schicksalsfügungen, Verwicklung und Verstrickung geradezu an antike Tragödien erinnern konnte."[125] Im Hinblick auf das nächste Stück, das epische ‚Leben des Horace A. W. Tabor' wird man auch von einer Etüde im amerikanischen Milieu der Exilwelt sprechen können.

Den Stoff für das am 18. 11. 1964 am Zürcher Schauspielhaus uraufgeführte „Stück aus den Tagen der letzten Könige" (Untertitel) ‚Das Leben des Horace A. W. Tabor' hat Zuckmayer seit seiner Ankunft in den Vereinigten Staaten 1939 mit sich herumgetragen. Ein Freund, Eugen Rosenstock-Huessy, hatte ihn damals auf Zeitungsmeldungen vom März 1936 aufmerksam gemacht, die vom Tode Baby Does, der Witwe des ehemaligen Silberkönigs Horace A. W. Tabor, berichteten. Der Freund glaubte, Zuckmayer könne mit dem Stoff „das amerikanische Theater erobern" (X, 259). Warum er sich ausgerechnet in den sechziger Jahren seine alten Aufzeichnungen und Recherchen wieder vorgenommen hat, ist nicht ganz einzusehen, da sich der Stoff höchstens als Kontrastbilderbogen auf die Gegenwart beziehen läßt.

Unter enger Anlehnung an seine Quellen, die er im Anhang zum Drama in fast Hochhuthscher Manier nebst etlichen Lektüreempfehlungen anführt (X, 261 f.), läßt Zuckmayer in zehn balladesken Bildern das Leben des Silberkönigs aus Colorado vor uns abrollen: wie der ehemalige „Prospektor" und jetzige Posthalter von Leadville, Colorado 1879 für eine Gallone Whisky von zwei deutschen Abenteurern den Zweidrittel-Anteil einer reichen Silbermine erwirbt; wie er damit sein Industrieimperium begründet, zum harten Ausbeuter wird, der seine frühere Armut vergessen hat und nach einer politischen Karriere strebt; wie er Gouverneur von Colorado und schließlich US-Senator wird, wie er der Halbwelt-Dame Baby Doe verfällt und sie nach der Scheidung von seiner ersten Frau Augusta heiratet; wie er sein ganzes Vermögen durch übelwollende Freunde und einen Börsenkrach wieder verliert, wonach ihm aber Baby Doe treu bleibt und sich Augusta weiterhin um ihn kümmert, bis er schließlich zufrieden in seinem alten, heruntergekommenen Hause stirbt.

Das scheinbar Märchenhafte an dieser Wildwest-Story beruht auf Wahrheit. Parallelen zu Ferdinand Raimunds ‚Der Bauer als Millionär' (1826), auf die u. a. Siegfried Mews hinweist,[126] sind genauso vorhanden wie solche zu vielen anderen Dramen des internationalen Stoffkomplexes vom Rusticus Imperans. Was Zuckmayer und Raimund jedoch verbindet, ist die Einsicht des Titelhelden in seine zeitweilige Verblendung, die Einsicht in seine Vermessenheit, was ihn zu innerer Harmonie und Zufriedenheit führt.

Beim ‚König Tabor' handelt es sich Zuckmayers Absicht gemäß nicht um eine Western-Saga, sondern um ein parabelhaftes Stück, wie es Hofmannsthal z. B. mit seinem ‚Jedermann' geschrieben hat: „Hier wird ein ‚Königsdrama' gespielt", schreibt der Autor anläßlich der westdeutschen Erstaufführung in Mainz,, „und gleichzeitig, ohne Symbolismus, eine Art von ‚Jedermann'. Tabor – aus dem Dunkel kommend

– wird durch den blitzartigen Einschlag des ‚Glücks' zum unge-
krönten König eines gar nicht so kleinen Reiches, auch der
Finanzbereiche seiner Zeit – er versagt an der Größe seines
Glücks und seiner Macht, um sich dann, als er sein Reich verliert, ‚höchst königlich zu bewähren'."[127] Diese Dialektik von
äußerem und innerem Königtum mag durch die Komponente
des Wertumschlags im nachhinein aufgepfropft wirken, genauso wie Zuckmayers Behauptung, Tabor habe sich nie „verloren", weil er eben zutiefst „heil" sei, „ein ganzer Mensch".[128]
Es ist aber offensichtlich, daß Tabor sich unter dem Einfluß
von Reichtum und Macht wandelt, daß er hart, grausam und
egoistisch wird, daß er damit die typischen Eigenschaften eines
Kapitalisten der amerikanischen Gründerjahre annimmt. Hö-
hepunkt dieser Entwicklung ist die Szene, in der er den verzweifelten Streikenden seine Wandlung gesteht: Glück haben
bedeute, daß man anders denken lerne, und: „Ich gehöre nicht
mehr zu euch!" (X, 167) Sein ehemaliger Freund Stratton sagt
ihm, er sei einer, der gestorben sei und doch weiterlebe als ein
anderer, den er vorher nicht gekannt habe (X, 166). Tabor ist
sich selbst fremd geworden, und so kann ihn auch seine Frau
Augusta nicht mehr verstehen und ihn nicht mehr unterstüt-
zen. Sie ist, wie Julchen im ‚Schinderhannes', eine jener un-
beirrbaren Zuckmayerschen Frauengestalten, die instinktiv auf
dem richtigen Weg bleiben.

Tabors Schuld gründet in seiner Naivität und Schwäche. Er
ist seiner neuen Rolle nicht gewachsen, hat aber Glück im Unglück, wenn ihm die scheinbar oberflächliche Baby Doe die
Treue bewahrt und auch nach dem Verlust seines Vermögens
weiterhin zu ihm steht. So findet der nur zeitweilig korrum-
pierte Tabor das, was in Zuckmayers Wertordnung am höchsten steht: die Liebe: „Glaubst du nicht", läßt Zuckmayer ihn
zu dem Prediger Dyer sagen, „daß man [auf den Tod] gut
vorbereitet ist, wenn einem nichts mehr wichtig ist – nur noch
die Liebe?" (X, 245) Ob er den Beginn des neuen Jahrhunderts
erlebt, ist für ihn unwesentlich, denn nicht die geschichtlichen
Annalen sind ihm wichtig, sondern – und da spricht wieder

Zuckmayers Humanismus – nur der Mensch: „Es sind schon so viele Jahrhunderte angebrochen und haben wieder aufgehört. Ich glaube, es ist doch nur interessant, wann ein Mensch anfängt und wann er aufhört." (ebd.) Wie in allen anderen Dramen Zuckmayers geht es damit auch hier wieder um den Menschen und die Auseinandersetzung mit seinem Schicksal: „Es geht bei diesem Stück um das gleiche, wie bei all meinen Stücken, die – ohne die Stilmittel des epischen Theaters anzuwenden – dennoch episch angelegt sind. Nämlich: um die Erzählung einer Geschichte aus dem ,vollen Menschenleben', die mir einen exemplarischen Kern zu bieten scheint – um die plastische Darstellung menschlicher Gestalten und menschlichen Verhaltens."[129]

Aus diesem Grund hat Zuckmayer in der Tat die „Gelegenheit zu einer politischen, sozialen oder psychologischen Analyse"[130] „vertan und [er] beschränkt sich auf die Gestaltung eines im Grunde edelmütigen, kräftig-derben und ursprünglichen Charakters."[131] Aber es hieße, seine in einem humanen, individualistischen Menschenbild begründete Intention verkennen, wollte man von ihm eine derartige Analyse und Sozialkritik verlangen. Zeitkritik, wie die Hinweise auf das Elend der Bergarbeiter zur Zeit der industriellen Revolution, können für ihn höchstens Nebenzweck haben, und wenn er den Marxisten Stratton zum Unternehmer macht, der das Verhalten des Kapitalisten Tabor studiert und sein „klassengerechtes Verhalten" (X, 237) mit einem Scheck belohnt, so ist das ein Lapsus, der bestenfalls einem Regisseur Gelegenheit zur Streichung geben sollte. Zeitkritik ist das Drama vom König Tabor nicht.

Nach Zuckmayers Willen hätte es auch nichts mit „,Wildwest-Romantik' zu tun" haben sollen (X, 260), obwohl er in dieser Hinsicht seiner selbst gestellten Falle nicht entgangen ist. Seine Abenteurergestalten kommen nicht über die Typenhaftigkeit eines Hollywood-Westerns hinaus, ebensowenig wie die Lokalitäten, das „Postamt" und die „Crystal-Bar" des „Clarendon-Hotels", wo Tabor Baby Doe kennenlernt. Zuckmayer entgeht auch der Versuchung nicht, die Handlung ins

Flach-Reißerische umkippen zu lassen, so wenn er Tabor von dem Ehemann Baby Does, dem – selbstverständlich aus Chicago stammenden – Harvey ‚Vulture‘ (Aasgeier) Doe erpressen läßt. Kraftmeierische Geschmacklosigkeiten sollen Lokalkolorit vorspiegeln. Sprachliche Entgleisungen wie die von dem Prospektor, der „nie so viel Geld gemacht [hat] wie eine Maus ins Stroh kackt" (X, 116) oder des krakeelenden, betrunkenen ‚Chicken-Bill‘ („Ich komme schon um halb sechs [in die Kirche], alter Stinkrattenkopf, und scheiß dir einen Haufen in den Tempel, der dampft, sag ich dir, da brauchst du keinen Weihrauch." [X, 127] mag man gerade noch mit Zuckmayers Freude an einem naturalistischen Realismus entschuldigen; daß jedoch der Manager der Crystal-Bar, ‚Pop‘ Wyman, sein Geld in einem „echten Beutel, verstehen Sie, [s]crotum hominis" (X, 182) mit sich herumträgt und dadurch seine Tanzmädchen zum Erschauern bringt, hätte er lieber einem schlechten Film überlassen sollen.

Zuckmayers Western-Klischees irritierten die Kritiker von 1964 genauso wie der Realismus des Stücks. „Geht das heute noch?" fragte sich der Berliner Star-Kritiker Friedrich Luft: „Kann man so dick und deutlich für die Szene schreiben? Wird der Versuch mit der offenbaren Einfalt gutgehen können zu einer Zeit, da die Szene sonst vor Komplexität surrt, da schon jeder Wildwestfilm heute gegen solche vorgefaßt dramatische Klarschrift wie ein raffiniertes, dramatisches Bubenstück erscheint? Es geht, leider nicht gut."[132] Die Vorwürfe gegen den ‚König Tabor‘ richteten sich, genauer gesagt, gegen zweierlei:

1. „Man kann nach zwei Weltkriegen, Auschwitz und der Mauer kein Stück schreiben, das in Goldgräberzeiten spielt."

2. „Man kann nach Beckett und Ionesco keine theatralischen Mittel mehr bemühen, die aus der Zeit des seligen Realismus stammen."[133] Die Autorin dieser Sätze, die in der ‚Zeit‘ schreibende Kritikerin Petra Kipphoff, relativiert jedoch im folgenden dieses Urteil: Nicht Zuckmayer habe sich gewandelt, sondern die Zeit und der Geschmack: „Vor vierzig Jahren wäre der ‚Tabor‘, aller Wahrscheinlichkeit nach, ein großer Erfolg ge-

wesen. Heute trägt man in Kritikerkreisen nicht mehr Zuckmayer. Woran mir vor allem die Schlußfolgerung dieser Krei-
se, daß das, was nicht modern und gefragt ist, deshalb auch
nicht gut sein kann, als voreilig erscheinen mag."[134] Man kann
Zuckmayer seine Wandlungsunfähigkeit nicht unbedingt als
Negativum anrechnen, sofern sie Ausdruck seines Charakters,
seiner Natur ist. Auch gibt es zweifellos literarische Moden, die
er hier bewußt nicht mitgemacht hat. Deshalb wird man ihm
nicht zum Vorwurf machen können, daß er im ‚König Tabor‘
kein soziales Anliegen gestaltet hat; wohl aber muß man sich
fragen, ob er mit Ort und Zeitwahl und den gewählten Mitteln
des Realismus und der Typisierung des Wilden Westens der
Aussage gerecht worden ist; ferner: ob seine Grundproblema-
tik, das Bestehen des Schicksals durch das Individuum, den
Nerv unserer Zeit noch trifft.

Zwischen Sage und Geschichtsutopie: ‚Der Rattenfänger‘

Zuckmayers letztes Stück war das am 22. Februar 1975 unter
der Regie von Leopold Lindtberg am Zürcher Schauspielhaus
uraufgeführte Stationendrama ‚Der Rattenfänger‘, das er im
Untertitel „eine Fabel" nennt, um die Zeitlosigkeit und historische Unverbindlichkeit zu betonen. „Das ist eine Fabel, keine
Historie", heißt es deshalb auch in der Vorbemerkung
(X, 267).
    Ursprünglich war Zuckmayer zu dem Rattenfänger-Stoff
durch einen Verleger und Zeitungsbesitzer aus Hameln angeregt worden, der sich von dem renommierten Dramatiker eine
Art „Hamelner Festspiel" erhoffte.[135] Hinzu kam wohl das eigene Erleben einer Rattenplage auf der Farm in Vermont, von
der Alice Herdan-Zuckmayer anschaulich berichtet.[136]
    Zuckmayer nahm die alte Sage vom Rattenfänger von Ha-
meln, aktualisierte sie mit zahlreichen Motiven aus dem
20. Jahrhundert, beraubte sie dadurch ihres märchenhaften
Charakters und funktionierte sie im Sinne einer humanistischen
Botschaft um. In der Sage ging es nur darum, daß der Ratten-

fänger die Stadt Hameln von der Rattenplage befreit, von den Stadtvätern um seinen gerechten Lohn betrogen wird und aus Rache hundertdreißig Kinder, wie vorher die Ratten, hinwegführt. – Zuckmayers Rattenfänger ist ein Mann, der aus dem Osten, dem vom Deutschritterorden beherrschten Gebiet, kommt. Er ist intelligent, wohlerzogen, der letzte aus fürstlichem Geblüt des ausgerotteten Volkes der Wenden. Wegen seines bunten, hippyhaften Gewandes nennt er sich Bunting. Auf der Suche nach einer Bleibe kommt er nach Hameln, findet Arbeit beim sogenannten „Kleinen Henker", in dessen angenommene Tochter Rikke er sich verliebt. Er befreit die Stadt von der Rattenplage, die die bürgerlichen Herren der vornehmen Vorderen Stadt geduldet haben, um den Getreidepreis in die Höhe zu treiben. Als Lohn will er volles Bürgerrecht haben und sich im Schutzbann der Stadt auf einem Stück Land seiner Wahl niederlassen dürfen. Als die Patrizier der Vorderen Stadt ihn erst dann belohnen wollen, nachdem er ihnen geholfen hat, die ärmeren Bürger der Hinteren Stadt an Werber der neuen östlichen Provinzen als Sklaven zu verkaufen, träumt er selbst von Macht und Rebellion. Der Aufstand der nichtprivilegierten Bürger der Hinteren Stadt mißlingt jedoch. Buntings Zögern bei der Rebellion kostet Rikke das Leben. Er ist nun bereit, das Todesurteil der Stadtoberen anzunehmen. Doch die unzufriedenen Kinder zwingen den Stadtkommandanten durch Gefangennahme seiner beiden Kinder, das Urteil außer Kraft zu setzen. Bunting wird ihr Führer, der sie in ein Land im Osten hinter den sieben Bergen führen wird, wo sie eine neue, sittlichere Gesellschaft begründen wollen.

Die Zahl der Aktualisierungsmotive ist Legion: Ausbeutung, Folter, Völkermord, Pogrome, Vertreibung, Rauschgift, Rebellion der jungen gegen die korrupte alte Generation usw. Wie in ‚Die Uhr schlägt eins' bekommt Zuckmayer aber auch hier die Aktualität nicht in den Griff, gelingt ihm kein Bild der Jugend der sechziger Jahre und gerät ihm die Anprangerung der Herrschaft der Reichen und ihrer Machenschaften allzu simplifizierend.[137] Ein soziales Drama oder gar ein Agit-prop-Drama ist ‚Der Rattenfänger' nicht geworden.

Die Aktualisierung des Rattenfängerstoffes, die sich durch die Verwendung des Begriffs in der politischen Rhetorik leicht anbot, geht bei Zuckmayer mit einer Entzauberung des Märchens einher. Sein Bunting besitzt keine geheimen Zauberkräfte und Fähigkeiten. Seine Macht über die Ratten, die ihm bei zufällig gespielten Flötentönen bewußt wird, überrascht ihn selbst, und er sucht eine rationale Erklärung dafür. Entsprechend handelt es sich auch bei dem Auszug der Kinder nicht um eine Entführung aus Rache, die mit magischen Kräften ausgeführt wird, sondern um eine Rebellion der Jugend gegen das korrupte Establishment der Stadt, wobei Bunting zur Übernahme der Führung gezwungen wird.

Ja, Bunting wird erst dann zum Führer der Kinder, als er sich selbst durch die Möglichkeit der Macht hat verführen lassen und dadurch schuldig geworden ist. Dadurch ergeben sich gewisse Parallelen zum Schinderhannes,[138] obwohl sein Bewußtseinsgrad, seine Reflexionsfähigkeit die des Bückler weit überschreitet. In Bunting ist eher ein Stück des lebenserfahrenen achtzigjährigen Zuckmayer enthalten. – Rikke entfacht in Bunting als eine zweite Eva die gefährliche Lust nach Macht, der er einen Augenblick lang erliegt, womit er ihren Tod verursacht (Bunting in seiner Selbstanklage: ,,Ich aber kam zu spät, um einer Minute der Machtlust willen, [. . .]. So ward ich schuldig am Tode einer Frau [. . .].'' [X, 367]). Seine Übernahme der Führerschaft der ausziehenden Jugend wird so zu einer Art Sühne für begangenes Unrecht. Gleichzeitig wird er damit zum typisch Zuckmayerschen Helden, der sich der Hybris schuldig macht, dafür bezahlt und nun die Chance für ein ihm gemäßes, sozial nützliches Leben erhält.

Das Ziel der ausziehenden Kinder ist nicht ein geheimes Versteck im Berg, sondern das Land ,,hinter den sieben Bergen'' (X, 374). Gemeint ist wohl Siebenbürgen, wo Bunting ein neues Volk begründen will. (Bunting: ,,[. . .], es könnte mir einfallen, ein neues Volk zu machen, das von der Wurzel anfängt –

ein neues Geschlecht." [X, 372]) Außer dem Attribut der Freiheit (X, 372) werden die Merkmale dieser neuen Gesellschaft
nicht näher definiert; sie können höchstens ex negativo aus der
Ablehnung der korrupten alten Gesellschaft erschlossen werden. So lehnt Zuckmayer die alte Gesellschaft der Hamelner
Vorderstadt ab, ohne sie reformieren zu wollen, sondern indem
er sein Drama in eine reichlich vage Utopie vom freien Leben
„hinter den sieben Bergen" ausklingen läßt. Seine Kinder brechen nicht aus Erkenntnis und Einsicht, nicht aus bestimmten
aufklärerisch-utopischen Gesellschaftsvorstellungen auf, sondern aus einem sei es romantischen, sei es expressionistischen
Gefühl der Ablehnung des Alten. Damit bestätigt sich wieder
der Unterschied Zuckmayers zu den Sozialideologen der Gegenwart: sein Weltbild und seine Zeitkritik gründen nicht in
aufklärerischer Analyse und Konstruktion, sondern im Gefühl.[139] Das Resultat ist, daß ein Drama wie ‚Der Rattenfänger'
einer nach sozialer Relevanz fahndenden kritischen Analyse
nicht standhält, obwohl das Thema des Aufbruchs aus einer
emotionalen Ablehnung des Alten durchaus etwas Bestechen-
des behält.[140]

Ohne Zweifel hat Zuckmayer mit seiner vagen Sozialkritik
und den verschwommenen Konturen seiner utopischen Sicht
im ‚Rattenfänger' ein Alterswerk geschrieben, dem der Witz
und Humor der Jugendwerke, ihre schäumende Lebensfreude
und pointierten sozialkritischen Seitenhiebe fehlen. Sein Bunting ist kein zupackender Schinderhannes und kein die
Menschenordnung durch Mutterwitz übertölpelnder Voigt
mehr, sondern ein schuldig gewordener Mann, der in blaue
Fernen zieht. Seinem Humanitätsideal ist Zuckmayer auch hier
treu geblieben – die dramatische Kraft hatte ihn verlassen.

2. Lyrik

Bei Zuckmayers Lyrik handelt es sich zwar im Vergleich zu
seinem dramatischen und epischen Werk nur um ein relativ
schmales Bändchen, jedoch nicht um eine an einen bestimmten

Lebens- bzw. Schaffensabschnitt gebundene Gattung. Vielmehr begleitet der lyrische Schaffensprozeß seine gesamte dramatische und epische Produktion. Eine Reihe von Gedichten, die schon während des Ersten Weltkrieges entstanden waren, waren in Pfemferts ‚Aktion‘ erschienen. Einen Teil davon faßte er 1926 in seinem ersten Gedichtband unter dem Titel ‚Der Baum‘ zusammen. Dies war nach dem ‚Kreuzweg‘ Zuckmayers zweite Buchpublikation überhaupt, ja formal knüpfte er an das in vieler Weise mißlungene Erstlingsdrama an, indem er einzelne lyrische Passagen als Gedichte in die Sammlung aufnahm. Eine zweite, umfassendere Sammlung erschien unter dem Titel ‚Gedichte 1918–1948‘ im Jahre 1948; sie enthielt nicht nur unverändert die Sammlung ‚Der Baum‘, sondern einen zweiten Teil mit dem Titel ‚Blätter‘, einen dritten ‚Gelinde Mahnung‘ und einen vierten ‚Abschied und Wiederkehr‘. In einer dritten Sammlung ‚Gedichte‘ (1960) wurden diese Teile jeweils erweitert, in der Taschenbuch-Ausgabe der Werke (1976) einige wenige Gedichte wieder herausgenommen bzw. ausgetauscht. Ein neuer Band ‚Gedichte‘ (1977) brachte zusätzlich erstmals in Buchform veröffentlichte Verse aus der Zeit des Ersten Weltkriegs und Naturgedichte aus dem Nachlaß. Immer wieder ließ Zuckmayer Publikationen bisher nicht veröffentlichter Gedichte zu, so daß sich ein, wenn auch zu Zeiten magerer, aber doch kontinuierlich fließender Strom ergibt.

Die meisten charakteristischen Gedichte finden sich bereits in ‚Der Baum‘, ja Zuckmayers Weltsicht dokumentiert sich hier am reinsten, so daß dieser Teil mit gutem Recht die Hauptaufmerksamkeit verdient. Eine schubladenhafte Einordnung, eine Zuordnung des Lyrikers zu einer bestimmten literarischen Bewegung erweist sich schon hier als genauso unmöglich, wie dies, mit Ausnahme des expressionistischen ‚Kreuzweg‘, bei dem Dramatiker möglich war. Sicherlich kam auch der Lyriker Zuckmayer vom Expressionismus her, obwohl das Thema der (Groß-)Stadt, das in der Lyrik des Naturalismus und des Expressionismus einen so breiten Raum einnahm, bei ihm völlig fehlt.[141] Aber der hymnische Ton der O-Mensch-Lyrik, das

Trotzende, die alte Welt Verdammende, den Neuen Menschen
Suchende ist doch hie und da zu spüren, Elemente der expressionistischen Diktion sind selbst in weltanschaulicher Naturlyrik wie in ‚Isländisch Moos‘ (III, 28) präsent. Gleichzeitig wird
ihre Pathetik jedoch in einem hymnischen Gedicht wie ‚Das
Essen‘ (III, 14f.), das Zuckmayer angeblich mit knurrendem
Magen verfaßt hat, parodiert. So lautet die 6. Strophe:

Beefsteak tartare ist fast so stark an Gnade
Wie ein am Grill gebratnes Lendenstück,
Und viele Götter leben im Salate,
Saftrot und samenkerngeschwellt das Weib Tomate,
Und grünes Kraut im Frühling ist ein kühles Glück. (III, 14)

Ingeborg Engelsing-Malek kommentiert dazu: ,,Die patheti-
sche Form, auf einen so prosaischen Inhalt angewendet, ergibt
eine vollendete Parodie der ekstatischen Sprache und damit eine
Absage an die *musa expressionistica*.‘‘[142]

Bei dem größten Teil der Gedichte handelt es sich um Naturlyrik, die von ungeheurem Weltvertrauen, einer Weltfrömmig-
keit erfüllt ist, ,,die in den Dingen dieser Welt die Spuren einer
ewigen Ordnung sieht.‘‘[143] Zuckmayer konzentriert sich darin
auf das Einfache, Naive und Unproblematische der organischen Welt. In ihrem Rühmen steht er zweifellos in der natur-
romantisch-lebensphilosophischen Tradition, die sich in den
ersten Jahrzehnten des 20. Jahrhunderts in Deutschland einer
ungeheuren Popularität erfreute.

Zuckmayer assoziiert immer wieder Menschen mit Tieren,
so wenn er in ‚Die Elchlandreise‘ (III, 25 ff.) die Menschen wie
die Elche nach Norden ziehen und später mit den Zügen der
Fische wieder nach Süden schwimmen läßt. Auch in ‚Die Wölfe‘ werden in der letzten Zeile Mensch und Wolf mit Bezug auf
einen Nietzscheschen bzw. darwinistischen Überlebenskampf
zueinander in Beziehung gesetzt (,,Denn das Leben der Wölfe
und Menschen ist groß und ohne Erbarmen.‘‘ [III, 22]). Besonderes Interesse bringt er den ,,niederen Lebewesen‘‘ wie
,,Kriechtieren und Lurchen‘‘ entgegen; später, in ‚Gespräch mit
einer Spinne‘ (III, 66) läßt er den Sprecher sich als einen ,,Habi-

tué des niederen Lebens" bezeichnen. In ‚Kriechtiere und Lurche‘ (III, 9) sagt er ebenfalls ganz programmatisch: „Die auf dem Bauche kriechen, sind mir freund", und er begibt sich auf dieselbe Ebene mit den Amphibien, wenn er in der zweiten Strophe formuliert:

> Die Ringelnattern haben mich bekrochen,
> Vom Unken meines Herzens angelockt,
> Und Krötenaugen ganz von Gold durchbrockt
> In Kerkernächten stumm mit mir gesprochen. (ebd.)

Das Gefühl einer Art Wahlverwandtschaft mit den Kriechtieren,[144] einer Sympathie, steigert sich zum Bedürfnis der vollkommenen Verschmelzung mit ihnen, wobei das Element der Erotik unübersehbar ist:

> Ich will dem Sumpf und Staube mich verschwistern –
> Ein kühler Leib in Erde unter vielem Leib –
> Ein Laich in Tümpeln draus die Quappen schlüpfen,
> Ein Larventier mit Kiemenbündeln zart –: (ebd.)

In derartigen Worten kommt das Verlangen zum Ausdruck, nur noch Leib zu sein, organisches Wesen, an dem sich der Lebensprozeß vollzieht; unzerebral zu leben, rein körperlich.

Mit der triebhaften Verschwisterung mit der Welt der Kriechtiere und Molche, die im rein Sinnlichen einer naturerotischen Verbindung besteht, geht gleichwohl auch eine geistige Annäherung einher, die in der Rückführung auf die „einfachen Formen" der Natur eine Annäherung an den Urgrund des organischen Lebens per se unternimmt. Das ‚Isländisch Moos‘ (III, 28), das sich als einfachste Form an der Nahtstelle von Anorganischem und Organischem befindet, das bescheidenste Kraut, das den Wettern trotzt und das Anorganische langsam in Organisches verwandelt, wird für ihn zum lebenspendenden „wundertätigen Moos".

Das Leben selbst vollzieht sich für Zuckmayer zyklisch, als immer neue Folge von Wachsen und Vergehen, wonach neues Wachstum aus dem Vergangenen ersteht. Das Titelgedicht ‚Der Baum‘ (III, 7 f.) ist das beste Beispiel für dieses Prinzip, in dem der Tod seinen bedrohlichen Sinn verliert. Es erzählt die

Lebensgeschichte eines Baumes, seine Kämpfe ums Überleben und schließlich seinen Verfall, bis neues Leben aus ihm entsteht. ,,Das einzelne Lebewesen, hier in Gestalt des Baumes, ist eingebettet in die unendliche chain of being, Teil des Urgrundes, der ununterbrochen Leben in unüberschaubarer Fülle hervorbringt und zerstört. [...] Das Leben erscheint nicht als etwas, was an einer Stelle einsetzt und an einer anderen aufhört, sondern als etwas, was sich selbst nach bestimmten Gesetzen unendlich reproduziert.''[145]

In dem 1916 geschriebenen, aber erst in ,Blätter' aufgenommenen Gedicht ,Verlassene Gärten' (III, 52) leben die Toten der Grabenkämpfe des Ersten Weltkrieges gar im Dufte der Blüten fort:

Am Grabenrand, von Gas und Rauch verbrannt,
Beginnt ein Strauch in Blüte zu entbrennen.
Gott mag in seinem Dufte mild erkennen
Die Toten, die vermodern unerkannt.

Für heutige Begriffe mögen die Zeilen makaber und geschmacklos erscheinen; als Zeugnis für Zuckmayers Weltsicht sind sie ein deutlicher Beleg.

Über und in der Schöpfung ist Gott: Er ist das Ziel, der Ankerpunkt, der alle Geschöpfe im Sinne einer Höherentwicklung zu sich hinzieht. Er ist der Autor der Natur und gleichzeitig in ihr gegenwärtig. Seine Autorschaft verbürgt nicht nur das Göttliche der Schöpfung; seine Gegenwart läßt sich in ihrer Vollkommenheit erspüren. Viele Gedichte der Sammlung ,Der Baum' enthalten religiöse Elemente oder sind Hymnen auf Gott, wie z. B. ,Bachfuge', wo es heißt:

Herz, werde wach und singe:
Singe dem Herrn, der die Erde schuf.
Ihn preisen alle Dinge,
Die er geweckt mit Schlag und Ruf. (III, 40)

Zuckmayer erblickt Gott in den Dingen der Erde, in der gesamten Schöpfung; der Weg zu Gott führt für ihn durch die Dinge der Welt hindurch, so daß Hinwendung zu den Dingen für ihn mit einer Gottsuche identisch ist.[146] Die ganze Schöp-

fung wird, wie das Menschenleben, fortwährend von Gott ge-
lenkt; daher Zuckmayers Weltvertrauen, seine Lust am Dasein,
seine Weltbejahung, die wohl am stärksten im letzten Gedicht
der Sammlung zum Ausdruck kommt, das in dieser Hinsicht
die Summe des Bändchens darstellt:

MARSCHLIED

Ich will es öfter sagen,
Damit ihr's alle wißt,
Die ihr mich könntet fragen,
Wie schön das Leben ist.
Die Leute, welche meinen,
Die Welt sei schlecht gemacht,
Sind nicht mit sich im reinen
Und gar noch nicht erwacht.
Im Guten wie im Schlechten
Hört eines Freundes Rat:
Nicht mit dem Schöpfer rechten,
Der wußte, was er tat:
Gehst du am End' zugrunde,
So trag's mit starkem Mut:
Die eine Schöpferstunde
Macht alle Tode gut: (III, 48)

So wie sich Zuckmayer immer wieder in den Urgrund der
organischen Welt zurücksehnt, sieht er den Menschen auch
durch die Heimat, durch seine landschaftlichen Ursprünge ver-
wurzelt, gehegt und beschützt; ja die Wiederannäherung an die
Heimat (und an die Erde) ist ihm Vorbedingung für ein organisches Leben. Entfremdung von der Heimat hingegen ist Verir-
rung, bedrohliche Selbstentfremdung. Die heimatliche Landschaft bestimmt und wacht über das Leben des einzelnen wie
eine Mutter. So heißt es in ‚Die Landschaft singt':

Ich hab' dich gezeugt: Ich hab' dich getragen.
[. . .]
Ich nahm dich an die Brust in vielen Stunden.
Ich habe deinen tiefsten Schmerz geheilt
Und hielt im tiefsten Glück dein Herz umwunden.

[. . .]

Ich bin dein Geschick, ich bin deiner Träume Musik.
Ich bin dein Ursprung und End', dein Regen, dein
                                        Sonnenwend. (III, 43)

Selbst Zuckmayers ‚Weihnachtslied' enthält den Weihnachts-
wunsch: ,,Schaff uns die Zeit, Wo jedem Heimat wird." (III,
44) Nur in enger Verbindung mit seinem Urgrund, mit der
Heimat, kann der Mensch seine Identität bewahren und sein
Leben leben, wie es ihm von seinem Schicksal vorbestimmt ist.

Die Kraft der Heimat ist so stark, daß die dauernde Verir-
rung eines in ihr verwurzelten Menschen wie Zuckmayer fast
unmöglich ist. Das gilt auch für den exilierten Schriftsteller,
der am 30. Juni 1938, also wenige Monate nach seiner Flucht
aus der Henndorfer Idylle, in ‚Den Eltern zur Goldenen Hochzeit' schrieb:

Die Rebe gilbt am Stock
Die Ernte ist erfroren
Aber die Wurzelkraft
Geht nicht verloren.
[. . .]
Sahn wir der Heimat Sonne
Brennend untergehn –
Aber ihr Segen bleibt
In uns bestehn. (III, 132)

Das Thema Exil begegnet in der Lyrik der folgenden Jahre
verständlicherweise des öfteren. Von der Unfähigkeit, sich im
Englischen perfekt ausdrücken zu können, war gerade ein so
sehr im heimatlichen Idiom verwurzelter Schriftsteller wie
Zuckmayer betroffen. Seine Frustrierung, deutsche Empfin-
dungsweisen, abstrakte Konzepte der deutschen Sprache präzi-
se ins Englische übertragen zu können, drückt er in ‚Kleine
Sprüche aus der Sprachverbannung' (,,Für Thomas Mann zu
seinem siebzigsten Geburtstag, am 6. Juni 1945") aus, wo er auf
die Komplimente für das angeblich gute Englisch reagiert:

Aber ach, in Deiner stillen Kammer
Spürest Du der Sprachverbannung Jammer

Krampfhaft suchend die korrekte Wendung
Für ,Beseeltheit' und ,Gefühlsverblendung'.
Auch scheint's solches nicht auf deutsch zu geben
Wie: Zu seinem Rufe auf zu Leben.
Und Du ziehst betrübt die Konsequenz:
Dort ,Erlebnis' – hier ,Experience'. (III, 113)

Das amerikanische Exil ist nicht nur in einem hymnischen
Gedicht wie ,Die Farm in den grünen Bergen' (III, 136) gegenwärtig, sondern auch in dem Heimweh-Gedicht ,Der Mutterleib aber' (III, 134), wo die Heimat als ein Mutterleib beschrieben wird, in dem der Mensch nicht bleiben kann, sondern aus
dem er ins Licht, in die Freiheit hinausgestoßen wird. Das Gedicht endet als Hymnus auf die Heimat, die den Menschen,
ganz gleich wie weit er fortgetrieben wird, zu sich zurückzieht.

Es ist nur logisch, daß das als nächstes abgedruckte Gedicht,
die immer wieder anthologisierte ,Elegie von Abschied und
Wiederkehr' (,,Geschrieben in Amerika, Herbst 1939'') mit
prophetischem Blick deutlich macht, daß sich Zuckmayer
schon jetzt darüber im klaren ist, daß er die Heimat, so wie er
sie aus der Erinnerung kennt, nicht mehr wiedersehen wird:

Ich weiß, ich werde alles wiedersehn.
Und es wird alles ganz verwandelt sein,
Ich werde durch erloschne Städte gehn,
Darin kein Stein mehr auf dem andern Stein –
Und selbst wo noch die alten Steine stehen,
Sind es nicht mehr die altvertrauten Gassen –
Ich weiß, ich werde alles wiedersehen
Und nichts mehr finden, was ich einst verlassen. (III, 135)

Die Gedichte der Teile ,Gelinde Mahnung' und ,Abschied
und Wiederkehr' sind mit Ausnahme einiger Stimmungsge-
dichte (z. B. ,Fülle der Zeit', ,Gang im Gewitter' und ,Der
leuchtende Herbst' [III, 89ff.]) nur noch selten der Natur ge-
widmet. Neben den Exilgedichten stehen biedermeierlich-sen-
timentale Verse wie ,Der kranke Bauer im Frühling' (III, 93)
und ,Die Bahnwärtergärtlein' (III, 95f.), versöhnliche Alters-
weisheit (,Mein Tod' [III, 131], ,Den Sechzigern' [III, 133],

‚Kleine Strophen von der Unsterblichkeit' [III, 139]), vor allem aber Huldigungen an seine Freunde, verstorbene und lebende, womit die Haupttendenz der Autobiographie ‚Als wär's ein Stück von mir' (1966) lyrisch präludiert wird. Weltanschaulich eindeutige, im Banne des Vitalismus stehende Naturgedichte wie sie ‚Der Baum' vorstellte, fehlen, und damit auch eine lebenerfüllte, provokative Aussage, durch die die frühen Gedichte ihr unverwechselbares Signum erhielten. Da die nach der Sammlung ‚Der Baum' erschienenen Gedichte auch formal nichts Neues bieten, muß sich eine *wertende* Betrachtung weitgehend auf diese frühen Gedichte beschränken: Der Lyriker Zuckmayer schrieb das Beste und Interessanteste bereits in der Frühphase der Weimarer Republik!

3. Prosa

Zuckmayers Prosa ist bisher, von Rezensionen und kleineren Aufsätzen abgesehen, nicht zum Gegenstand germanistischer Untersuchungen geworden. Zugegebenermaßen erreicht kaum eine der erzählerischen Schriften die Qualität der besten Dramen, doch sind zumindest Novellen wie ‚Eine Liebesgeschichte', ‚Der Seelenbräu' und ‚Die Fastnachtsbeichte' sowie die Autobiographie ‚Als wär's ein Stück von mir' aus qualitativen Gründen eine nähere Betrachtung wert, während andere Aufmerksamkeit verdienen, weil sie Parallelen zum lyrischen und dramatischen Schaffen bieten und zur Aufhellung und Charakterisierung Zuckmayerscher Eigenart dienen können.

Dies gilt vor allem für mehrere Geschichten der 1927 erschienenen Sammlung ‚Ein Bauer aus dem Taunus und andere Geschichten', die, wie die Lyrik der Sammlung ‚Der Baum', vor allem Zuckmayers Erdnähe und Naturerfahrung widerspiegeln und die thematisch auf das eigene Erleben des Ersten Weltkriegs und seine Norwegenreise zurückgreifen.[147] Die ‚Geschichte von einer Geburt', die Zuckmayer in ‚Second Wind' ausdrücklich als eigenes Erleben berichtet,[148] handelt z. B. an der französischen Front, wo drei erschöpfte Soldaten in einer

Hütte Quartier beziehen und bei einem erdhaft starken Bauernmädchen zu Geburtshelfern werden. Durch den Zeithinweis „Dienstag war's in der Karwoche" (IV, 14) wird ein religiöser Bezug geschaffen, obwohl das Naturhafte, Erdhafte des Ereignisses stärker betont wird, als daß hier die Möglichkeiten religiöser Parallelisierung ausgeschöpft würden. Nicht nur wird die Geburt zu dem Erwachen der Tümpel und Teiche – es ist März –, zum Frühling, der die ganze Natur belebt, in Parallele gesetzt (IV, 12), sie wird gleichzeitig als makrokosmisches und animalisches Naturereignis dargestellt. So wird der Beginn des Gebärvorgangs selbst mit einem Vulkanausbruch metaphorisch umschrieben („[...] dann aber setzte es ein mit dem Furioso eines ausbrechenden Vulkans: Erdbeben, Gedonner, Gebrüll und feurige Lava: Blut!" [IV, 13]) und das Verhalten der Frau mit dem eines Pferdes verglichen („Aber das Weib, wiehernd wie eine angeschossene Stute, schlug mit den Beinen aus, trat ihn vor die Brust, daß er zurücktaumelte. [...] Es war wie beim Pferdebeschlagen." [ebd.]). Schon am Nachmittag desselben Tages *stand das junge Weib mitten in der Stube* [...], die beiden Brüste groß und strotzend nackt, an der einen lag ihr Kind. [...] Die Frau sah ihn [den Sanitäter Thomas] an, mit dicken, geschürzten Lippen, auf denen die Zunge spielte, aber mit großen ernsthaften Augen unter der tierischen Stirn. Dann nahm sie seine Hand und legte sie minutenlang auf ihre freie Brust, die kühl war und so fest wie ein voller kräftiger Arm." (IV, 15) Die Umgebung des Todes an der Front wird so wirkungsvoll mit naturhafter Lebenserotik kontrastiert.

In ihren animalischen Elementen ist die Erzählung mit der ‚Geschichte vom Tümpel‘ verwandt, die zahlreiche Parallelen zur Metaphorik der Lyrik des jungen Zuckmayer aufweist. Die Geschichte ist die minutiöse Beschreibung des Jahreszyklus eines Tümpels, der vom geilen Wachsen der Insekten, Larven und Lurche, dem Fressen und Gefressenwerden, dem Sterben und Überlebenwollen einer im darwinistischen Existenzkampf begriffenen Gesellschaft der Kleintiere erfüllt ist. Sie zeugt von Zuckmayers darstellerischer Vorliebe für diese Welt und seiner

Begeisterung für Grundelemente animalischen (und menschlichen) Lebens. Zoologische Detailirrtümer sind demgegenüber unbedeutend. In einer in der Taschenbuchausgabe der Werke hinzugesetzten „Anmerkung des Verfassers" gesteht er selbst: „Diese Geschichte zeugt mehr von der Liebe eines jungen Schriftstellers zur Kreatur, und besonders zum amphibischen Leben, als von genauen zoologischen Kenntnissen. Sie wurde kurz nach dem Ersten Weltkrieg geschrieben und entstammt der Erinnerung an ungezählte Stunden, die ich in meiner Knabenzeit an Tümpeln, Teichen oder Waldweihern verbrachte – beruht also nicht auf unmittelbarer, exakter Beobachtung und enthält mancherlei kleinere oder größere Irrtümer." (IV, 35)

In zwei weiteren Geschichten der Sammlung führt Zuckmayer den Leser nach Skandinavien: ‚Die Geschichte einer Entenjagd‘ und ‚Die Geschichte vom Lappenvogt Baal‘, die legendenhafte Erzählung von einem wilden, grausamen Beherrscher der Lappen, sind damit als Reflexion von Zuckmayers Norwegenreise im Sommer 1922 anzusehen. Obwohl in der dritten Person erzählt, läßt sich hinter der Hauptperson Thomas in ‚Die Geschichte einer Entenjagd‘ (auch der Sanitäter in der ‚Geschichte von einer Geburt‘ hieß Thomas) unschwer Zuckmayer selbst vermuten: Ein Ausländer, der mit dem Norweger Henrik und dessen Frau Söri in einer Jagdhütte haust und schließlich die Zuneigung der Frau gewinnt, die seine Jagdlüge – er gibt nichterlegte Lommen als Enten aus – durch ihre eigene, bestätigende Aussage schützt und sich damit zu ihm bekennt. Zuckmayer selbst scheint zu sprechen, wenn er Thomas spüren läßt: „Die Welt [...] ist gut und schön gemacht, es lohnt sich, in ihr zu leben, ja es verlohnt jede Mühe und Plage, jeden Schmerz und Schlag, vielleicht sogar am Ende den Tod. Nichts gibt es, was die Treue dieser Erde erschöpfen könnte, wenn man sie einmal mit allen Fasern empfangen hat." (IV, 43) Die Parallele dieser Aussage zu einem Gedicht wie dem zitierten ‚Marschlied‘ (III, 43) ist offensichtlich.

Der andeutende, verkürzende Stil der ‚Geschichte einer Entenjagd‘ entspricht dem der an Hemingways Kurzgeschichten erinnernden Erzählung ‚Ein paar Brocken Erde‘, der Erzählung von einem amerikanischen Farmer, der sich gegen die Regierung stellt, die sein Land als Überschwemmungsgebiet des Mississippi freigegeben hat, und der seinen eigenen, kargen „Brocken Erde“ bis zum Tode verteidigt. Wenn am Schluß jedoch der Leichnam des Mannes von unzähligen Kleintieren zerfressen und zernagt und damit wieder nützlicher Teil der Natur wird, erweist sich die Erzählung nicht als Hemingwaysche Selbstbestätigung des Mannestums, als Kampf des Trotzdem gegen eine Übermacht, sondern als Zuckmayerisch versöhnlich.

In die Zeit des Ersten Weltkriegs zurück führt wieder die Titelgeschichte, ‚Die Geschichte eines Bauern aus dem Taunus‘, die längste und packendste der Sammlung: Der seit dem Frühjahr 1918 zu dringender Feldarbeit reklamierte Bauer Schorsch Philipp Seuffert verläßt seine schwangere junge Frau und kehrt nach vielen Fährnissen zu dem russischen Dorf zurück, wo er eine junge Frau mit seinem Kind zurückgelassen hatte. Bei seiner Ankunft wird das Dorf eben angegriffen; die deutschen Truppen fluten zurück. Seuffert dringt trotzdem zu der ihm vertrauten Hütte vor, wo er die Frau tot findet, aber er rettet das Kind, rettet es durch den russischen Winter hindurch, den er mit ihm in einem verlassenen Unterstand verbringt, und nimmt es mit sich nach Hause in den Taunus, wo ihm seine Frau Anna Barbara die Treue gehalten hat, allen Todesmeldungen zum Trotz: „Als er [Seuffert] sehr nahe gekommen war, setzte sie zuerst ihr Kind sorgsam in den Wagen, bevor sie mit beiden Armen, offenen Händen, ihn und das neue Kind empfing.“ (IV, 161) Zuckmayer betont in dieser Erzählung das große Verantwortungsgefühl des einfachen Bauern, der durch die Schwangerschaft seiner Frau an das in dem Etappendorf in Rußland zurückgelassene Kind erinnert wird, das für ihn genauso wichtig ist wie das zu Hause in der Ehe gezeugte und das er mit absoluter Unbeirrbarkeit und eiserner Energie gegen alle Konventionen und Widerstände nach Hause holt. Und schließlich die Geste des Einverständnisses, der Selbstverständlichkeit, mit der seine Frau ihren Mann ohne Vorwurf begrüßt und das Kind wie ihr eigenes akzeptiert. Was die beiden Eheleute eint, ist die Einsicht in das moralisch Richtige, weil es im Gegensatz zu den Konventionen das Natürliche ist. Darum geht es Zuckmayer, der mit dem Titel auf den Kontrast zwischen vermutlicher Naivität und instinktsicherer Verantwortungsübernahme anspielt.

So wie der Zuckmayer der zwanziger Jahre seine ersten Bühnentriumphe mit dem in seiner Heimat angesiedelten ‚Fröhlichen Weinberg‘ mit ‚Schinderhannes‘ und ‚Katharina Knie‘ feierte, dann aber mit dem ‚Hauptmann von Köpenick‘ einen Berliner Schauplatz wählte, so spielen auch seine Erzählungen und Novellen aus den frühen dreißiger Jahren in der Großstadt Berlin bzw. in der preußischen Geschichte.

In ‚Eine Weihnachtsgeschichte‘ (1931) wird die Handlung der ‚Geschichte von einer Geburt‘ gleichsam in den kulturellen Großstadtbereich transponiert: Am 24. 12. 1929 sinkt am Berliner Wittenbergplatz eine zarte Frauengestalt neben ihrem Begleiter zu Boden. Einige Taxifahrer spendieren Bier und Wurst, um sie wieder auf die Beine zu bringen; im ,,Vereinszimmer“ von ,,Jahnkes kleiner Bierstube“ bringt sie ein Kind zur Welt. Der Berliner Dialekt der Gäste und ihre anheimelnde Schnoddrigkeit werden mit dem Hochdeutsch und dem kindlich-offenen Betragen des Begleiters der Dame kontrastiert, der sich neben das Christbäumchen stellt und Weihnachtslieder singt. Die Weihnachtsgeschichte wird so in einer Berliner Vorstadtkneipe wiederholt, indem den täglichen Sorgen der Menschen während der Weltwirtschaftskrise – in ‚Geschichte von einer Geburt‘ war es der Erste Weltkrieg – die Hoffnung und Verheißung des Weihnachtsfestes und des neuen Lebens gegenübergestellt wird.[149] Daß es sich bei dem jungen Begleiter der Frau in Wirklichkeit wohl um einen von der Polizei gesuchten Kurpfuscher handelt, ist demgegenüber unwesentlich.

Die Sentimentalität, die der ‚Weihnachtsgeschichte‘ trotz oder gerade wegen der Verwendung des Berliner Dialekts innewohnt, fehlt in der Groteske ‚Die Affenhochzeit‘ (1932): Ein erfolgreicher Maler will für einen Freund, den Rechtsanwalt Georg, ein Hochzeitsgeschenk einkaufen, da ihm das Nächstliegende, ihm ein eigenes Blatt zu schenken, nicht einfällt. Er ersteht ein Affenweibchen namens Columbine, das ihm binnen eines Tages nicht nur seinen eigenen Haushalt völlig durcheinanderbringt, sondern auch von den Brautleuten nicht mit großer Begeisterung akzeptiert wird. Während der Polterabendfeier wird es im Badezimmer der Diener untergebracht. Nachdem sich die Gäste unter eifrigem Alkoholzuspruch immer tierischer benehmen, nimmt eine Geheimratsfrau, die ihren Sohn verloren hat, das Äffchen mit nach Hause. – Der Maler wird dem Freund auf Vorschlag der neuen Affenbesitzerin eins seiner Blätter schenken.

Der Inhalt ist banal; die Chancen zur Zeitkritik, die in der Parallelität des Verhaltens von Affe und Festgesellschaft lagen, sind nicht genutzt. Eher schildert Zuckmayer eine etwas unkonventionelle Künstlerehe (seine eigene?) und einen Künstler, der gern andere Leute schockiert und durch sein naiv-unkontrolliertes Verhalten brüskiert. Das Unkonventionelle wird ihm zum Natürlichen, das hier aber nichts Erdhaftes hat, sondern nur die Freude des Autors am schnatternd-wortreich Fabulierenden, Phantasievollen, an der burschikos geistreichsein-wollenden Schlagfertigkeit zeigt. Diese hemmungslose Plappersucht ohne Inhalt überzeugt allerdings weniger als die naturhafte Erdenschwere, die ihm sonst eignet.

Den Vorwurf der Redseligkeit kann man dem Autor bei der 1933 zuerst erschienenen, 1954 verfilmten historischen Novelle ‚Eine Liebesgeschichte‘ nicht machen. Die Novelle ist in einem klaren, schlicht berichtenden Erzählstil verfaßt, der nur an wenigen Stellen Gefahr läuft, ins Kitschige abzugleiten,[150] und „Spuren expressionistischer Übersteigerung"[151] deutlich werden läßt. Schon das Lessingsche Motto „Wissen Sie aber auch, was die Liebe sie lehrte, dem Rittmeister zu sein?" führt uns in das 18. Jahrhundert. Die Handlung beginnt am Silvesterabend des Jahres 1767, also wenige Jahre nach dem Siebenjährigen Krieg. Da lernt der preußische Rittmeister Jost Fredersdorff in der Wohnung seines Regimentskameraden, eines Grafen von Prittwitz, dessen Geliebte, die ehemalige Schauspielerin Lili Schallweis, kennen und verliebt sich in sie. Diese Liebe verwirklicht sich in der Wohnung der Schallweis, wobei die Zeit gleichsam ausgeschaltet wird und mit ihr die gesamte Außenwelt, die Gesellschaft und ihre Konventionen: ,,Alles Leben schien hinter die dick angelaufenen, verwehten Winterfenster der Stuben gebannt, und was darin atmete, pochte, flammte und sich erfüllend verglomm, war wie auf Meeresgrund versunken, von den schwarzen Wassern der Tiefe eingehüllt, von aller Zeit und Umwelt ewig geschieden und getrennt." (IV, 247) Immer wieder wird die Zeitlosigkeit der Begegnung betont (,,[...] durchmaßen sie die Ewigkeit dieser Begegnung – eine Nacht, einen Tag und wieder eine Nacht –, als gäbe es aus ihr kein Zurück mehr in die vergessene Zeit – als stünde an ihrem Ende auch das Ende des eigenen irdischen Daseins." [ebd.]) und ihre Absolutheit (,,[...] diese Bereitschaft, dieser mächtige stumme Alarm, dieser freie, unwiderrufliche Einsatz aller Kräfte, auf Gedeih und Verderb." [IV, 248]). Fredersdorff ist in zwei Ichs gespalten, das echte, wahre und das hüllenhafte, äußerliche: ,,Als er sie in der Frühe des zweiten Tages verließ, ging er wortlos und ohne Abschied, denn es war nur ein Schatten von ihm, der in eine verlorene Welt glitt, all sein Wesen blieb ungeteilt in ihrem Raum zurück." (IV, 247)

Die Konfrontation mit der Außenwelt vollzieht sich stufenweise: Prittwitz interpretiert die Beziehung als eine Affäre ohne ernstgemeinte Absichten oder Konsequenzen, gemischt mit etwas Eifersucht des ausgestochenen Liebhabers und vulgärem Kasinojargon (,,Und schließlich ist sie dazu bestimmt, daß sie uns alle glücklich macht. Immer hübsch nach der Rangordnung." [IV, 249]). Dem wohlgemeinten Ratschlag: ,,Tob dich aus, aber komm wieder zu dir selbst!" setzt Fredersdorff ein absolutes: ,,Ich bin bei mir selbst," entgegen, ,,mehr als ich es jemals war." (IV, 250) Dann besucht Fredersdorff in Begleitung der Schallweis ein Gastspiel der Wiener Operngesellschaft, bei der diese früher selbst engagiert war – die Gesellschaft schneidet ihn, weicht seinem Gruß aus, spricht über ihn. Fredersdorff reicht bei seinem Regimentskommandeur ein „Gesuch um Erlaubnis zur Eheschließung mit der ledigen Sängerin Lili Schallweis" (IV, 255) ein und reist mit ihr zu seinem von einem Vetter verwalteten elterlichen Gut. Dessen Frau läßt sich verleugnen. Der Vetter verspricht, ihn auszuzahlen, statt ihm das Gut zu übergeben. Tapferkeit, Liebe und Tod, so beschließt er den Besuch, sind die Wege des Menschen, die immer ins Freie führen (IV, 262) – das Ende der Geschichte ist damit im voraus angedeutet. Das Regiment schickt Jost unter einem Vorwand nach Berlin, währenddessen Prittwitz die Schallweis überredet, den Geliebten um seiner Karriere willen aufzugeben und die Stadt zu verlassen. Fredersdorff verhindert dieses Selbstopfer, als er in letzter Minute zurückkehrt. Endlich wird seinem Abschiedsgesuch von der Armee stattgegeben. Da ziehen noch einmal die Kürassiere seiner alten Schwadron vor sein Fenster, rufen ihm die Namen der Schlachten und Gefechte zu, die er mit ihnen gekämpft hat, so daß ihm klar wird: „Das kann nicht vergehn" (IV, 268), und er erschießt sich:

„Er saß, aufrecht zurückgelehnt, nahe beim Fenster in einem hohen, schmalen Sessel, die rauchende Pistole noch dicht an seinem Herzen. Sie sah sein Gesicht, es war schön und still und so sehr erfüllt von allem, was eines Mannes Leben ausmacht, daß sie niederkniete und keine Tränen fand." (IV, 268)

Wenn man die Pathetik abzieht, die in diesen und ähnlichen Passagen liegt, bleibt eine straff gegliederte und genau konstruierte Geschichte, die die Absolutheit der Liebe zwar nicht in Abrede stellt, aber betont, daß das absolute Gefühl nur einen Teil des menschlichen Lebens ausmacht; darüber hinaus gehören zum Leben eines Menschen noch andere Dinge: soziale Zugehörigkeit und Erfahrungen, die ebenfalls lebensbestimmend sind und die sich nicht einfach negieren lassen. Fredersdorffs Verteidigung seinem Vetter gegenüber: „Unser Name [...] wird im Kriegstagebuch meines Regiments nicht ausgelöscht werden. Auch meine Laufbahn [...] steht in diesem Journal. Jetzt aber beginnt mein Leben." (IV, 259) basiert auf einem Fehlurteil, einer falsch gesehenen Antinomie von Karriere und „eigentlichem" Leben. Seine Existenz ist untrennbar mit seiner Vergangenheit verbunden und mit seinem Stand. Leben läßt sich nicht im luftleeren Raum verwirklichen. Die Aufgabe eines so großen Teils seiner selbst ist nicht möglich. Die menschliche Existenz läßt sich nicht auf Liebe allein begründen. Thematisch ist die Geschichte damit zweifellos mit dem ,Schelm von Bergen' verwandt, an dem Zuckmayer gleichzeitig arbeitete. – Der Ernst, mit dem er hier das Thema Preußen und sein Militär behandelt hat, will die Geschichte als eine Ergänzung zur zeitkritischen Komödie ,Der Hauptmann von Köpenick' erscheinen lassen. –

In vieler Hinsicht noch melodramatischer ist eine weitere Erzählung, in der Zuckmayer das Thema Liebe abhandelt, wo er allerdings Motive einführt, die einem Kolportageroman alle Ehre gemacht hätten: In ,Herr über Leben und Tod' (1938) geht es um einen berühmten Londoner Chirurgen, einen Herzspezialisten namens Norbert, der einem bei einem Duell in Paris verwundeten verarmten Adeligen das Leben rettet und dessen Tochter Lucile heiratet. Er bringt sie in sein Haus nach London, wo sie nicht heimisch werden kann, weil die Mutter Norberts dort über Leben und Besitz ihres Sohnes wacht. Schließlich wird ein Kind geboren, das aber einen schweren Geburtsfehler hat und sich nie wird geistig entwickeln können. Für Norbert und seine Mutter stellt es eine peinliche Belastung seines „image" dar. Als kalter Vertreter von Euthanasietheorien will er das Kind umbringen, wird aber von Lucile daran gehindert. Man einigt sich darauf, es in einem Kloster an der französischen Atlantikküste pflegen zu lassen. Periodisch reist Lucile dorthin, auch noch, als das Kind seinen Leiden längst erlegen ist, denn sie hat hier einen anderen Mann, den humanen Dorfarzt Raymond kennengelernt, dem sie nun die Liebe zuwendet, die sie ihrem Mann nicht mehr entgegenbringen kann. In der Strandvilla „Passiflora", die Lucile gemietet hat, treffen sie sich. Wie in ,Eine Liebesgeschichte' scheint auch hier die Zeit stillzustehen und scheint das wahre Leben erst begonnen zu haben: „[. . .] dies Ineinander-Münden war Leben, war Wirklichkeit." (VI, 38), und während ihrer Abwesenheit „war die Zeit [. . .] weniger als Minuten, es war tote Zeit, Pause. Die Uhr blieb stehen, wenn die Geliebte verschwand." (VI, 39) Die beiden Liebenden schmieden Pläne: Raymond akzeptiert eine ehrenvolle Stelle in Amerika. Er will zusammen mit Lucile dorthin fliehen und damit die Zeitlosigkeit durch die Flucht aus Europa zur Dauer machen, „[. . .] dann erst beginnt das Leben." (IV, 60) Das Fluchtmotiv ähnelt zweifellos dem im ‚Schelm von Bergen'. Aber Raymond besinnt sich nicht wie der Scharfrichtersohn. Im Zug zum Hafen begegnet er Norbert, der sich eines Besseren besonnen hat und einen russischen Kollegen die Heilung seines Kindes versuchen lassen will. Der Zug verunglückt, Raymond kommt um, Lucile und Norbert finden sich wieder: „Ich glaube zu wissen", sagt er zu ihr, „was dir geschehen ist. Ich denke – es ist unseres Kindes wegen. Ich denke – es wird nicht mehr leben. Aber – das mußte wohl einmal so kommen. Wir wollen es beide – ertragen." (VI, 81)

Die dialektische Konstruktion der Novelle ist überdeutlich: Was wie die große Liebe aussah, scheitert an der Kälte des Mannes, dessen von einer stolzen, herrschsüchtigen Mutter gehegtes Karrieredenken und dessen durch Klarheit und Rationalität bestimmter Charakter einer Ehefrau höchstens dekorativen Wert beimessen. Die Situation wird auf die Spitze getrieben, als das behinderte Kind geboren wird. Jetzt erweist sich, daß Norbert über eine Humanität, die er als Arzt gerade besitzen sollte, nicht verfügt, daß er statt dessen von einem Euthanasiedenken („Ich meinerseits [. . .] bin für Vertilgung. – Allerdings entsprechen unsere Gesetze in diesem Punkte leider noch den Vorurteilen einer längst überwundenen, falschen Humanität." [VI, 40]) beherrscht ist, das ihm die Frau entfremdet und sie in die Arme des verstehenden, Humanität und Heilauftrag des Arztes praktizierenden Liebhabers treibt. – Die Synthese ist der innere Überzeugungsumschwung Norberts und die Rückkehr zu seiner Frau, indem er vergibt und einsieht, was er durch sein eigenes Fehlverhalten verursacht hat.

Mit dem Thema Euthanasie hat der exilierte Zuckmayer ein Thema angefaßt, das in den nächsten Jahren in Nazideutschland eine makabre Realität erleben sollte. Daß er sich zu den Vertretern des Lebens bekennt, demonstriert aufs deutlichste, wie diametral seine lebensbejahende Grundeinstellung der der Nazis entgegengesetzt ist. Man hätte sich nur gewünscht, daß dieser kleine „Ärzteroman" weniger schwarz-weiß gezeichnet, weniger kolportagehaft ausgefallen wäre; daß weniger Pathetik, weniger große Worte und weniger übertriebene, abstrakt-emotionale Formulierungen die Erzählung an den Rand des Kitsches gedrängt hätten. Genausowenig wie der Stil überzeugt die Deus-ex-machina-Lösung des Zugunglücks, mit dem Zuckmayer Raymond aus dem Wege räumt und die Bahn zur Versöhnung zwischen Mann und Frau freigibt. Daß die Geschichte als Vorstufe für ein Filmskript gedacht war, entschuldigt den Autor nicht. –

Der „Eingang des Romans" ,Salwàre oder Die Magdalena von Bozen' – der Untertitel war der ursprüngliche Titel – konnte noch im November 1935 in der ,Neuen Rundschau' erscheinen.[152] Die erste Buchausgabe wurde 1935 „in der Buchbinderei des Bibliographischen Instituts Leipzig von den Nationalsozialisten beschlagnahmt und vernichtet" (V, 239). Im folgenden Jahre 1936 erschien das Buch im Verlag Bermann-Fischer in Wien und im Jahr darauf sowohl auf italienisch im faschistischen Mailand,[153] als auch auf englisch in London und New York, allerdings mit bescheidener Resonanz.[154]

Das handlungsarme Buch erzählt folgende Geschichte: Der Maler Thomas Stolperer besucht seinen adeligen Freund Firmin, Graf Salwàre dej Striës auf dessen Schloß auf einem Berge in der Nähe von Bozen. Firmin, ein ehemals erfolgreicher Lyriker, quält sich mit einem Alexander-Drama, immer begleitet von seiner ihm ähnlichen und ihn in vieler Hinsicht ergänzenden Schwester Magdalena, deren Verhalten auf geheimnisvolle Weise vom Mond beeinflußt wird. Magdalena weist den Erzähler mit dem Hinweis auf ihre bevorstehende Hochzeit mit einem Vetter, dem Italiener Mario, zurück. Er wendet sich daraufhin von der geistigen, aber bedrückenden Atmosphäre des Schlosses ab und zieht in einen Gasthof im Tal, wo er eine Liebesbeziehung zu der sinnlich-irdischen Kellnerin Mena unterhält. Am Schluß verunglücken Firmin und seine Schwester tödlich in den Bergen, aber der Erzähler verliert auch Mena, die, wie sich später herausstellt, ein Kind von ihm erwartete. Nach einer Afrikareise wendet sich Thomas frischen Mutes wieder seiner Arbeit zu.

Mena = Menega = landessprachlich Magdalena ist mit dieser Namensgleichheit ein naturhaftes Pendent zur geistig-mystischen Magdalena. Was sich somit auf den ersten Blick als Dreiecksgeschichte präsentiert, erweist sich als Geschichte eines Mannes zwischen zwei möglichen Aspekten der Frau, dem geistig-mystischen, sich entziehenden und dem erdhaft-sinnlichen, sich gebenden. Magdalena und Mena sind damit vielleicht nur ein und dieselbe Person; ja, man könnte vermuten, daß sich die Zweiteilung nur im Geiste des Erzählers – die Geschichte wird fiktiv dem Maler als mündlichem Erzähler in den Mund gelegt – existiert.

Traumhaft ungenau ist denn auch die ganze Atmosphäre des Romans, vor allem die geistige Luft des Schlosses, die mit fruchtlosen Diskussionen angefüllt ist und vom gefährlich fluoreszierenden Licht des Mondes. Geistige Dekadenz und Unfruchtbarkeit sind hier genauso zu Hause wie die gemeinen Elemente hinter der sinnlichen Attraktivität Menas: ihr Bruder ist ein Schmuggler, der Vater Hehler. Von beiden, so scheint es, muß sich der Erzähler lösen, um im Norden wieder arbeiten zu können.

Am reizvollsten sind an dem Buch die Naturschilderungen, Beschreibungen der Nacht in der Gebirgswelt vor allem; viele Passagen dazwischen behalten etwas Skizzenhaftes. Eine gewisse äußere Verwandtschaft mit Thomas Manns ‚Zauberberg‘[155] und Hermann Brochs ‚Bergroman‘ ist vorhanden, auch hinsichtlich der langen Diskussionen, die jedoch bei Thomas Mann von einer viel größeren Luzidität sind. Will man aus diesen Gesprächen einen Grundgedanken herausziehen, so wohl am ehesten den Zuckmayerschen von der Sinngebung der Erde, der Wiederherstellung verlorengegangener Urzusammenhänge: „Denn hier wie dort, diesseits und jenseits der Meere", meint Firmin, „gibt es nur das eine: den Himmel wieder mit Göttern zu erfüllen – die Erde einem ewigen Sinn wieder zu verbinden – die Welt aus dem Leerlauf sinnloser Mechanik zu erlösen." (V, 197), eine Aufgabe, zu der sich Firmin selbst nicht mehr imstande sieht, wohl aber am Schluß der Erzähler: „Himmel und Erde scheinen mir ganz von unsichtbaren Gestalten erfüllt, die nicht vergänglich sind und dem Sichtbaren erst Namen geben. Mit allen Fasern wußte ich mich eingesponnen in jenes unendlich feinmaschige, unzerstörbare Gewebe der heimlichen Zusammenhänge, das unseren Standort in Zeiten und Räumen und all unsere Begegnungen und Regungen bestimmt. Unsere Handlungen aber müssen wir selber tun, und die Verantwortung tragen *wir* – einzig und allein." (V, 237) Dieses Fazit des Romans entspricht Zuckmayers eigenem literaturtheoretischen Programm.

Auf eine mögliche autobiographische Erlebnisvorlage des Romans weist Wolfgang Paulsen hin,[156] der folgende Sätze aus ‚Pro Domo' zitiert, die sich auf Zuckmayers erste Verlobung und die Sommerreise nach Holland kurz vor Ausbruch des Ersten Weltkrieges beziehen: „Ich will hier nicht verschweigen, daß die Flamme meiner unstillbaren, Zeit wie Leben verächtlich überwindenden Leidenschaft zu einem jungen Mädchen aus reichem Bürgerhause jählings von einer nicht weniger flammenden, wenn auch kompakteren, Zuneigung zu einem holländischen Dienstmädchen ergänzt wurde, vom dunklen und fast etwas spanischen Typus der Zeelandgegend, welches auf den zu ihrem Wesen recht gegensätzlichen Bibelnamen Sara hörte, und in meiner Erinnerung als hinreißend hübsche und handliche Erscheinung lebt."[157]

In ‚Salwàre' ist die Erzählgegenwart, sind die politischen Zeitereignisse fast völlig ausgeklammert. Die Tatsache, daß Magdalenas Verlobter Faschist ist, wird nicht zu entsprechenden politischen oder philosophischen Exkursen benutzt. Wohl aber wird aus der europamüden Dekadenz des Bergschlosses ein Ausweg gewiesen, ein Land der Zukunft, das auch Zuckmayer zum Fluchtziel werden sollte: Amerika: „[...] wo der seelische Rohstoff noch wie Ölfontänen aus der Erde springt. Dort mag Formung wieder ein Fundamentalbedürfnis sein – statt eines Schnörkels, eines Zierats. Dort ist noch eine große Hoffnung." (V, 197)

‚Salwàre' handelte in Südtirol. In den heimatlichen, österreichischen Raum führen auch die Kurzgeschichte ‚Auf einem Weg im Frühling' (entstanden 1935)[158] und die 1937 als letzte noch in Österreich publizierte längere Erzählung – fast ein Roman – ‚Ein Sommer in Österreich'.[159] Wie im Falle von ‚Herr über Leben und Tod' handelt es sich um die Vorstufe für ein Drehbuch, mit der harmlosen Handlung eines Heimatfilms. Zuckmayers neue Schweizer Heimat, das Wallis, sollte er später (1948) zum Gegenstand der sagenhaften Erzählung ‚Die wandernden Hütten' machen.

Die Erzählung ‚Engele von Loewen', 1955 unter dem Titel ‚Ein Mädchen aus Flandern' unter der Regie von Helmut Käutner verfilmt, erschien auf deutsch zuerst im zweiten Band der Werkausgabe von 1960. Zuckmayer hatte sie jedoch bereits in seine erste, auf englisch erschienene Autobiographie ‚Second Wind' (1940)[160] eingebaut. Er erzählt von einem belgischen Mädchen, Angéline Mennier, Engele gerufen, das 1914 bei der Zerstörung von Loewen heimatlos geworden ist und zu einer Tante in das Dorf Lindeken kommt. Dort wird sie wie weiland Aschenbrödel von der Tante mit Arbeit überbürdet, während diese und ihre dicklichen Töchter um die Gunst der deutschen Etappensoldaten buhlen. Engele bringt einmal einem vor dem Haus lagernden, halb verschmachteten jungen deutschen Soldaten, Sproß einer alten preußischen Offiziersfamilie, einen belebenden Trunk Apfelwein. Drei Jahre später kommt er als Leutnant nach Flandern zurück, findet Engele, die einen bleibenden Eindruck auf ihn hinterlassen hat, und gewinnt ihre Liebe. Als er wieder an der Front ist, wird sie verleumdet, in ein Arbeitslager geschickt, entkommt und gelangt nach einer

Fehlgeburt als Zigarettenverkäuferin in ein Brüsseler Nachtlo-
kal, die „Gaité", wo sie der Erzähler kennenlernt, von den
Amüsiermädchen in ihrer engelhaften Unschuld vor Zudring-
lichkeiten beschützt. Er kennt den Offizier, den sie liebt, aber
die Kontaktaufnahme gelingt wegen dessen Verwundung erst
am Ende des Krieges. In dem allgemeinen Durcheinander wird
sie von ihren rachsüchtigen Landsleuten verfolgt, soll in ihrem
Heimatdorf gestäupt und durch eine Schandgasse gejagt werden. Ihr Liebhaber, der sie dort sucht, wird erkannt, und nur
durch die heimkehrenden belgischen Truppen werden beide
gerettet.

Der Stil ist gedrängt novellistisch, die Staffage ist realistisch,
da Zuckmayer aus seiner eigenen Fronterfahrung der Lokalitäten schöpfen kann. Nicht nur der belgische Ort, sondern auch
das Amüsierleben der beurlaubten Offiziere in Brüssel werden
vor den Augen des Lesers lebendig. Inmitten dieses chaotischen
Geschehens leuchtet die unschuldige Gestalt Engeles wie die
einer Heiligen hervor, so daß die Erzählung dadurch legendenhafte Züge erhält: trotz aller Mißhandlungen bewährt sich ein
unschuldiges, in der Absolutheit ihrer Liebe unverletzbares Leben in einer übelwollenden, furchtbaren, chaotischen Umwelt,
selbst in einem Brüsseler Bordell, unter Landstreicherinnen
und Huren. So wird in dieser frühen Erzählung Zuckmayers
Glaube an die Überlebensmöglichkeiten des Humanen in einer
Welt des Bösen deutlich und sein Glaube an die Versöhnung
der einst feindlichen Völker: Nicht nur heiratet die belgische
Engele schließlich einen deutschen Offizier; auch sind es heim-
kehrende *belgische* Frontsoldaten, die sie und den Deutschen vor
der Rachsucht des Pöbels bewahren.[161]

Einen typischen literarischen Niederschlag seines Schriftstel-
lerexils stellt die Erzählung ‚Der Seelenbräu' (1945) dar, und
zwar insofern, als Zuckmayer hier eine Prosaidylle, eine ver-
klärende Darstellung seiner Wahlheimat, des Salzburger Landes, schreibt, die der eigenen Zeitsituation des amerikanischen
Exils genau entgegengesetzt ist. Wie andere Exilautoren zum
Medium des historischen Romans als Mittel der Distanzierung

zum Zeitgeschehen griffen, so Zuckmayer zur Idylle; aber nicht um seine Zeit darin zu spiegeln, sondern um in ihrer Zeitlosigkeit eine harmonische Welt mit biedermeierlichen und märchenhaften Attributen aufzubauen, eine Welt, in der Konflikte letztlich durch die Güte der Hauptgestalten überwunden werden. Bereits der Eingang betont die Zeitlosigkeit des Geschehens: „Es war ein Dechant von Köstendorf – zu ungewisser Zeit. Denn in Köstendorf gibt es keine Zeit." (VI, 95) Über „dem Kirchdach zitterten die gebreiteten Schwingen des Augenblicks ‚Ewigkeit'." (VI, 96), und es sei fraglich, ob der Dechant, der in dieser Geschichte vorkomme, wirklich gelebt habe ... Der Dechant, der „Seelenbräu", der von der Musikleidenschaft besessen ist, steht im Kontrast zum weltmännischen, kolossalen „Leibesbräu", der als Brauherr und Wirt für das leibliche Wohl des Dorfes sorgt. Ein Konflikt ergibt sich, als ein neuer Dorfschullehrer, Franz Haindl, ins Dorf kommt, der sich nicht nur in die Nichte des Leibesbräus, die musikalisch begabte Clementin, verliebt, sondern auch den musikalischen Geschmack des Seelenbräus, der immer wieder Stefan Wagners „Feierliche Messe in G-dur" aufs Programm setzt, kritisiert. Als Haindl, der, ebenfalls musikbegeistert, eine von ihm komponierte „Köstendorfer Faschings-Suite" der Clementin widmet, ist der Leibesbräu so empört, daß er schwer erkrankt. Erst am Schluß ringen sich in Seelen- und Leibesbräu Güte und Verständnis zur Billigung einer Ehe zwischen Haindl und der Clementin durch, und der Seelenbräu findet selbst den von Haindl zum Osterfest einstudierten 150. Psalm mit der Musik des Protestanten Bach schön.

Wie aus dieser Inhaltsskizze deutlich wird, stehen vier Gestalten im Mittelpunkt; die Handlung selbst ist unwichtig. Die Kirchenmusik ist nur Anlaß für das eigentliche Thema, den Streit zwischen der alten und der jungen Generation, dem Alten und dem Neuen. Haindl schafft als eine Art „Bote von der Außenwelt" den Wandel, die Akzeptierung des Neuen, die kritische Betrachtung des Alten, das nicht einfach deshalb gut ist, weil es immer so war.[162] Der Konflikt zwischen den Gestalten wird in keiner Weise bagatellisiert, sondern durch die trotz aller Schrulligkeit den Gestalten innewohnende Güte und durch Humor überwunden.[163] In allen mit Humor und Freude am Lebendigen dargestellten Personen sind diese Zuckmayersche Versöhnungsbereitschaft, seine Lebensbejahung und seine Fähigkeit zur Harmonisierung vorhanden, ein Lebensgefühl, in das die gesamte Natur einstimmt, Zuckmayers ,,Bekenntnis zu Welt und Menschen, so wie sie sind, mit Fehlern und Mängeln'':[164] ,,Als das Ite und der Segen vorbei waren, ertönte vom Chor herab noch einmal – lauter, jauchzender, stärker das zeitliche Lob aller ewigen Schönheit, das Lob des Himmels und der Erde, das Lob der Schöpfung und der Geschöpfe, das große Lob der Musik. Der Ostertag schwang wie eine blaue Fahne überm Kirchdach. Der Turmhahn blinkte, als wolle er in die Sonne springen. Tausend Lerchen jubelten in der Höhe.'' (VI, 170)

Weist der ,Seelenbräu' einen ausgesprochenen Mangel an Handlung auf, so ,Die Fastnachtsbeichte' (1959) eher das Gegenteil: Mit einem Mord setzt die Handlung ein. Am Fastnachtssamstag des Jahres 1913 kommt ein Mann in Dragoneruniform in gestelztem Gang in den Mainzer Dom, kniet im Beichtstuhl des Domkapitulars Dr. Henrici nieder und bricht mit einem Stilett im Rücken tot zusammen. Es handelt sich um Ferdinand, den unehelichen Sohn des reichen Gutsbesitzers Panezza, der nach der Veruntreuung von Geldern zur Fremdenlegion geflüchtet war. Bei einem Gefecht mit nordafrikanischen Berbern hatte er sich tot gestellt, war geflüchtet, hatte sich unter dem Namen seines Halbbruders Jeanmarie Panezza in Sizilien einer jungen Verwandten der Panezzas, Viola, genähert und nach dem Diebstahl kostbaren Familienschmucks aus dem Staube gemacht. In Mainz hatte er mit seinem anderen Halbbruder, dem biederen Dragoner Clemens, die Kleider getauscht, um der Verfolgung Violas, die ein Kind von ihm erwartet, und deren Halbbruder Lolfo, einem mißgestalteten, hundeartigen Wesen, zu entkommen. Lolfo, der eine übernatürliche Gabe besitzt, Verschwundenes zu finden, gelingt es,

Ferdinand in Mainz aufzuspüren und zu erstechen. Nachdem er selbst ebenfalls (von italienischen „Gastarbeitern") erdolcht worden ist, gesteht die sich nun bei den Panezzas aufhaltende Viola die Ereignisse. Der biedere Clemens kommt mit der gutherzigen Dirne Rosa zusammen, Jeanmarie mit dem verliebten Dienstmädchen Bertel, während der mit einer wehleidigen Frau verheiratete alte Panezza auf seine große Liebe, die junge Faschingsprinzessin, Verzicht leistet.

Viele literarische Reminiszenzen drängen sich dem Leser auf: Kriminalgeschichten wie Annette von Droste-Hülshoffs ‚Judenbuche‘, wovon die Motive des illegitimen Halbbruders und der Rückkehr eines Schuldigen nach jahrelanger Abwesenheit entlehnt zu sein scheinen; E. T. A. Hoffmanns Novelle ‚Das Fräulein von Scudéry‘, wo ebenfalls Menschen von hinten erdolcht werden und wo das Motiv des „Sich-Versehens" der Schwangeren eine Rolle spielt. Schließlich erinnern die bacchantischen Fastnachtsballszenen nicht nur an die viel kürzere Beschreibung eines Maskenfests im ‚Seelenbräu‘, sondern auch an die Ballszenen in Hermann Hesses ‚Steppenwolf‘.

Es handelt sich bei der ‚Fastnachtsbeichte‘ nicht um eine Erzählung oder um einen kleinen Roman, sondern um eine Novelle klassischer Observanz, geschrieben in einem gedrängten, eben novellistischen Stil, der auf den ersten Seiten an Kleist erinnert, um im folgenden nur an wenigen Stellen durch Humor und kurze Einschübe im Mainzer Idiom aufgelockert zu werden. Die schicksalhaften Verknüpfungen, die Schürzung des Knotens, der analytisch wie in einem Kriminalroman aufgelöst wird, zeigt eine Klarheit und Planhaftigkeit der Konstruktion wie sonst nirgends bei Zuckmayer. Fast scheint die Geschichte überkonstruiert, die Enthüllung der Geheimnisse trotz aller Vorausdeutungen zu künstlich bis zum Schluß aufbewahrt. Im Stilett könnte man ein novellistisches Dingsymbol sehen, einen Wendepunkt in der Beichte des älteren Panezza, die dieser ebenfalls Dr. Henrici gegenüber ablegt.

Der Titel der Geschichte mag von des Mainzer Brauchtums Unkundigen zu leicht auf den Beichtversuch des ermordeten

Ferdinand bezogen werden. Wörtlich gemeint ist damit eine „alte Einrichtung", die „solchen, die es in diesen Tagen zu arg getrieben hätten, die Gelegenheit einer sofortigen Erleichterung und Reinigung ihres Gewissens bieten [sollte], bevor der Alltag sie wieder mit anderen Sorgen belastete." (VI, 360) In Wirklichkeit bezieht sich der Titel hier auf eine ganze Reihe von Beichten, denn die Ermordung des vermeintlichen Dragoners wird Anlaß zur Aufdeckung der alten Schuld Panezzas und der Schlußbeichte Violas. Jeder und alle in diesem wirbelnden Fastnachtsdrama sind in Schuld verstrickt, so daß über dem Ganzen die am Schluß wieder aufgenommene, von Ferdinand ausgesprochene Beichtformel stehen sollte: „Ich armer, sündiger Mensch" (VI, 236, 363). Eingehüllt ist die Geschichte von dem verstehenden Geist des Domkapitulars Dr. Henrici, der Panezza von einem öffentlichen Schuldbekenntnis abrät mit einem pragmatischen cui bono: Das Abwerfen einer Lebensschuld, „wie einen Sack voller alter Nägel, der dann anderen auf die Füße fällt . . ." (VI, 315), ist nicht möglich, ohne daß man anderen wehtut. Er rät Panezza: *„Sie dürfen nicht aus Ihrer Rolle fallen!"* (VI, 316) und sieht in dem Verzicht auf das Lebensglück mit dem geliebten Mädchen eine Buße „so schwer wie sie kein Priester hätte erdenken können." (VI, 318) Am Ende aber steht die Barmherzigkeit Gottes: „Wir müssen uns", sagt Henrici zu Viola, „an die Gebote und die gesetzten Artikel unseres Glaubens halten – aber niemand kennt die Grenzen der Barmherzigkeit. Jeder Tod, auch der des Unerlösten, trägt das Stigma des Opfertods. Vielleicht sind die beiden, um die du jetzt leidest, für dich gestorben, für deine Seele und für die deines Kindes. Gehe in Unschuld und trage dein Leben." (VI, 362) Es ist die alte Zuckmayersche Versöhnungsbereitschaft, die christliche Ethik, die trotz Schuld Leben als einen dem Menschen auferlegten Auftrag empfindet.

Literarischen Ruhm erwarb sich der späte Zuckmayer vor allem durch seine Autobiographie ‚Als wär's ein Stück von mir' (1966), die schnell auf die Bestseller-Liste rückte. Es geht deshalb nicht an, das Buch einfach als biographische Quelle abzutun oder gar als antiquierte Selbststilisierung Zuckmayers. ‚Als wär's ein Stück von mir' dürfte vielmehr als eins der wichtigsten Werke des Autors in die Literaturgeschichte eingehen.

Autobiographische Beschäftigung mit der eigenen Person, Rechenschaftslegung ist im Falle Zuckmayers beileibe nichts Neues. Um nur die wichtigsten Stationen zu nennen: Schon 1938 erschien in Stockholm Zuckmayers rückblickende Bilanz ‚Pro Domo'. 1940 kam in New York, mit einer Einleitung von Dorothy Thompson versehen, in englischer Sprache eine erste wirkliche Autobiographie unter dem Titel ‚Second Wind' heraus, die im Titel auf die Zeit, auf die zweite Lebenschance, den Neubeginn in der Emigration Bezug nimmt. 1952 veröffentlichte er den Essay ‚Die langen Wege', der, obwohl hauptsächlich philosophischer Natur, doch Zuckmayers persönliche Ansichten und Gedanken zu diesem Zeitpunkt formuliert. Dreieinhalb Jahre vor der Niederschrift von ‚Als wär's ein Stück von mir' entstand eine kurze Autobiographie, die, ‚Carl Zuckmayer' überschrieben, erst 1970 veröffentlicht wurde.[165] Mehrere Aufsätze und Reden, z. B. ‚Amerika ist anders',[166] enthalten ebenfalls autobiographische Informationen bzw. Selbstreflexionen des Autors, so daß die Autobiographie von 1966 die Summe eines jahrzehntelangen Bemühens darstellt.

Zuckmayer schreibt in ‚Als wär's ein Stück von mir' nicht nur über sein eigenes Leben. Schon der Titel, der Uhlands Lied vom Guten Kameraden entnommen ist, deutet es an, und der Untertitel „Horen der Freundschaft" bestätigt es: Zuckmayer geht es hier um seine zahlreichen Lebensfreundschaften, um seine vielen engen Freunde und Begegnungen mit Großen des Kulturlebens, die er als Siebzigjähriger zum großen Teil bereits überlebt hat. Da wird von den Widerstandskämpfern Carlo Mierendorff und Theodor Haubach berichtet, von den späteren Verlegern Henry Goverts und Peter Suhrkamp, von dem vielseitigen Kunsthistoriker Wilhelm Fraenger, dem „Erzvater des Berliner Kunstlebens" Julius Elias, von Olaf Gulbransson und Joachim Ringelnatz, Hans Schiebelhuth, Franz Werfel, Ödön von Horváth, Bertolt Brecht, Gerhart Hauptmann und all den

Regisseuren und Schauspielern, die sich für Zuckmayers Werke eingesetzt haben: Heinz Hilpert und Leopold Jessner, Fritz Kortner und Walter Frank, Rudolf Forster und Käte Dorsch, Albert Bassermann, Werner Krauss und Gustav Knuth. Die Liste ließe sich beliebig fortsetzen. Zuckmayer rechtfertigt seinen Ansatz mit einem Auszug aus dem Bürgerbrief von Saas-Fée, mit dem er sein Buch beschließt: „Ewige Rechte und ewige Freundschaft soll man bestätigen und befestigen mit Schrift, weil im Laufe der Zeit vergangener und vergänglicher Dinge bald vergessen wird." (II, 587) Nicht die Zeit steht für ihn im Vordergrund des Interesses, sondern die Erinnerung an die toten Freunde: „Aber hier geht es nicht um eine ‚recherche des temps perdus‘, auch nicht um ‚les neiges d'antan‘. Es geht um die Horen der Freundschaft, um die geheiligte Erinnerung an das, was unvergänglich bleibt und was, auch wenn der Teufel hineinspuckte, für mich zu einem Quell des Glaubens und des Vertrauens geworden ist – trotz alledem." (I, 108) Dieses umfangreichste Prosawerk Zuckmayers ist damit ein gehöriges Stück Denkmalpflege, eine Tendenz, der allerdings durch das Anekdotische, Episodische entgegengewirkt wird. Zuckmayer malt kein vollständiges Porträt von Brecht oder Kortner, Werfel oder Mierendorff; er stellt seine individuellen Begegnungen mit ihnen dar, die aber im Anekdotenhaften Typisches über die Gestalten aussagen, in Momentaufnahmen Charakteristisches herausarbeiten.

Ein ruhiges, ereignisloses Leben hat Zuckmayer wahrlich nicht gehabt, und so fesselt gerade die Buntheit, das Abenteuerliche, der immer neue Anfang, die Wandelbarkeit des Menschen Zuckmayer. Sicherlich steckt in der Selbstdarstellung ein gut Teil Selbstinterpretation in verklärender Rückschau, ähnlich wie sie Goethe in ‚Dichtung und Wahrheit‘ vornahm. Zuckmayer sah sich selbst gerne als Bellman-Sänger, als mutigen Soldaten, als exilierten Dichter, der sich im amerikanischen „Urwald" eine neue Existenz aufbaut, als Naturmystiker und humanen Dramatiker. Die These, die in diesem Buch enthalten ist, ist damit kein simples „So war es/ich", sondern: „So sollt

ihr mich verstehen!" und „So habe *ich* es gesehen." Zuckmayer
gibt nämlich nicht nur eine subjektive Darstellung seines eigenen Lebens und seiner Odysseen, sondern er zeichnet ebenso
subjektiv auch seine eigene Zeit: das Leben im Wilhelminischen
Deutschland wie die Scheinblüte der zwanziger Jahre in Berlin;
das Heraufkommen des Dritten Reiches in Berlin und Österreich sowie das Leben eines Emigranten in den USA. Die Sub-
jektivität muß dabei als positiv bewertet werden, erscheint uns
doch die Welt nur in individueller Sicht. Daß er Hollywood
z. B. als Vorhölle bezeichnet, stellt er selbst als subjektiv in
Rechnung. Aber es geht um mehr: letztlich stellt sich Zuckmayer selbst als einen Aufrechten dar, der in all den wechsel-
haften Fährnissen des Lebens nicht zugrunde gegangen, der
sich selbst treu geblieben ist. Und er projiziert dieses Lebensgefühl auf seine Welt, die für ihn zur Bewährungsprobe für den
Menschen wird, der in sich heil und ganz ist – wie die Natur.
An die Möglichkeit dieser Selbstbewahrung und an die Güte
der Schöpfung glaubt er. In der Freundschaft, der Kamerad-
schaft mit anderen Menschen sieht er ein geheimes Band, Ausdruck der positiven Kräfte der Natur.

Aber auch das Übernatürliche hat seinen Platz im Weltbild
Zuckmayers, der sich nie einem naturwissenschaftlichen Weltbild verschreiben konnte. Schlimme Ereignisse kündigen sich
ihm in bösen Vorzeichen an. Nordlichter und Sichtung des
Pestvogels in Österreich deuten auf die Naziherrschaft, den
„Anschluß" des Landes voraus. Der Tod Ödön von Horváths
kündigt sich als von einem Hellseher vorausgeahnte schicksalhafte Reise an; ausgerechnet eine Ulme, der ja ohnehin ein
Hauch von Verhängnis anhaftet, war es, die ihn erschlug. Der
Erste Weltkrieg wirft seine Schatten in der Stimmung der Natur voraus und in einer Art Totenboot; der Soldat Zuckmayer
hat das zweite Gesicht; er weiß im voraus, wer sterben wird
und wer nicht. Im Jahre 1948 begegnet er sogar dem Tod
selbst, auch wenn dieser sich beim Licht einer Taschenlampe
besehen als katholischer Geistlicher entpuppt (II, 577). Es ist
der Versuch, überall Sinn, geheime Zusammenhänge zu sehen.

Zufällige Einzelheiten werden symbolisch überhöht, so wenn Zuckmayer in den USA eine freskenhaft bemalte Tapete aus dem heimatlichen Henndorf wiederfindet. Die Häufung des in den Aberglauben spielenden Irrationalen wirkt zum Teil peinlich.

Demgegenüber ist die archetypische Charakterisierung der Flucht als Austreibung (aus dem Paradiese) durchaus legitim. Geschickt beginnt Zuckmayer sein Buch mit dem Kapitel „Ein Augenblick, gelebt im Paradiese . . ." (1926–1934), schließt die „Austreibung" (1934–1939) an, um dann mit „Ein Blick auf den Rhein" (1896–1914) die Vorgeschichte der Kindheit und Jugend nachzuholen. Von diesem, das Ganze dramatisierenden Kunstgriff der barocken In-medias-res-Technik abgesehen, schreibt er eine klare, gegenständliche, plastische Prosa, die in ihrer Ehrlichkeit und Unkompliziertheit dem Charakter des Autors, seiner bewußten Volkstümlichkeit entspricht. Durch Einführung wörtlicher Sprechsprache schafft er die Illusion der Wiedergabe des Erinnerungsvorganges. Z. B. erinnert sich Zuckmayer an einen sehr schönen Hund, den Franz Werfel besaß, aber der Name fällt ihm nicht ein: „[. . .] an dessen Namen ich mich zu meiner Schande nicht mehr erinnere: es ist so, als ob man den Namen Abraham vergessen hätte. Oder Adam. Jetzt fällt es mir plötzlich ein: er hieß schlichtweg Kaspar." (I, 49) oder: das erste Zusammentreffen mit Bertolt Brecht: „Aber es war im Heim einer Schauspielerin, ja, es war wohl bei Maria Koppenhöfer [. . .], wo ich in einer solchen improvisierten Gesellschaft [. . .] mit Bert Brecht zusammentraf." (II, 389). Dieser Plauderton täuscht: täuscht mit Erfolg eine Improvisation vor.

,Als wär's ein Stück von mir' ist nicht nur Zuckmayers bekanntestes, sondern auch sein bestes Prosawerk. Vielleicht ist es ihm, trotz einzelner Schwächen, so geglückt, weil er es nicht rauschhaft niedergeschrieben hat, sondern weil er es aus anderen autobiographischen Schriften über Jahrzehnte hin hat wachsen lassen.

III. Von metaphysischem und dichterischem Theater: Zuckmayers Dramentheorie

Carl Zuckmayer hat sich nie einer literarischen Bewegung angeschlossen oder gar eine begründet, so daß es nicht möglich ist, das Programm einer oder mehrerer derartiger Bewegungen bzw. Schulen auf sein Werk zu übertragen und es entsprechend zu kategorisieren. Das heißt aber nicht, daß Zuckmayer nicht zu verschiedenen Zeiten verschiedenen literarischen Bewegungen nahegestanden hätte oder zumindest von ihnen beeinflußt worden wäre. Immerhin hat er z. B. seine ersten Gedichte in Pfemferts expressionistischer Zeitschrift ‚Die Aktion‘ veröffentlicht;[167] immerhin war sein dramatischer Erstling ‚Der Kreuzweg‘ ein expressionistisches Drama. Während seine folgenden Stücke an die Gattung des Volksstückes anknüpften, ist auch ihre Verwandtschaft mit der zeitgenössischen Neuen Sachlichkeit nicht zu leugnen. Das trifft nicht nur auf den ‚Fröhlichen Weinberg‘ zu, sondern auch auf ‚Katharina Knie‘ und vor allem auf den ‚Hauptmann von Köpenick‘, Dramen, die alle im 20. Jahrhundert handeln und in denen Humor, Zeitkritik, Sentimentalität und Melancholie, Trauer und befreiendes Gelächter eine Mischung eingegangen sind, wie sie für einen großen Teil der deutschen Literatur in den endzwanziger und frühen dreißiger Jahren charakteristisch waren. Expressionistische und neusachliche Elemente nahm Zuckmayer aber auch in seine nach dem Zweiten Weltkrieg erschienenen Stücke auf, in ‚Des Teufels General‘, in dem sich ein fast naturalistisch zu nennender erster Akt mit expressionistischer Symbolik in den folgenden Akten paart, und in ‚Gesang im Feuerofen‘, das mit seinen mythischen Gestalten in den Zwischenspielen, wäre es nicht vom Thema her zeitlich festgelegt, zur Zeit des Expressionismus hätte geschrieben sein können. Auch mit seinen weiteren Problemstücken, ‚Das kalte Licht‘, ‚Die Uhr schlägt eins‘ und ‚Der Rattenfänger‘ steht er nicht inmitten der herrschenden literarischen Strömungen der Bundesrepublik, sondern, rückwärtsgewandt, in den Traditionen des frühen 20. Jahrhunderts, wofür er Kritik und schließlich Mangel an Erfolg in Kauf nehmen mußte. Dadurch ließ sich Zuckmayer jedoch nicht beirren. Er verstand sich selbst als Einzelgänger, der, über den Tagesmoden stehend, etwas von bleibendem Wert schuf, das immer wieder modern werden sollte. So stellte er in einem Gespräch mit Horst Bienek fest: ,,Ich habe nichts dagegen, als Einzelgänger [...] heute von manchen Leuten für einen Narren oder Arrieregardisten gehalten zu werden – Arriere ist nicht schlecht, denn ich weiß, wie rasch die Kolonne kehrtmacht, dann ist man wieder vorne.‘‘[168] Worte, aus denen die Lebenserfahrung eines älteren Mannes spricht, der schon über den Dingen steht und der Gelassenheit aus der Sicherheit seiner Lebenserfahrung und -weisheit bezieht.

Seine theoretischen Ansichten zur Literatur, insbesondere zum Drama zu charakterisieren, ist schon deshalb schwer, weil Zuckmayer im Gegensatz zu seinem Pendant Bertolt Brecht nie Theoretiker war. Alles Theoretische war ihm von Natur aus fremd. Er schrieb ,,immer spannendes Theater‘‘ und ,,blutvolle Bühnenrollen‘‘,[169] aber nicht auf der Grundlage einer abstrakten Theorie oder eines theoretischen bzw. politischen Programms, sondern aus der praktischen Erfahrung des Theaters her. Ein logisch ausgeklügeltes oder gar dialektisches System wird man bei ihm vergeblich suchen. Zuckmayer verstand sich nicht als ,,intellektuellen Schriftsteller‘‘,[170] sondern als jemand, der aus einem emotionalen inneren Drang heraus schuf: ,,– was man schreiben muß und was einen von Fall zu Fall überwältigt und wofür man dann keine ganz exakte Erklärung hat, warum man gerade das schreibt, aber man spürt’s.‘‘[171] Man mag das als ein antiquiertes Dichterkonzept schelten – bei Zuckmayer war es Realität. Und er schuf aus der Begegnung mit der Natur heraus, aus der Erfahrung des großen Einsseins aller Dinge, seine Gedanken auf langen Spaziergängen ordnend.

Zuckmayers Dramaturgie hängt mit dem Menschen Zuckmayer und seinen Lebensansichten, mit seiner Weltanschauung aufs engste zusammen. Aus diesem Grunde finden sich theoretische Einsichten oft in seinen autobiographischen und scheinbar themenfremden essayistischen Schriften verstreut. Der frühe Zuckmayer, der der Schaffensperiode von vor 1933, hat sich theoretisch nicht geäußert. Erst der exilierte Autor machte in seiner Selbstbesinnungsschrift ‚Pro Domo‘ (1938) theoretische Äußerungen zu seiner Tätigkeit als Schriftsteller. Nach dem Zweiten Weltkrieg nehmen die theoretischen Aussagen an Zahl zu, was mit der Notwendigkeit einhergeht, sich über seinen eigenen Standort und das Ziel seiner schriftstellerischen Tätigkeit klarzuwerden, um sich gegen Vorwürfe verteidigen zu können. In jedem Falle waren bei einem Mann wie Zuckmayer, der so sehr aus der Fülle seiner eigenen Natur lebte und schuf, weltanschauliche Aussage und literaturtheoretische Anmerkungen oft identisch. Ferner müssen seine theoretischen Äußerungen immer im Zusammenhang mit seinem dramatischen Schaffen zur Zeit der Äußerung gesehen werden.[172] Die wichtigsten theoretischen Schriften Zuckmayers sind:

1. die klärende Selbstverteidigung ‚Pro Domo‘ (1938);

2. der Essay ‚Die Brüder Grimm. Ein deutscher Beitrag zur Humanität‘ (1948);

3. der an der Universität Göttingen gehaltene Vortrag ‚Jugend und Theater‘ (1951);

4. der Essay ‚Die langen Wege. Ein Stück Rechenschaft‘ (1952);

5. der Aufsatz ‚Notizen zur Situation des Dramas‘ (1953);

6. Aussagen zu fast allen einzelnen Stücken, die er meist für die Programmhefte der Uraufführungen verfaßte.[173]

Hinzu kommen Bemerkungen in seinen Autobiographien ‚Second Wind‘ (1940) und ‚Als wär’s ein Stück von mir‘ (1966), eine Reihe von Interviews, Aufsätzen und Rezensionen, wie sie in der Sammlung ‚Aufruf zum Leben. Porträts und Zeugnisse aus bewegten Zeiten‘ (1976) vorliegen.

In ‚Pro Domo‘ formuliert Zuckmayer zum erstenmal eine

Kunsttheorie, die in seiner Naturanschauung wurzelt, wie sie am klarsten in seiner frühen Lyrik zum Ausdruck kommt. Er will im Drama die Ganzheit der Schöpfung darstellen, die grundsätzliche Einheit von Natur und Mensch, die in gemeinsamer Teilhabe am Göttlichen wurzelt. Theater wird ihm deshalb (noch) nicht zur Schillerschen moralischen, sondern zur „metaphysischen Anstalt": „Die Schaubühne ist eine metaphysische Anstalt, mehr noch als eine moralische, und um das zu sein und zu bleiben, muß sie bis in alle Fasern von vitaler Wirklichkeit, vom leibhaftigen Eros, von allen Essenzen des Menschenlebens, durchtränkt werden."[174] Es geht Zuckmayer nicht um vordergründige, sondern um tiefere Wahrheit; er will zurück zu „dem Urgrund des unbewußten Daseins, den Quellen der tieferen Wirklichkeit",[175] genauso wie es ihn in der Lyrik der Sammlung ‚Der Baum' zu den primitivsten Urformen und Prozessen des Lebens zog.

Die Beschreibung dieser tieferen Wirklichkeit ist Zuckmayers Hauptanliegen zu dieser Zeit, und zwar meint er eine Realität, die so unerbittlich wie das Leben oder die Natur selbst ist. Mit einer derartigen Weltinterpretation weist er wiederum auf die Verbindung zum Göttlichen hin, das durch den nicht-ästhetisch gefaßten Begriff der Schönheit symbolisiert wird.[176] Später drückt Zuckmayer das folgendermaßen aus: „Es kam [...] nicht [...] auf das ‚Schöne', im Sinn einer ästhetischen Auswahl, an, sondern auf die tiefere, heftigere, nacktere Schönheit des gesamten Lebensvorgangs, einschließlich seiner Gewalttätigkeit, seines Zerfalls und seines Grauens."[177] In ‚Pro Domo' setzt er diese Definition voraus, wenn er schreibt: „So tut sich im Wandelbaren und Motivlosen der menschlichen Natur, im Sprunghaften und Antilogischen ihrer Handlungen, im blindlings Getriebenen, Unkorrekten, bewußtlos Wallenden und Strömenden, kurz: im Lebendigen, – in der Stärke, Gewalt und Unerbittlichkeit des Lebens, – jener Wahrsinn dar, den wir aus Ahnungs- und Traumgründen her als den göttlichen, – jene Schönheit, die wir als heimliches Maß aller Dinge, als die himmlische und urewige, in uns tragen, – und die wir im gottversuchenden, im luziferischen Drange des künstlerischen Schöpferwillens, auf die Erde herabzwingen. Mag also das Drama auf rationale und logische Zweckhaftigkeit, auf ‚Motivierung' und auf didaktische Augenblicksspiele, auf ‚Tendenz' im direkten Sinn, zugunsten überzeitlicher Lebensgestaltung, getrost verzichten, – so bleibt es doch stets den metaphysischen Mächten voll verantwortlich, und jenem irdisch-himmlischen Dreigestirn verschworen, auf das sich all unser Glaube und unsre Hoffnung gründet: Schönheit, Wahrheit, Menschlichkeit."[178]

Diesen geheimen Wahrsinn, die Schönheit als geheimes Maß aller Dinge soll der Schriftsteller darstellen. Durch eine solche Darstellung des Lebens überwindet er dessen chaotische Spaltung und führt eine Wiedervereinigung von Natur und Geist, von Schöpfung und Gott herbei: ,,Es handelt sich hier um die tiefste Notwendigkeit des dramatischen Schaffens überhaupt: um die nachformende Bannung des Lebens, der Schöpfung, ihrer Zwiespälte und ihrer heimlich bindenden und lösenden Gewalt, um die Darstellung unserer metaphysischen Bestimmtheit, ihres Grauens und ihrer Gnade, – um die produktive Überwindung des Chaos, der Zerspaltenheit, der Moira, der Ananke, der dunklen Sphinx-Sprüche unseres Schicksals."[179]

Der Dualismus, der allem Leben innewohnt, soll damit überwunden, die Einheit der Schöpfung in ihrer metaphysischen Beziehung wiederhergestellt werden, wobei Kunst die Natur, den Menschen eingeschlossen, widerspiegelt, Natur aber wiederum den Abglanz des Göttlichen – Schönheit – enthält: ,,Kunst wird in diesem Sinne zum ewigen Gleichnis der Natur – des Unsterblichen also im Spiegel der Vergänglichkeit – und Natur zum Gleichnis der heimlich wirkenden Gottheit."[180] Wendet man auf diese Aussage das mathematische Gesetz ,,Wenn $a = b = c$, dann ist $a = c$" an, so wird Kunst für Zuckmayer ein Gleichnis der Gottheit.

In diesem Zusammenhang kommt Zuckmayer auch auf die Liebe zum Leben und zum Schicksal zu sprechen, auf Willensfreiheit und Akzeptierung des Schicksals, und er deutet damit auf das Verhaltensgesetz vieler seiner Helden und Heldinnen hin, auf ihren inneren Kampf um das Einverständnis mit ihrem Schicksal: ,,[...] das Leben sei in seinem vollen unteilbaren Umfang, in seiner unfaßlichen Ganzheit, in seiner zeugenden und mörderischen Gewalt, beschworen und geliebt, mit jener vollkommenen Hingabe an sein inneres Gesetz, die Nietzsche als ‚amor fati' bezeichnet. Denn diese Liebe zum Schicksal bedeutet nicht achselzuckende Indifferenz oder widerstandslose Ergebung, sondern das freie Einverständnis, die bewußte Einbeziehung, den Einmut und Einklang mit dem höheren, dem überdimensionalen Sinn des Weltgeschehens."[181] Freiwilliges Einverständnis also nicht mit einem abstrakten kategorischen Imperativ, sondern letzten Endes mit dem Willen Gottes. Das Handeln seiner Personen resultiert damit aus Zuckmayers damaligem Konzept des metaphysischen Theaters.

Seine theoretischen Aussagen nach dem Zweiten Weltkrieg schließen sich nicht nur zu einem klareren, abgerundeteren Bild zusammen; sie enthalten mit dem nun in den Vordergrund gerückten Begriff der Humanität eine neue Komponente, wie sie im ‚Gesang im Feuerofen' zuerst zum Tragen kommt. Zuckmayers fast missionarisch zu nennender Eifer, nach dem Zusammenbruch unter der Jugend erzieherisch zu wirken, zu einer Versöhnung und moralischen Erneuerung beizutragen, bestimmt den Gehalt seiner Dramen. In dem Essay ‚Die Brüder Grimm. Ein deutscher Beitrag zur Humanität' definiert er Humanität in weitem Sinne als etwas, was ,,nicht nur das Humanitäre als ethisches Ideal, sondern das Gesamt-Menschliche in seiner wechselseitigen Beziehung zum Welt-Ganzen, das heißt: zum Göttlichen, umschließt, den kreatürlichen Zusammenhang wieder herstellend, die liebende Ehrfurcht vor jedem einzelnen Leben als Leitstern und Grundlage allen Handelns anerkennend, und in deren Thronerhebung unsre einzige Hoffnung, Friedenshoffnung, Zukunftshoffnung versammelt ist."[182] Das Chaos des Dritten Reiches kam für Zuckmayer einem Auseinanderklaffen zwischen physischer und geistiger Welt, in Klarschrift: einem Abfall von Gott gleich. Es geht ihm nun darum, ,,die erworbenen Mittel zur Geltung zu bringen, um durch ihre Mittlerschaft den großen, verlorengegangenen Zusammenhang zwischen physischer und geistiger Welt wiederherzustellen".[183] Eine solche Erneuerung ist aber nur möglich, wenn der Mensch nicht als Teil einer amorphen Masse gesehen wird, als jemand, der keinen Willen und keinen Einfluß hat, sondern als Individuum, auf dessen Entscheidung es ankommt, der wichtig ist: ,,Der Glaubensartikel jener Massenflucht lautet: es kommet nicht auf Dich an. Du *bist* nur als Bestandteil einer höheren Quantität; der Rasse, der Klasse, des Menschengeschlechts, oder, aus dem Räumlichen ins Zeitliche übersetzt; der Zukunft, jener vagen Ersatz-Dimension, die das in ihr lauernde Nichts mit leeren Transparenten überblendet. Diesem Glaubensartikel des Unglaubens läßt sich nur ein primitives, weltaltes und immer junges Credo entgegenstellen: Es kommt *auch* auf Dich an. Auf Dich, aufs Ich, nicht als isoliertes Zentrum, in die Irrenzelle der Selbstumkreisung gebannt, – auch nicht als namenlosen Bestandteil einer Quantität, sondern als ganze runde Welt, einmaliges organisches Koordinatensystem des Irdischen und des Außerirdischen, Geschöpflichen und Schöpferischen, Göttlichen und Menschlichen. Es kommt auf Dich an – in Deiner Gegenwart, die unsre einzig erfahrbare Größe, in der Zeit und im Raum, darstellt, und unsren einzigen Weg zu einer überzeitlichen Einheit."[184]

Der metaphysische Bezugspunkt ist hier weiterhin gegenwärtig, gleichzeitig aber auch die Betonung des einzelnen Individuums und der Wichtigkeit seiner Entscheidung, womit Zuckmayer indirekt eine theoretische Begründung seiner Problemdramen gibt, eine Begründung für die Wichtigkeit der moralischen Entscheidung einzelner, eines Harras oder Oderbruch, eines deutschen Soldaten im besetzten Frankreich oder eines Atomspions.

Das bedeutet nicht, daß Zuckmayer etwa glaubte, durch das Theater einen Einfluß auf weltpolitische Entscheidungen ausüben zu können. Das ,,einfachste und bescheidenste Anliegen des Theaters" ist für ihn das ,,der Unterhaltung", und als solches entspringt es ,,einem elementaren Bedürfnis der menschlichen Existenz."[185] Darüber hinaus soll es aber eine ,,nachhaltige Unruhe", eine ,,produktive Beunruhigung [. . .] in den Herzen und Geistern der Jugend [. . .] erregen."[186] ,,Wir haben von der Bühne herunter kaum die Möglichkeit, direkten Einfluß darauf zu nehmen, ob jene Atombombe fällt, und wann und wo. Jedoch ist unser Einfluß grenzenlos im Hinblick auf die innere Haltung der Menschen, auf das seelische Klima der Generationen, die mit uns leben und nach uns kommen."[187] In diesem Dienste soll das Theater keine Parteipropaganda treiben, sondern hier ,,mag die Überwindung des Hasses, der Niedertracht, der dumpfblinden Menschenverfeindung ihren ersten Sieg gewinnen, indem sie einen positiven Stromkreis der Liebe schafft."[188] So wird deutlich, daß für Zuckmayer zu diesem Zeitpunkt das Theater ganz im Dienst einer Orientierungshilfe für die Nachkriegsdeutschen, insbesondere die junge Generation steht.

Was den Stoff betrifft, so unterscheidet Zuckmayer zwischen ,,aktuellem" und ,,gegenwärtigem", und mit der Formulierung: ,,Das Aktuelle ist kurzlebig. Das Gegenwärtige bleibt."[189] lehnt er politisches ,,Programmtheater", die dramatische Abhandlung der politischen Weltlage, das ,,Platt-Aktivistische des Tendenztheaters"[190] ab. Später, im Gespräch mit Adelbert Reif, modifiziert er seine Aussage dahingehend, daß er politisch engagiertes Theater nicht prinzipiell ablehnt, aber doch meint, ,,daß es sehr selten auch Kunst hervorbringt."[191] Der Begriff ,,gegenwärtig" ist dennoch eher aus dem Gegensatz zu ,,aktuell" zu klären, als aus Zuckmayers eigener, etwas unklarer Definition: ,,Gegenwärtig, darstellungs- und gestaltungswert, handlungsträchtig im dramatischen Sinne, ist alles, was in uns und um uns her geschieht."[192] Was er eigentlich meint, wird erst im folgenden Satze klar, in dem ,,gegenwärtig" als Forderung seiner Zeit, d. h. im Sinne Zuckmayerscher Weltanschauung, interpretiert wird: ,,Der ganz besondere Stoffkomplex unserer Zeit aber, der gebieterisch nach Zeugung und Geburt verlangt, ist die Wiederherstellung der menschli-

chen Gestalt in ihrer Ganzheit, in ihrer Bezogenheit aufs Welt-
ganze, in ihrem kreatürlichen und kosmischen Zusammenhang, nicht analytisch zerlegt, nicht von den Parolen und
Forderungen des Tages einseitig verzerrt, sondern in Verhängnis und Gnade, in aller Schicksalsverkettung, zum Ebenbild
einer Schöpfermacht bestimmt, in deren Urbildnis, in deren
gewaltiger und unbegreiflicher Liebe alles Lebendige entspringt
und endet."[193] Diese Forderung wird er nicht müde, in immer
neuen Formulierungen zu wiederholen und zu diskutieren. So
heißt es auch in ‚Als wär's ein Stück von mir‘: ,,Ich begann zu
ahnen, daß auch auf dem Theater der ‚Mensch das Maß aller
Dinge‘ sei und daß es gelte, den geschöpflichen Zusammenhang wiederherzustellen, die Spannung zwischen Kreatur, Gesellschaft und Weltgeheimnis, die immer Kern aller Dramatik
war, neu zu realisieren." (II, 379) Immer wieder geht es Zuckmayer also auch bei der Behandlung von Zeitthemen um da-
hinterstehende ,,ewige Wahrheiten", um den metaphysischen
Verweis, um das allgemeine Problem. Daraus resultiert für ihn
die Zeitlosigkeit, immer neue Gegenwärtigkeit von Dramen
wie ‚Der Hauptmann von Köpenick‘, ‚Des Teufels General‘
und ‚Das kalte Licht‘. Aus dieser Absicht heraus ist es verständ-
lich, daß er sich immer wieder auch gegen vordergründig-ak-
tuelle Interpretationen seiner späten Dramen als Mißverständ-
nisse glaubte verteidigen zu müssen.

Das Ziel des Dramatikers Zuckmayer ist die Verwandlung
des Zuschauers durch Katharsis. Wie im Drama selbst die verlorene Ganzheit wiederhergestellt werden soll, wie dort die
Einheit der Schöpfung vor Augen gestellt wird, soll auch der
Zuschauer diese grundsätzliche Einheit, diese Ganzheit in sich
miterleben und sich durch die Erfahrung der Harmonie, die
Gott repräsentiert, der Güte der Schöpfung bewußt werden:
,,Dramatik [ist] nichts anderes [. . .] als ein permanentes Gebet
um Gerechtigkeit. Um den Widerschein einer geheimen göttlichen Gerechtigkeit auf Erden. Und das Theater ist die berufene
Stätte, wo dieser Widerschein im Sinnspiel der Unterhaltung
sichtbares Ereignis werden mag."[194] Deshalb ist für Zuckmay-

er die dramatische Gestaltung von Ganzheit, Totalität die höchste Aufgabe des Dramatikers.[195] An anderer Stelle faßt er dieses Ziel folgendermaßen zusammen: ,,Es ist [. . .] die Aufgabe des Dramas, die Sendung der Tragödie: Heil zu künden. Hier scheint mir die höchste Forderung an die Tragödie zu liegen: daß sie uns heil entläßt – nicht versehrt, verletzt, vermindert. Heil: im Sinne des sokratischen Eros, der ein Welt-Heiland ist. Die Katharsis aller großen Dramen ist von einem Widerschein durchfunkelt, der die Hoffnung schürt auf das Bestehen eines größeren, ewigen Lichtes unbekannter Substanz – darin der mächtige Ursprung, das geheime Ziel aller Seelen lebt, und in dem sich unser Gut und Böse, Gerecht und Ungerecht auf einer göttlichen Waage ausgleicht.‘‘[196]

Theater dieser Art bezeichnet Zuckmayer selbst als ,,dichterisches Theater‘‘,[197] dem sein Konzept einer Humanität zugrunde liegt, die für ihn durch überrationale, metaphysische Mächte verwirklicht werden kann: ,,Eine neue Menschlichkeit, auf die allein es ankommt, wird nur aus einer neuen Schau und Erkenntnis wachsen können, die das Spirituelle, das Magische, das Über-Rationale, die Wirksamkeit eines höheren *Daimonions* und einer tieferen Bestimmtheit unserer Existenz, in das Ringen um die irdischen Umstände und ihre Sinngebung aktiv einbezieht.‘‘[198]

Mit einer derartigen Dramentheorie und einer letztlich in einem pantheistischen, religiösen Weltverständnis wurzelnden Humanitätsideal mußte Zuckmayer in der Zeit des ideologisierten dokumentarischen Theaters und der Darstellung der Welt als grotesk und abstrakt-unfaßbar als zumindest konservativ-gestrig abgelehnt werden. Die Achtung vor seiner Leistung als Theaterpraktiker, die Achtung vor dem Menschen Zuckmayer und seinem Glauben an die Einheit des Weltganzen wird man ihm trotzdem auch heute nicht versagen können.

IV. Anmerkungen

1 Carl Zuckmayer, Aufruf zum Leben. Porträts und Zeugnisse aus bewegten Zeiten. Frankfurt a. M.: S. Fischer, 1976, S. 13.

2 Band- (römische Ziffer) und Seitenzahl (arabische Ziffer) beziehen sich auf die „Ausgabe letzter Hand": Carl Zuckmayer, Werkausgabe in zehn Bänden 1920–1975. 10 Bde. Frankfurt a. M.: Fischer Taschenbuch Verlag, 1976.

3 Vgl. die erotischen Elemente in Zuckmayers früher Naturlyrik, hier S. 134

4 In: Carl Zuckmayer, Einmal, wenn alles vorüber ist. Briefe an Kurt Grell. Gedichte. Dramen. Prosa aus den Jahren 1914–1920. Frankfurt a. M.: S. Fischer, 1981, S. 17–77.

5 Das Drama ist neuerdings abgedruckt ebd., S. 91–123.

6 Vgl. Kap. III. Von metaphysischem und dichterischem Theater. Zuckmayers Dramentheorie. S. 169

7 Vgl. ebd., S. 166, 169 f.

8 Zuerst abgedruckt wurde es in: Carl Zuckmayer '78. Ein Jahrbuch. Hrsg. vom S. Fischer Verlag. Redaktion: Barbara Glauert in Zusammenarbeit mit Siegfried Mews und Siegfried Sudhof. Frankfurt a. M.: S. Fischer, 1978, S. 47–163.

9 Der amerikanische Regisseur des Films, der naturalisierte Wiener Josef von Sternberg, hat Zuckmayers Beitrag allerdings als unwesentlich bezeichnet. Vgl. Siegfried Mews, Carl Zuckmayer. Boston: Twayne, 1981 (Twayne's World Authors Series, Bd. 610), S. 58.

10 Der marxistische Literaturkritiker Wilfried Adling behauptet: „Nun hat Carl Zuckmayer zweifellos eine Zeitlang der A. S. P. [von Pfemfert 1915 um die ‚Aktion' gegründete ‚Antinationale Sozialisten-Partei, Gruppe Deutschland' – H. W.] angehört. Zwar kann nicht genau nachgewiesen werden, seit wann." Ergänze: bis wann und: ob überhaupt. Siehe Wilfried Adling, Die Entwicklung des Dramatikers Carl Zuckmayer. Diss. Leipzig 1957. In: Schriften zur Theaterwissenschaft, Bd. 1, Berlin: Henschelverlag, 1959, S. 17.

11 Zu Zuckmayers Arbeiten für die Filmindustrie, die er nach

dem Zweiten Weltkrieg fortsetzte, vgl. Heinz Grothe, Zwischen Berlin und Hollywood: Carl Zuckmayer und der Film. In: Blätter der Carl-Zuckmayer-Gesellschaft 3 (1977), H. 1, S. 27–29.

12 So lautet der Titel eines Zuckmayer-Gedichts und der Titel von Alice Herdan-Zuckmayers Buch über diese Zeit: A. H.-Z., Die Farm in den grünen Bergen. 1949 et passim; umgearb. Wien: Salzer, 1968. (Auch als Fischer Taschenbuch 142, Frankfurt a. M.: Fischer Taschenbuch Verlag, 1956 et passim).

13 In dieser Frage kam es 1944 mit Briefen in der New Yorker Emigranten-Zeitung ,Aufbau‘ zu einer kurzen öffentlichen Kontroverse zwischen Zuckmayer und Thomas Manns Tochter Erika. Vgl. Siegfried Mews, Carl Zuckmayer, S. 81.

14 Carl Zuckmayer, Aufruf zum Leben, S. 37.

15 Ebd., S. 38.

16 Ebd., S. 39.

17 Ebd., S. 59. Ähnlich drückte sich Zuckmayer schon 1932 in seiner im November d. J. gehaltenen Festrede zu Gerhart Hauptmanns siebzigstem Geburtstag aus. (vgl. ebd., S. 180), die er in seiner 1938 im Bermann-Fischer Verlag, Stockholm, erschienenen Rechtfertigungsschrift ,Pro Domo‘, S. 95, zitiert.

18 Zuckmayers Bearbeitung des amerikanischen Broadway-Stücks ,I Remember Mama‘, nach Kathryn Forbes’ (eig. Kathryn MacLeans) Roman ,Mama’s Bank Account‘ (1943), das 1947 unter dem Titel ,So war Mama‘ in Berlin aufgeführt wurde, gehört in den Zusammenhang seiner Absicht, Amerika den Europäern nahezubringen, wozu auch der 1948 zuerst publizierte und oft nachgedruckte Essay ,Amerika ist anders‘ (In: Neue Schweizer Rundschau, N. S. 16 [1948] H. 8, S. 451–474) gehört. Vgl. Siegfried Mews, Carl Zuckmayer, S. 106.

19 Späte Freundschaft: Carl Zuckmayer/Carl Barth in Briefen. Zürich: Theologischer Verlag, 1977.

20 Vgl. vor allem die Briefe von 1917 an. In: Carl Zuckmayer, Einmal, wenn alles vorüber ist, S. 49 ff.

21 Abgedruckt in: Barbara Glauert (Hrsg.), Carl Zuckmayer. Das Bühnenwerk im Spiegel der Kritik. Mit einem Vorwort von Gerhard F. Hering. Frankfurt a. M.: S. Fischer, 1977, S. 3 ff.

22 Ebd., S. 5.

23 Ebd., S. 9.

24 Ebd.

25 Vgl. J. Vandenrath, Carl Zuckmayers expressionistischer Erstling ‚Kreuzweg‘. In: Revue des Langues Vivantes 23 (1957), S. 44. Rudolf Lange geht sogar so weit, zu behaupten, das Stück spiele ,,eindeutig in einer dem Beginn der zwanziger Jahre unseres Jahrhunderts ähnelnden Zeitenwende‘‘. Die Parallele des Aufstands der Bauern zur Revolution 1918 sei unübersehbar. Vgl. Rudolf Lange, Carl Zuckmayer. Velber b. Hannover: Friedrich, 1969 (Friedrichs Dramatiker des Welttheaters, Bd. 33), S. 47.

26 J. Vandenrath, a. a. O., S. 42.

27 Ebd., S. 55.

28 Nino Erné in: Fülle der Zeit. Carl Zuckmayer und sein Werk. Frankfurt a. M.: S. Fischer, 1956, S. 61.

29 Wilfried Adling, a. a. O., S. 37.

30 J. Vandenrath, a. a. O., S. 55.

31 Auf eine Besprechung des in der Brecht-Nachfolge verfaßten Stücks ‚Pankraz erwacht oder Die Hinterwäldler‘, das ebenfalls 1925 uraufgeführt, aber erst 1978 veröffentlicht wurde (vgl. Anm. 8), wird hier verzichtet.

32 Zuckmayer selbst sollte den Preis sieben Jahre später an Ödön von Horváth vergeben.

33 [Paul Fechter], Der Kleist-Preis 1925 o. O., o. D. (Berliner Tageszeitung). Zitiert nach Barbara Glauert, a. a. O., S. 27.

34 Alfred Kerr, Carl Zuckmayer: ‚Der fröhliche Weinberg‘. Berliner Tageblatt, 23. Dezember 1925 (Morgenausgabe). Zitiert nach Barbara Glauert, a. a. O., S. 38.

35 Martin Greiner, Carl Zuckmayer als Volksdichter. In: Jürgen Hein (Hrsg.), Theater und Gesellschaft. Das Volksstück im 19. und 20. Jahrhundert. Düsseldorf: Bertelsmann Universitätsverlag, 1973, S. 163.

36 Richard Specht, Allzu Münchnerisches. Berliner Börsen-Courier, 25. Februar 1926. Zitiert nach Barbara Glauert, a. a. O., S. 56.

37 Zur Debatte über den ‚Fröhlichen Weinberg‘. Mainzer Journal, 16. Februar 1926. Zitiert nach Barbara Glauert, a. a. O., S. 68.

38 Protestschreiben des Hochw. Herrn Bischofs und Ordinaria-
tes an den Herrn Oberbürgermeister. Mainzer Journal,
6. März 1926. Zitiert nach Barbara Glauert, a. a. O., S. 71.

39 Ingeborg Engelsing-Malek, ,,Amor Fati" in Zuckmayers
Dramen. Berkeley and Los Angeles: University of California
Press, 1960 (University of California Publications in Modern
Philology, Bd. 61). Die folgenden Zeilen sind der dort,
S. 11 ff., gegebenen Interpretation verpflichtet.

40 Ebd., S. 18.

41 Erwin Rotermund, Zur Erneuerung des Volksstückes in der
Weimarer Republik: Zuckmayer und Horváth. In: Dieter Har-
mening et. al. (Hrsg.), Volkskultur und Geschichte. Festgabe
für Josef Dünninger zum 65. Geburtstag. Berlin: Erich
Schmidt, 1970, S. 616.

42 Ebd.

43 Alfred Kerr, a. a. O., S. 35.

44 Ebd., S. 36.

45 Günther Rühle, Theater für die Republik 1917–1933. Im Spiegel der Kritik. Frankfurt a. M.: S. Fischer, 1967, S. 800.

46 Abgedruckt in: Fülle der Zeit, a. a. O., S. 137–145.

47 Rudolf Lange, a. a. O., S. 55.

48 Ingeborg Engelsing-Malek, a. a. O., S. 23.

49 Zitiert nach Ingeborg Engelsing-Malek, a. a. O., S. VII.

50 Vgl. Carl Zuckmayer, Der Schinderhannes. Mainzer Warte,
22. Oktober 1927. Zitiert nach Barbara Glauert, a. a. O.,
S. 103.

51 Ingeborg Engelsing-Malek, a. a. O., S. 27.

52 Ebd.

53 Ebd., S. 30.

54 Felix Holländer, Zuckmayer: Schinderhannes. In: F. H., Le-
bendes Theater. Eine Berliner Dramaturgie. Berlin: S. Fischer, 1932, S. 166.

55 Bernhard Diebold, Frankfurter Zeitung vom 31. 12. 1922. Zitiert nach Günther Rühle, a. a. O., S. 804.

56 Paul Fechter, Deutsche Allgemeine Zeitung, Berlin, vom
16. 10. 1929. Zitiert nach Günther Rühle, a. a. O., S. 800.

57 Alfred Kerr, Berliner Tageblatt vom 15. 10. 1927. Zitiert nach
Günther Rühle, a. a. O., S. 804.

58 Zitiert nach Günther Rühle, a. a. O., S. 910.

59 Berliner Tageblatt vom 22. 12. 1928. Zitiert nach Günther Rühle, a. a. O., S. 912.

60 Carl Zuckmayer, Meine Familie Knie. Foyer-Blätter des Deutschen Schauspielhauses und des Thalia-Theaters [Hamburg], 1928/29, Nr. 18, S. 3f. Zitiert nach Barbara Glauert, a. a. O., S. 117.

61 A. a. O., S. 911.

62 Paul Fechter in der Deutschen Allgemeinen Zeitung, Berlin, vom 22. 12. 1928. Zitiert nach Barbara Glauert, a. a. O., S. 118.

63 Vgl. Rudolf Lange, a. a. O., S. 61.

64 Jürgen Hein, Zuckmayer, Der Hauptmann von Köpenick. In: Walter Hinck (Hrsg.), Die deutsche Komödie. Vom Mittelalter bis zur Gegenwart. Düsseldorf: August Bagel, 1977, S. 272. Bei diesem Aufsatz handelt es sich um die bisher umfassendste und beste Interpretation des Stückes.

65 Ebd.

66 Zitiert nach Bernhard Diebold, ‚Der Hauptmann von Köpenick'. Uraufführung im Deutschen Theater. Frankfurter Zeitung, 8. März 1931. Zitiert nach Barbara Glauert, a. a. O., S. 162.

67 Bernhard Diebold, ebd., S. 163.

68 Dieses Motto ist in der hier zitierten Werkausgabe von 1976 nicht mit abgedruckt.

69 Ingeborg Engelsing-Malek, a. a. O., S. 49f.

70 Carl Zuckmayer, Ein deutsches Märchen. (Der Hauptmann von Köpenick). Programm Deutsches Theater, Berlin, 5. März 1931. Zitiert nach Barbara Glauert, a. a. O., S. 156. Auch in: Die Deutsche Bühne 23 (13. März 1931) H. 4, S. 78f.

71 Ebd., S. 157.

72 Vgl. Siegfried Mews, Carl Zuckmayer, S. 50.

73 Vgl. das biblische Gleichnis von den anvertrauten Centnern (Talenten), Matth. 25, 14ff.

74 Bernhard Diebold, a. a. O., S. 165.

75 Paul Rilla, Zuckmayer und die Uniform. In: P. R., Literatur und Polemik. Berlin: Henschelverlag, 1952. Zitiert nach Barbara Glauert, a. a. O., S. 256f.

76 Alfred Kerr, Adalbert in Köpenick. Deutsches Theater. Berli-

ner Tageblatt, 2. Juni 1931. Zitiert nach Barbara Glauert, a. a. O., S. 168.

77 Zuckmayer verwendet das Wort „Schelm" hier in seiner älteren Bedeutung von „Scharfrichter".

78 Heinrich Heine behandelt das Geschehen in seiner Ballade „Schelm von Bergen", die Zuckmayer nicht als Quelle erwähnt.

79 Ingeborg Engelsing-Malek, a. a. O., S. 76.

80 Carl Zuckmayer, Der Kaiser im ‚Schelm von Bergen'. Burgtheater Wien, Offizielles Programm, 6. November 1934. Zitiert nach Barbara Glauert, a. a. O., S. 187.

81 Siegfried Mews, Die unpolitischen Exildramen Carl Zuckmayers. In: Jahrbuch für Internationale Germanistik, Reihe A, Bd. 3. Bern: Peter Lang, 1977, S. 142. Vgl. auch: ders., Carl Zuckmayer, S. 65.

82 Carl Zuckmayer, Pro Domo. Stockholm: Bermann-Fischer, 1938 (Schriftenreihe ‚Ausblicke'), S. 79 f.

83 Vgl. Wilfried Adling, a. a. O., S. 161 f.

84 So konstatiert Rudolf Lange. a. a. O., S. 66: „Das Geschehen des ‚Schelms von Bergen' interessiert am Ende der sechziger Jahre [. . .] kaum noch."

85 Carl Zuckmayer, Wie ‚Ulla Winblad' entstand. In: Moderna Språk 59 (1965) H. 1, S. 31. Auch in: Barbara Glauert, a. a. O., S. 313 ff.

86 Den detailliertesten Vergleich zwischen Geschichte und Drama stellt Ian C. Loram an. Siehe I. C. L., Ulla Winblad: Words and Music by Zuckmayer and Bellman. In: Monatshefte 47 (1955), S. 11–18.

87 Vgl. hierzu Siegfried Mews, Die unpolitischen Exildramen Carl Zuckmayers, S. 142 ff. und ders., Carl Zuckmayer, S. 66.

88 Ebd., S. 144. Vgl. Luise Rinser, Porträtskizze. In: Fülle der Zeit, a. a. O., S. 13 f.

89 Vgl. Ian C. Loram, a. a. O., S. 18.

90 Ingeborg Engelsing-Malek, S. 152.

91 So Volker Wehdeking, Mythologisches Ungewitter. Carl Zuckmayers problematisches Exildrama ‚Des Teufels General'. In: Manfred Durzak (Hrsg.), Die deutsche Exilliteratur 1933–45. Stuttgart: Philipp Reclam jun., 1973, S. 513. Sieg-

fried Mews, Die unpolitischen Exildramen Carl Zuckmayers, S. 144, schließt sich diesem Urteil an.

92 Alice Herdan-Zuckmayer, a. a. O., S. 170. Der Eindruck, den Zuckmayer in ,Als wär's ein Stück von mir' vermittelt, daß er während seiner Jahre als Waldbauer in Vermont mit Ausnahme von ,Des Teufels General' und ,Der Seelenbräu' nichts geschrieben habe, dürfte ohnehin nicht ganz den Tatsachen entsprechen. So befindet sich z. B. im Zuckmayer-Nachlaß des Deutschen Literatur-Archivs in Marbach ein ,,vermutlich 1942 geschriebenes" 209 Maschinenseiten umfassendes Manuskript eines ,,Vermonter Romans", das leider noch zur Einsichtnahme gesperrt ist.

93 Einen genauen Abriß der historischen Tatsachen und Gestalten gibt Ingeborg Engelsing-Malek, a. a. O., S. 200 f. (Anm. 2).

94 Carl Zuckmayer, Zu ,Barbara Blomberg'. Anmerkung über den historischen Vorwurf. Blätter des Deutschen Theaters Konstanz, Spielzeit 1948/49, Heft 17. Zitiert nach Barbara Glauert, a. a. O., S. 275.

95 Ebd., S. 275 f.

96 W[ulf] P[iper], Barbara Blomberg. In: Kindlers Literaturlexikon. Bd. 1. Zürich: Kindler, 1965, Sp. 1323.

97 Rudolf Lange, a. a. O., S. 73.

98 Vgl. Volker Wehdeking, a. a. O., S. 510. Mit ,Barbara Blomberg' ist das Stück insofern thematisch verbunden, als hier ebenfalls die Beziehung des einzelnen zur Macht abgehandelt wird. Vgl. Siegfried Mews, Carl Zuckmayer, S. 90.

99 Generaloberst Ernst Udet, einer der erfolgreichsten Jagdflieger des Ersten Weltkriegs, hatte sich am 17. 11. 1941 das Leben genommen, weil Hitler und Göring ihn für den Mißerfolg der Luftschlacht um England verantwortlich gemacht hatten.

100 Vgl. Der Spiegel vom 7. September 1955, S. 39.

101 Paul Rilla, a. a. O., S. 255 ff.

102 Gottfried Beutel, Carl Zuckmayer: ,Des Teufels General'. Die Weltbühne. Wochenschrift für Politik, Kunst, Wirtschaft. Berlin, 3. Jg. (1948), H. 1/2. Zitiert nach Barbara Glauert, a. a. O., S. 243.

103 Marianne Kesting, Carl Zuckmayer. Zwischen Volksstück und Kolportage. In: M. K., Panorama des zeitgenössischen

Theaters. 58 literarische Porträts. Revidierte u. erweiterte Neuausg. München: Piper, 1969, S. 280.

104 Dieser Weg ist am besten von Murray B. Peppard nachgezeichnet in: M. B. P., Moment of Moral Decision: Carl Zuckmayer's Latest Plays. In: Monatshefte 44 (1952), S. 351 f.

105 Rudolf Lange, a. a. O., S. 69.

106 Heinz Geiger, Widerstand und Mitschuld. Zum deutschen Drama von Brecht bis Weiss. Düsseldorf: Bertelsmann Universitätsverlag, 1973, S. 41.

107 Hanns Braun. Glosse zu ‚Des Teufels General‘. Hochland. Katholische Monatsschrift für alle Gebiete des Wissens, der Literatur und Kunst. München, Jg. 40, (1947/48), S. 498 ff. Zitiert nach Barbara Glauert, a. a. O., S. 248.

108 Carl Zuckmayer, Persönliche Notizen zu meinem Stück ‚Des Teufels General‘. In: Die Wandlung 3 (1948), S. 331. Auch in: Barbara Glauert, a. a. O., S. 213 f.

109 Eine derartige Kritik an ‚Des Teufels General‘ übt Bernhard Keller, Die Auseinandersetzung mit dem Nationalsozialismus im Drama. Vergleichende Analyse von Zuckmayers ,,Des Teufels General“ und Brechts ,,Arturi Ui“. In: Sammlung. Jahrbuch für antifaschistische Literatur und Kunst, Bd. 1 (1978), S. 147–158.

110 Darüber hinaus ließe sich Harras’ Weg zu Gott durchaus in der Tradition des Stationendramas Strindbergscher Provenienz sehen.

111 Carl Zuckmayer, Persönliche Notizen, S. 333.

112 Carl Zuckmayer, Zeichen für Klage und Lust. Zur Hamburger Fassung meines Dramas ‚Der Gesang im Feuerofen‘. Die Welt, Hamburg, 11. November 1950. Zitiert nach Barbara Glauert, a. a. O., S. 292.

113 Henry Glade, *Der Gesang im Feuerofen:* Quintessential Zuckmayer. In: Karl S. Weimar (Hrsg.), Views and Reviews of Modern German Literature. Festschrift für Adolf D. Klarmann. München: Delp, 1974, S. 164 unterscheidet drei Ebenen: 1) ,,realistic“, 2) ,,allegorical“ und 3) ,,surrealistic“.

114 Vgl. Ingeborg Engelsing-Malek, a. a. O., S. 128.

115 Ebd., S. VII.

116 Ähnliches hat Zuckmayer auch in seinen autobiographischen Schriften bekannt, z. B. in ‚Pro Domo‘, S. 90: ,,Wir wissen,

daß es die schöpferische Kraft der Liebe gibt, und wir beken-
nen uns zu ihr." Oder in ‚Die langen Wege. Ein Stück Rechenschaft' (Frankfurt a. M.: S. Fischer, 1952), S. 78: „Es kann
nie zuviel Liebe geben auf der Welt, höchstens zu wenig, und
wo sie spart und abmißt, geht sie bald an der Auszehrung
ein."

117 Vgl. Ingeborg Engelsing-Malek, a. a. O., S. 132.

118 Zu Fuchs vgl. vor allem Remy Charbon, Zweimal Krise des
    Vertrauens. Carl Zuckmayer: „Das kalte Licht". In: R. C.,
    Die Naturwissenschaften im modernen Drama. Zürich:
    Artemis, 1974, S. 70–72.

119 Ebd., S. 73.

120 Carl Zuckmayer und Heinz Rosenthal. Gespräch über das
    Stück [Die Uhr schlägt eins]. Gekürzte Fassung, in: ‚Blätter
    des Deutschen Theaters Göttingen', Spielzeit 1961/62, Heft
    200, S. 231 f., 234. Zitiert nach Barbara Glauert, a. a. O.,
    S. 346.

121 Ebd.

122 Zitiert nach: Zuckmayer. Schlägt dreizehn. In: Der Spiegel 15
    (1961) H. 44, S. 86.

123 „Der ‚Kranichtanz' ist das Drama vom mißglückten Leben."
    W. v. O., Drama vom mißglückten Leben. Carl Zuckmayers
    ‚Kranichtanz' in Zürich. Die Zeit, Hamburg, 13. Januar 1967.
    Zitiert nach Barbara Glauert, a. a. O., S. 381.

124 Elisabeth Brock-Sulzer, Schauermärchen als Lehrstück. Zuck-
    mayers Einakter ‚Der Kranichtanz' in Zürich. In: Frankfurter
    Allgemeine Zeitung, 13. Januar 1967. Zitiert nach Barbara
    Glauert, a. a. O., S. 377.

125 Jürgen Buschkiel. Ehedrama im Farmhaus. Zuckmayers Ein-
    akter ‚Kranichtanz' in Zürich uraufgeführt. Badisches Tage-
    blatt, Baden-Baden, 13. Januar 1967. Zitiert nach Barbara
    Glauert, a. a. O., S. 379.

126 Siegfried Mews, Von Karl May zu Karl Marx: Zuckmayers
    Bonanza-Millionär Tabor. In: Wolfgang Paulsen (Hrsg.), Die
    USA und Deutschland. Wechselseitige Spiegelungen in der
    Literatur der Gegenwart. Zum zweihundertjährigen Bestehen
    der Vereinigten Staaten am 4. Juli 1976. Bern u. München:
    Francke, 1976 (= Achtes Amherster Kolloquium zur moder-
    nen deutschen Literatur), S. 89.

127 Carl Zuckmayer, Das Leben des Horace A. W. Tabor. Anmerkungen zu einem Theaterstück, anläßlich seiner westdeutschen Erstaufführung in Mainz. Wiesbadener Tageblatt, 16. Oktober 1965. Zitiert nach Barbara Glauert, a. a. O., S. 36.

128 Ebd., S. 362.

129 Ebd., S. 361.

130 Marianne Kesting, a. a. O., S. 283.

131 Siegfried Mews, Von Karl May zu Karl Marx, S. 89 f.

132 Zitiert nach Barbara Glauert (dort ohne Quellenangabe), a. a. O., S. 370.

133 Beide Zitate von Petra Kipphoff, Nicht abgepaßt. Zuckmayers ,Leben des Horace A. W. Tabor' wurde in Zürich uraufgeführt. Die Zeit, Hamburg, 27. November 1964. Zitiert nach Barbara Glauert, a. a. O., S. 370.

134 Ebd., S. 372.

135 Vgl. Carl Zuckmayer, Stoff und Quellen (X, 379); auch in: Barbara Glauert, a. a. O., S. 385 f.

136 Alice Herdan-Zuckmayer, a. a. O., S. 93 ff.

137 Vgl. hierzu Anton Krättli, Zuckmayers Rattenfänger. In: Schweizer Monatshefte 55 (1975/76) H. 1, S. 17.

138 Siehe den Aufsatz von Helen Swediuk-Cheyne, Der Rattenfänger Bunting, ein gesteigerter Schinderhannes. In: Blätter der Carl-Zuckmayer-Gesellschaft 5 (1979) H. 4, S. 246–250.

139 Daß hinter diesem Gefühl wieder Zuckmayers Humanitätsideal steht, wird in der Unterhaltung zwischen dem lahmen Johannes und dem unbestechlichen Weihbischof Ludger deutlich, in dem ,De desideratione Dei' als die Sehnsucht Gottes ,,nach einer Vollkommenheit der Welt" (X, 316) und die Menschenliebe Christi als ,,der Wunsch, den Menschen vollkommener zu machen" (ebd.) interpretiert werden.

140 Krättli, a. a. O., S. 17: ,,Aber ist das nicht gerade Zuckmayers entwaffnende Stärke, daß er die ideologischen und soziologischen Konkretisierungen offensichtlich für Nebensache, die Kraft des Aufbruchs aus dem reinen Gefühl heraus aber als Hauptsache sieht?"

141 Vgl. Siegfried Mews, Carl Zuckmayer, S. 30.

142 Ingeborg Engelsing-Malek, a. a. O., S. 7.

143 Knut Brynhildsvoll, Leben und Weltverständnis in der frühen Lyrik Carl Zuckmayers. In: Blätter der Carl-Zuckmayer-Ge-

sellschaft 2 (1976) H. 1, S. 45. Die Analyse Brynhildsvolls, der sich ganz auf den Gehalt der frühen Gedichte Zuckmayers konzentriert, ist die bisher beste Untersuchung zur Lyrik Zuckmayers. Die folgende Darstellung ist diesem Aufsatz verpflichtet.

144 Ebd., S. 46.

145 Ebd., S. 52.

146 Ebd., S. 58f.

147 Der 1924/25 begonnene Roman ‚Sitting Bull. Ein Indianer-Roman' blieb Fragment. Dieses ist nur in den ‚Gesammelten Werken', Bd. 1 (Frankfurt a. M.: S. Fischer, 1960), S. 151–197, nicht aber in der ‚Werkausgabe in zehn Bänden 1920–1975' abgedruckt.

148 Carl Zuckmayer, Second Wind. With an Introduction by Dorothy Thompson. New York: Doubleday, Doran & Co., Inc., 1940, S. 90ff.

149 Vgl. Siegfried Mews, Carl Zuckmayer, S. 60.

150 Peinlich berührt z. B. folgender Satz: ,,Dann spürte er, wie ihr Mund ihn suchte, sah ihr Gesicht ganz groß, aufgetan mit geschlossenen Augen, spürte, wie ihr die Knie wegsanken und wie ihr Schoß ihn zu Boden zog." (IV, 255).

151 Johannes Pfeiffer, Carl Zuckmayer. Eine Liebesgeschichte. In: J. P., Was haben wir an einer Erzählung? Betrachtungen und Erläuterungen. Hamburg: F. Wittig, 1965, S. 53. Dort auch Beispiele.

152 Carl Zuckmayer, Die Magdalena von Bozen: Eingang des Romans. In: Die Neue Rundschau 46 (1935) H. 2, S. 484–520.

153 Vgl. Wilfried Adling, a. a. O., S. 171.

154 Vgl. hierzu Siegfried Mews, ,,Who is Carl Zuckmayer?" – Zur Rezeption Zuckmayers in den Vereinigten Staaten. In: Blätter der Carl-Zuckmayer-Gesellschaft 7 (1981) H. 1, S. 8f.

155 Ausführlich dazu Wilfried Adling, a. a. O., S. 168.

156 Wolfgang Paulsen, Carl Zuckmayer. In: Otto Mann u. Wolfgang Rothe (Hrsg.), Deutsche Literatur im 20. Jahrhundert. Bd. 2, Bern u. München: Francke, ⁵1967, S. 337.

157 Carl Zuckmayer, Pro Domo, S. 31f.

158 Auf einem Weg im Frühling. Erzählung – Wiedersehen mit einer Stadt: Aus dem Stegreif erzählt (Salzburg: Residenz, 1970) ist in der ‚Werkausgabe in zehn Bänden 1920–1975'

nicht enthalten. Vgl. auch die späteren autobiographischen Erinnerungen ‚Henndorfer Pastorale' (1972; IV, 57–104).

159 Weder in den ‚Gesammelten Werken' noch in der ‚Werkausgabe in zehn Bänden 1920–1975' enthalten.

160 A. a. O., S. 95 ff.

161 Vgl. Siegfried Mews, Carl Zuckmayer, S. 33.

162 Vgl. Hilde D. Cohn, Carl Zuckmayer: Der Seelenbräu. In: Monatshefte 38 (1946), S. 361.

163 Josef Moser, Carl Zuckmayer ‚Der Seelenbräu'. In: Der Deutschunterricht 14 (1962) H. 5, S. 57.

164 Ebd., S. 64.

165 Carl Zuckmayer. In: Hannes Reinhard (Hrsg.), Das bin ich. München: R. Piper & Co., 1970.

166 Zuerst in: Neue Schweizerische Rundschau, N. S. 16 (1948) H. 8, S. 451–474; aber z. B. auch in: Alfred Gong (Hrsg.), Interview mit Amerika. München: Nymphenburger Verlagshandlung, 1962, S. 381–412.

167 Vgl. Horst Bienek, Werkstattgespräche mit Schriftstellern. München: Deutscher Taschenbuch Verlag, 1965, S. 204.

168 Ebd.

169 Ebd., S. 200.

170 Vgl. Adelbert Reif, Der Mensch ist das Maß. Ein Gespräch mit Carl Zuckmayer. In: Blätter der Carl-Zuckmayer-Gesellschaft 3 (1977) H. 1, S. 4–14.

171 Zuckmayer zu Bienek, a. a. O., S. 210.

172 Vgl. Henry Glade, Carl Zuckmayer's Theory of Aesthetics. In: Monatshefte 52 (1960), S. 164. Die folgenden Bemerkungen sind in mancher Hinsicht diesem grundlegenden Aufsatz verpflichtet.

173 Vgl. die jeweils ersten Beiträge in: Barbara Glauert, a. a. O.

174 Carl Zuckmayer, Pro Domo, S. 78 f.

175 Ebd., S. 82.

176 Vgl. Henry Glade, a. a. O., S. 165.

177 Carl Zuckmayer, Die langen Wege, S. 55.

178 Carl Zuckmayer, Pro Domo, S. 84.

179 Ebd., S. 76.

180 Ebd., S. 63.

181 Ebd.

182 Zitiert nach dem Wiederabdruck in Carl Zuckmayer, Aufruf

zum Leben, S. 261. In ,Pro Domo', S. 91, fordert Zuckmayer bereits, *der Mensch* solle ,,Gegenstand und Mittelpunkt aller Kunst- und aller Lebensgestaltung, Sinngebung" sein.

183 Carl Zuckmayer, Die Brüder Grimm. Ein deutscher Beitrag zur Humanität. In: C. Z., Aufruf zum Leben, S. 283.

184 Carl Zuckmayer, Die langen Wege, S. 45.

185 Carl Zuckmayer, Jugend und Theater. Ein Vortrag, gehalten an der Universität Göttingen. In: Der Monat 3 (1951) H. 31, S. 3.

186 Ebd., S. 5.

187 Ebd., S. 11.

188 Ebd., S. 9f.

189 Ebd., S. 11.

190 In ,Als wär's ein Stück von mir' berichtet Zuckmayer, daß er sich schon Anfang der zwanziger Jahre darüber klar wurde, ,,daß meine Begabung und mein Empfinden nach ganz anderer Richtung wies als nach der des politisch-proklamatorischen Theaters." (I, 270)

191 Adelbert Reif, a. a. O., S. 7. In diesem Sinne kann er zu einem differenzierten Urteil über Brecht kommen, den er eben nur als Dialektiker abzulehnen braucht.

192 Carl Zuckmayer, Jugend und Theater, S. 6.

193 Ebd., S. 6.

194 Ebd., S. 9.

195 Vgl. Henry Glade, a. a. O., S. 168.

196 Carl Zuckmayer, Notizen zur Situation des Dramas. In: Frankfurter Allgemeine Zeitung (23. September 1953), S. 7. Zitiert nach Henry Glade, a. a. O., S. 168.

197 Carl Zuckmayer, Jugend und Theater, S. 10.

198 Ebd., S. 7.

V. Zeittafel zu Leben und Werk

1896   Carl Zuckmayer wird am 27. Dezember in Nackenheim bei Mainz geboren.

1914   Notabitur und Meldung als Kriegsfreiwilliger; Einsatz an der Westfront, Leutnant (1918).

1917   Erste Gedichtveröffentlichungen in der von Franz Pfemfert herausgegebenen Wochenschrift ,Die Aktion'.

1918   Mitglied des Arbeiter- und Soldatenrats in Mainz und des ,Revolutionären Studentenrats' an der Universität Frankfurt a. M.

1918–20 Student an den Universitäten Frankfurt a. M. und Heidelberg. Zuckmayer studiert die verschiedensten Fächer, zuerst Geistes- und Sozialwissenschaften, später Biologie (Botanik).

1919   Mitarbeiter an der von Carlo Mierendorff herausgegebenen radikalen Zeitschrift ,Das Tribunal'.

1920   Uraufführung des Dramas ,Kreuzweg' in Berlin; nach drei Aufführungen vom Spielplan abgesetzt.

1922   Reise nach Norwegen (Lappland).

1922/23 Dramaturg an den Städtischen Bühnen in Kiel. Nach Aufführung von Terenz' ,Der Eunuch' in der Bearbeitung von Carl Zuckmayer Theaterskandal und Entlassung.

1924   Zusammen mit Bertolt Brecht Dramaturg am Deutschen Theater in Berlin.

1925   Uraufführung von ,Pankraz erwacht oder Die Hinterwäldler'; erneuter Mißerfolg.
Heirat mit der Schauspielerin Alice Frank, geb. von Herdan.
Erfolgreiche Uraufführung der Komödie ,Der fröhliche Weinberg' in Berlin. Kleist-Preis für das Stück.

1926   Erwerb der Wiesmühl in Henndorf bei Salzburg als zweiter Wohnsitz (neben Berlin). Geburt einer Tochter, Winnetou. ,Der Baum. Gedichte'.

1927   Uraufführung des Schauspiels ,Schinderhannes' in Berlin. ,Der Bauer aus dem Taunus und andere Geschichten'.

1928   Das ,,Seiltänzerstück'' ,Katharina Knie' in Berlin uraufgeführt.

1929   Georg-Büchner-Preis und Dramatikerpreis der Heidelberger Festspiele. Drehbuch für den Film ,Der blaue Engel' (1930).

1930   Uraufführung des Kinderstücks ,Kakadu-Kakada!'.

1931   Uraufführung des Schauspiels ,Der Hauptmann von Köpenick' in Berlin.

1932   Erzählung ,Die Affenhochzeit'.

1933   Aufführungsverbot in Deutschland.

1934   Übersiedlung nach Österreich. Schauspiel ,Der Schelm von Bergen' am Wiener Burgtheater uraufgeführt. Erzählung ,Eine Liebesgeschichte' erscheint noch in Buchform in Berlin.

1935–37 Drehbücher für Alexander Korda; mehrere Reisen nach London.

1936   Der Roman ,Salwàre oder Die Magdalena von Bozen' kann in Wien erscheinen, nachdem die erste Auflage 1935 in Leipzig beschlagnahmt wurde.

1938   Nach dem ,,Anschluß'' Österreichs Emigration in die Schweiz. Uraufführung des Dramas ,Musik und Leben des Carl Michael Bellman' in Zürich. Erzählung ,Herr über Leben und Tod' und autobiographische Schrift ,Pro Domo' in Stockholm veröffentlicht.

1939   Aberkennung der deutschen Staatsbürgerschaft. Emigration in die USA; Drehbuchautor in Hollywood.

1940   Dozent für Piscators ,Dramatic Workshop' an der Emigrantenuniversität ,New School of Social Research' in New York. Autobiographie ,Second Wind' in New York und London veröffentlicht.

1941   Zuckmayer pachtet die ,Backwoodsfarm' bei Barnard in Vermont. Leben als Farmer (bis 1946).

1945   Novelle ,Der Seelenbräu' in Stockholm veröffentlicht.

1946   Deutschlandreise als Zivilangestellter des amerikanischen Kriegsministeriums. Drama ,Des Teufels General' (1943–45 entstanden) in Zürich uraufgeführt.

1947   Deutsche Premiere von ,Des Teufels General' in Hamburg und Frankfurt a. M. Von nun ab lebt Zuckmayer abwechselnd in Deutschland und in den USA.

1949	Uraufführung des Dramas ‚Barbara Blomberg‘ in Konstanz und
1950	des Dramas ‚Der Gesang im Feuerofen‘ in Göttingen.
1952	Goethe-Preis der Stadt Frankfurt a. M.; Ehrenbürger von Nackenheim. Essay ‚Die langen Wege. Ein Stück Rechenschaft‘.
1953	Uraufführung von ‚Ulla Winblad‘ (Neufassung von ‚Bellman‘) in Göttingen und
1955	des Dramas ‚Das kalte Licht‘ in Hamburg. Großes Bundesverdienstkreuz.
1958	Neuer fester Wohnsitz in Saas-Fée/Kanton Wallis, Schweiz.
1959	Novelle ‚Die Fastnachtsbeichte‘.
1960	Großer Österreichischer Staatspreis.
1961	Uraufführung des Dramas ‚Die Uhr schlägt eins‘ in Wien. Ehrenbürger von Saas-Fée. Einakter ‚Kranichtanz‘ veröffentlicht. Ehrenbürger von Mainz.
1964	In Zürich wird das Drama ‚Das Leben des Horace A. W. Tabor‘ uraufgeführt.
1966	Autobiographie ‚Als wär's ein Stück von mir‘.
1967	Uraufführung des Einakters ‚Kranichtanz‘ in Zürich.
1972	Heinrich-Heine-Preis der Stadt Düsseldorf. Gründung der Carl-Zuckmayer-Gesellschaft.
1975	Das Drama ‚Der Rattenfänger‘ in Zürich uraufgeführt.
1976	‚Aufruf zum Leben. Porträts und Zeugnisse aus bewegten Zeiten‘, gesammelte Essays.
1977	Carl Zuckmayer stirbt am 18. Januar in Visp/Kanton Wallis, Schweiz.
1978	Erstveröffentlichung des frühen Dramas ‚Pankraz erwacht oder Die Hinterwäldler‘.

VI. Auswahlbibliographie

1. Werke

Pro Domo. Stockholm: Bermann-Fischer, 1938 (Schriftenreihe ,Ausblicke').

Second Wind. With an Introduction by Dorothy Thompson. Transl. by Elisabeth Reynolds Hapgood. New York: Doubleday, Doran & Co., Inc., 1940.

Die langen Wege. Ein Stück Rechenschaft. Frankfurt a. M.: S. Fischer, 1952.

Gesammelte Werke. 4 Bde. Frankfurt a. M.: S. Fischer, 1960.

Werkausgabe in zehn Bänden 1920–1975. 10 Bde. Frankfurt a. M.: Fischer Taschenbuch Verlag, 1976. Nach dieser Ausgabe wird im Text zitiert, wobei die Bandzahl in römischen, die Seitenzahl in arabischen Ziffern angegeben ist.

Aufruf zum Leben. Porträts und Zeugnisse aus bewegten Zeiten. Frankfurt a. M.: S. Fischer, 1976. (Auch als Fischer Taschenbuch 5214, Frankfurt a. M.: Fischer Taschenbuch Verlag, 1982.)

Gedichte. Frankfurt a. M.: S. Fischer, 1977.

2. Gesamtdarstellungen und Monographien

Adling, Wilfried, Die Entwicklung des Dramatikers Carl Zuckmayer. Diss. Leipzig 1957. In: Schriften zur Theaterwissenschaft, Bd. 1, Berlin: Henschelverlag, 1959, S. 9–286.

Ayck, Thomas, Carl Zuckmayer in Selbstzeugnissen und Bilddokumenten. Reinbek b. Hamburg: Rowohlt, 1977 (rowohlts monographien, Bd. 256).

Balinkin, Ausma, The Central Women Figures in Carl Zuckmayer's Dramas. Bern, Frankfurt a. M., Las Vegas: Peter Lang, 1978 (European University Studies, Series I: German Language and Literature, Bd. 235).

Bauer, Arnold, Carl Zuckmayer. Berlin: Colloquium, 1970, 2. erg. Aufl. 1977 (Köpfe des XX. Jahrhunderts, Bd. 62).

Blätter der Carl-Zuckmayer-Gesellschaft, Mainz, 1975 ff.

Carl Zuckmayer '78. Ein Jahrbuch. Hrsg. vom S. Fischer Verlag. Redaktion: Barbara Glauert in Zusammenarbeit mit Siegfried Mews und Siegfried Sudhof. Frankfurt a. M.: S. Fischer, 1978.

Engelsing-Malek, Ingeborg, ,,Amor Fati" in Zuckmayers Dramen. Konstanz: Rosgarten, 1960; Berkeley and Los Angeles: University of California Press, 1960 (University of California Publications in Modern Philology, Bd. 61).

Fülle der Zeit. Carl Zuckmayer und sein Werk. Frankfurt a. M.: S. Fischer, 1956.

Glauert, Barbara (Hrsg.), Carl Zuckmayer. Das Bühnenwerk im Spiegel der Kritik. Mit einem Vorwort von Gerhard F. Hering. Frankfurt a. M.: S. Fischer, 1977.

Herdan-Zuckmayer, Alice, Die Farm in den grünen Bergen. 1949 et passim; umgearb. Wien: Salzer, 1968. (Auch als Fischer Taschenbuch 142, Frankfurt a. M.: Fischer Taschenbuch Verlag, 1956 et passim.)

Jacobius, Arnold John, Motive und Dramaturgie im Schauspiel Carl Zuckmayers. Versuch einer Deutung im Rahmen des zwischen 1920 und 1955 entstandenen Gesamtwerkes. Frankfurt a. M.: Athenäum, 1971 (Schriften zur Literatur, Bd. 19).

Kesting, Marianne, Zuckmayer, Carl. In: Hermann Kunisch (Hrsg.), Handbuch der deutschen Gegenwartsliteratur. 2. Aufl., Bd. 2, München: Nymphenburger Verlagsbuchhandlung 1970, S. 328 f.

dies., Carl Zuckmayer. Zwischen Volksstück und Kolportage. In: M. K., Panorama des zeitgenössischen Theaters. 58 literarische Porträts. Revidierte u. erweiterte Neuausg. München: Piper, 1969, S. 278–283.

Lange, Rudolf, Carl Zuckmayer. Velber b. Hannover: Friedrich, 1969 (Friedrichs Dramatiker des Welttheaters, Bd. 33).

Lennartz, Franz, Zuckmayer, Carl. In: F. L., Deutsche Dichter und Schriftsteller unserer Zeit. Stuttgart: Kröner, [10]1969, S. 769–776.

Meinherz, Paul, Carl Zuckmayer. Sein Weg zu einem modernen Schauspiel. Bern: Francke, 1960.

Mews, Siegfried, Carl Zuckmayer. Boston: Twayne Publishers, 1981 (Twayne's World Authors Series, Bd. 610).

Paulsen, Wolfgang, Carl Zuckmayer. In: Otto Mann und Wolfgang Rothe (Hrsg.), Deutsche Literatur im 20. Jahrhundert. Bern, München: Francke, [5]1967, S. 332–361, 441 f.

Reindl, Ludwig Emanuel, Zuckmayer. Eine Bildbiographie. München: Kindler, 1962.

Rooke, Sheila, Carl Zuckmayer. In: Alex Natan (Hrsg.), German Men of Letters, Bd. 3: Twelve Literary Essays. London: Oswald Wolff, 1964, S. 209–233.

Sudhof, Siegfried, Carl Zuckmayer. In: Benno von Wiese (Hrsg.), Deutsche Dichter der Gegenwart. Ihr Leben und Werk. Berlin: Erich Schmidt, 1973, S. 64–82.

Teelen, Wolfgang, Die Gestaltungsgesetze im Bühnenwerk Carl Zuckmayers. Diss. Marburg, 1952.

Vandenrath, J., Drama und Theater in Zuckmayers Bühnendichtung. Diss. Lüttich 1960.

3. Bibliographien und Forschungsberichte

Glauert, Barbara, Carl Zuckmayer 1971–1977. Eine Bibliographie. In: Carl Zuckmayer '78. Ein Jahrbuch. Frankfurt a. M.: S. Fischer, 1978, S. 305–383.

Jacobius, Arnold John, Carl Zuckmayer. Eine Bibliographie 1917–1971. Ab 1955 fortgeführt und auf den jüngsten Stand gebracht von Harro Kieser. Frankfurt a. M.: S. Fischer, 1971.

Mews, Siegfried, Carl Zuckmayer (27 December 1896 – 18 January 1977). In: The German Quarterly 50 (1977), S. 298–308.

ders., Die Zuckmayerforschung 1961–1977. In: Carl Zuckmayer '78. Ein Jahrbuch. Frankfurt a. M.: S. Fischer, 1978, S. 228–272; auf den neuesten Stand gebrachte Fassung von: S. M., Die Zuckmayerforschung der sechziger Jahre. In: Modern Language Notes 87 (1972), S. 465–493.

Vandenrath, J., Der Stand der Zuckmayerforschung. Beitrag zu einer kritischen Bibliographie. In: Modern Language Notes 76 (1961), S. 829–839.

Interviews und zahlreiche Untersuchungen zu einzelnen Werken sind in den Anmerkungen angeführt.

Deutsche Schriftsteller im Porträt

Band 1: Das Zeitalter des Barock

Herausgegeben von Martin Bircher. 1979. 194 Seiten mit
88 Abbildungen (Beck'sche Schwarze Reihe, Band 200)

Band 2: Das Zeitalter der Aufklärung

Herausgegeben von Jürgen Stenzel. 1980. 203 Seiten mit
90 Abbildungen (Beck'sche Schwarze Reihe, Band 220)

Band 3: Sturm und Drang, Klassik, Romantik

Herausgegeben von Jörn Göres. 1980. 287 Seiten mit
132 Abbildungen (Beck'sche Schwarze Reihe, Band 214)

Band 4: Das 19. Jahrhundert

Restaurationsepoche · Realismus · Gründerzeit. Herausgegeben
von Hiltrud Häntzschel. 1981. 200 Seiten mit 89 Abbildungen
(Beck'sche Schwarze Reihe, Band 230)

Band 5: Jahrhundertwende

Herausgegeben von Hans-Otto Hügel. 1982. Ca. 200 Seiten mit
89 Abbildungen (Beck'sche Schwarze Reihe, Band 265)

„Kleine essayistische Meisterstücke auf knappstem Raum . . . Beispiele für die große Kunst des Bedeutens und mit wenig Worten
viel zu sagen . . . So ist nicht nur ein zuverlässiges Handbuch entstanden, sondern auch ein kulturhistorisches Bilderbuch, ein Weg-
weiser zur Entdeckung einer Literaturtradition, so reich an Spekta-
kulärem, Verschrobenem, Verstiegenem, an Galantem, Abenteuer-
lichem, Humorvollem, daß man sich wundert, wie ein Lesepublikum
solche Schätze allein seinen beamteten Philologen überlassen kann."
Gert Ueding in der Frankfurter Allgemeinen über Band 1

„Eine nützliche Reihe, die einem breiten Interessentenkreis eine erste
Vorstellung von bedeutenden deutschen Schriftstellern seit dem
17. Jh. gibt. In den bislang erschienenen Bänden tritt jeweils neben
die optische Wiedergabe des zeitgenössischen Bildnisses ein biogra-
phisches Essay, der die entscheidenden Phasen des Lebens anzeigt,
die wichtigsten Werke hervorhebt und die Bedeutung des Schaffens
insgesamt andeutet.   *Literaturreport*

Verlag C. H. Beck München